에릭슨 · 스키너 · 로저스의

노년기의 의미와 즐거움

한 성 열 편역

학지사

편역자 서문

 이 책은 20세기 심리학에 큰 영향을 미친 세 분의 심리학자가 노년기에 이르러 각자 자신을 삶을 되돌아보면서 노년기의 의미와 즐거움에 대해 밝힌 글을 모은 것이다.

 우리 사회는 세계적으로 그 유례가 없을 정도로 단기간에 노령사회로 접어들고 있다. 국가적으로는 급격하게 맞게 된 노령사회에 효율적으로 대처하고, 개인적으로는 길어진 노년기를 성공적으로 보내는 데 도움을 주기 위해 노인들의 일반적인 심리적 특징을 다룬 책들이 여러 권 소개되었다. 또한 노년기에 나타나는 행동의 변화를 이해하고 효과적으로 대처하기 위해 행동을 여러 측면에서, 예를 들면 인지적인 측면, 성격 측면, 그리고 발달적인 측면에서 다룬 교과서들도 출판되었다. 노년기에 대한 체계적인 연구를 객관적인 입장에서 서술한 이런 방식의 책들은 노년기의 일반적인 특징을 다양한 측면에서 종합적으로 살펴볼 수 있는 장점이 있다.
 하지만 이런 교과서식의 접근은 노년기의 삶이 노인 개개인에게 주관적으로 어떤 의미를 가지고 있으며, 노인들은 자신의 노년기를 성공적으로 보내기 위해 어떤 방식을 고안해 사용하고 있는지에 대해 구체적이고 진솔한 이야기를 들려주지 못하는 단점이 있다. 우리는 일반적으로 자신과 같은 나이 또래 또는 같은 범주에 속하는 사람들의 주관적 경험이 진솔하게 표현되는 것을 경험하면서 그들과 동일시하고, 그들의 경험을 통해 자신의 경험을 재해석하곤 한다. 그러므로 과학적이고 객관적인 방식으로 얻은 지식은 개별적이고 주관적으로 느끼는 경험과 짝지어질 때 보다 통합적인 지식으로 승화될 수 있고, 살아 있는 지식으로서 삶에 영향을 끼칠 수 있게 된다. 다시 말하면 요즈음 사회과학적 방법론에서 자주 언급되고 있는 외부적(etic) 접근과 내부적(emic) 접근의 상호 보완적인 통합이 필요하다.

그러므로 노인들 스스로가 자신의 현재의 삶과 과거의 삶을 돌아보면서 주관적으로 이해하고 느끼는 것을 자유스럽게 이야기하도록 하고, 이를 통해 노년기의 의미와 성공적인 노년기를 위해 개별적으로 고안한 방식에 대한 진솔한 자료를 얻는 것이 매우 중요하다고 하겠다. 물론 이 방법은 지나치게 주관적으로 흐를 위험을 내포하고 있지만, 객관적인 방법에서는 얻을 수 없는 생생한 느낌을 통해 노년기를 이해할 수 있는 장점을 가지고 있다.

통칭 심리학에는 세 가지 서로 다른 큰 흐름 또는 인간관이 있다고 말한다. 그 첫 번째는 정신분석학적 접근이고, 두 번째는 행동주의적 접근이며, 세 번째는 인본주의적 접근이다. 각각의 접근은 나름대로의 독특한 인간관을 가지고 인간 행동의 원인과 의미를 이해하고 있다. 따라서 동일한 행동이나 시기라고 할지라도 이 세 가지 접근에서는 각기 다른 해석을 하고 있다.

이 책은 각기 다른 세 가지 인간관을 대표하며 심리학의 발전에 지대한 영향을 미친 에릭슨(Erik Erikson), 스키너(B. F. Skinner), 그리고 로저스(Carl Rogers)가 노년에 이르러 각자 자신의 삶을 돌아보면서 주관적으로 느끼는 노년의 의미와 즐거움에 관해, 그리고 성공적으로 노년기를 보내는 방안에 관해 쓴 글을 모은 것이다. 이들은 서로 각기 다른 인간관을 가지고 있기 때문에 자신의 노년을 바라보는 시각도 다를 뿐만 아니라, 노년의 의미와 즐거움을 찾는 방식도 서로 다르다. 따라서 이 책을 통해 각각의 인간관을 대표하는 심리학자들의 노년기에 대한 진솔한 생각과 느낌을 접하고, 더 나아가 이들을 비교해 보는 것은 또 다른 색다른 경험이 될 것이다.

이 책은 크게 두 가지 내용으로 구성되어 있다. 첫 번째 내용은 세 명의 심리학자 각각의 인간관, 즉 인간의 행동에 대한 심리학적 견해를 소개하고 있다. 위에서도 이미 언급하였듯이, 인간의 행동에 대해 서로 다른 이론적 배경을 가지고 있으면 동일한 행동이나 시기에 대해서도 서로 다른 해석을 하게 된다. 또한 자신의 행동이나 주관적인 경험에 대해서도 서로 다른 해석을 하게 된다. 그러므로 이들이 자신의 노년기에 대해 가지고 있는 생각이나 느낌을 정확히 이해하기 위해서는 이들의 심리학적 견해를 먼저 이해하여야 한다. 왜냐하면 이들의 심리학적 견해를 이해한 바탕 위에서 이들의 노년기에 대한 글을 읽으면 그들이 자신의 노년기에 대해 왜 그런 생각과 느낌을 갖게 되었는지를 이해할 수 있게 되기 때문이다.

각각의 심리학자의 견해를 소개하는 방식은 여러 가지가 있을 수 있다. 하지만 이 책은 심리학을 전문적으로 공부하는 사람뿐만 아니라, 노년기에 관심을 가지고 이해하려고 노력하는 일반인에게도 도움을 주는 것이 주요한 목적이므로 이에 적합한 방식을 택하였다. 즉 대담을 통해 이들이 자신의 심리학적 견해에서 중요한 점만을 골라서 비교적 쉽고 자세하게 설명한 것을 소개하였다. 이에 해당하는 부분은 제1장, 제4장, 그리고 제6장 등이다. 이 부분에는 심리학의 중요한 개념들에 대한 이들의 견해가 피력되어 있으므로 이를 비교해 가면서 읽으면 색다른 즐거움을 느낄 수 있을 것이다.

  이 책의 두 번째 내용은 이들이 느끼는 노년의 의미와 즐거움, 그리고 성공적인 노년기를 보내기 위한 방안 등이다. 제2장은 인간의 전생애 발달(life-span development)에 관심을 가지고 있는 정신분석학자인 에릭슨 자신이 81세에 이르러 자신의 심리사회적(psycho-social) 발달단계이론과 노년기의 의미에 관해 대담의 형식을 빌어 밝힌 것이고, 제3장에서는 베르히만(Ingmar Bergman)감독의 영화 『산딸기』를 텍스트로 하여 보다 체계적으로 노년기의 의미를 설명하고 있다. 제5장에서는 행동주의 심리학자인 스키너가 강화의 원리를 이용하여 노년기를 효율적으로 보낼 수 있는 방안을 제시하고 있다. 이 글을 발표할 당시 그는 78세였으며, 행동주의 심리학자답게 그는 노년에 대한 주관적인 느낌을 피력하기보다는 노년기에서도 효과적으로 행동하기 위한, 특히 지적인 면에서 효과적으로 행동하기 위한 방안을 자세히 설명하고 있다. 이와는 대조적으로, 제7장에서 인본주의 심리학자인 로저스는 노년의 의미와 즐거움에 대해 자신의 주관적으로 느끼는 것을 진솔하게 드러내고 있다. 78세 때 쓴 이 글에서 그는 부인이 공개적으로 발표하기를 꺼려 결국 그녀가 사망한 후에야 발표했을 정도로 성과 죽음, 그리고 자신의 업적에 대해 느끼는 점을 숨김없이 보여 주고 있다. 이 세 분의 유명한 심리학자들이 노년에 이르러 자신들의 경험을 통해 노년기의 의미와 즐거움에 대해 들려주는 이 글들을 읽으면서 많은 독자들이 편역자가 느낀 감동을 함께 할 수 있기를 바란다.

이 편역에 사용된 원전은 다음과 같다.

제1장: Evans, R. I. (1969), *Dialogue with Erik Erikson*. New York: E. P. Dutton. pp. 11-58.

제2장: Hall, E. (1983), A Conversation With Erik Erikson. *Psychology Today*, June. pp. 22-30.

제3장: Erikson, E. H. (1976), Reflections on Dr. Borg's Life Cycle. *Daedalus*, Vol. 105, No. 2, pp. 1-28.

제4장: Evans, R. I. (1968), *B. F. Skinner; The Man and His Ideas*. New York: E. P. Dutton. pp. 5-49.

제5장: Skinner, B. F. (1983), Intellectual Self-Management in Old Age. *American Psychologist*, March. pp. 239-244.

제6장: Evans, R. I. (1975), *Carl Rogers; The Man and His Ideas*. New York: E. P. Dutton. pp. 1-33.

제7장: Rogers, C. R. (1980), Growing old or older and

growing. *Humanistic Psychology*, Vol. 20, No. 4, Fall. pp. 5-16.

　이 책을 출판하기까지 많은 분들의 도움을 받았다. 그 중에서도 특히 필요한 자료를 구해 준 하와이 대학교(U. of Hawaii) 대학원 심리학과의 김정식과, 초고를 읽고 수정을 해 준 고려대학교 대학원 심리학과의 남순현에게 많은 도움을 받았다. 이 자리를 빌어 이들에게 고마운 마음을 전한다. 그리고 또한 이 책의 출판에 직접적인 도움을 준 학지사의 김진환 사장님과 편집부의 여러 분들에게도 깊은 감사의 마음을 전한다.

1999년 가을
편역자 한성열

목 차

스키너

로저스

제1부
노년기의 의미

- 에릭슨 -

제1장

에릭슨과의 대화 - Ⅰ

생애 발달의 8단계에 관하여

대담자 : 에릭슨 교수님, 선생님께서는 전생애를 8가지의 발달 단계로 나누어서 야심적으로 분석하셨습니다. 그 분석에 대해 탐색해 가면서 대화를 시작하는 것이 흥미있을 것 같습니다. 비록 이 설명이 분명히 프로이트(Sigmund Freud)의 연구에 뿌리를 두고 있지만, 선생님께서는 여러 다양한 혁신적인 차원을 덧붙이셨습니다. 예를 들면, 우리 모두가 다 알고 있는 것처럼, 프로이트는 매우 중요한 심리−성적(psycho-sexual) 발달의 모델을 제시하였습니다. 태어난 후 5년 동안에, 개인이 생물학적으로 발달해 가는 과정에서, 그는 일련의 갈등에 직면해 갑니다. 그리고 각각의 갈등에 대해 성공의 정도가 다르게 해결합니다. 프로이트가 말한

반복적인 강박적 행동(repitition compulsion)을 통해서, 이 생애 초기 5년 동안의 패턴이 그 이후의 삶에서도 계속 나타난다는 것입니다. 따라서 우리는 사람들의 성인기의 행동의 많은 부분을 어린 시절의 연속적인 갈등 해결이 반영된 것으로 이해할 수 있습니다. 프로이트는 이 초기의 5년 이후의 발달에 대해서는 그렇게 강조하지 않았습니다. 선생님께서는 이 초기 5년 이후의 기간에 대해서도 보다 자세히 개념화했을 뿐만 아니라, 사람의 전생애를 8단계로 나누어서 분석하셨습니다. 이제 단계별로 살펴보고, 또 필요하다면 프로이트의 심리-성적 발달단계와 비교해서 논의해 보기로 하겠습니다.

구순-감각기 : 신뢰 대 불신 / 희망

프로이트가 이야기한 가장 첫번째 단계는 자기애적(narcissistic) 혹은 자기-사랑(self-love)의 단계입니다. 이 단계에서는 주로 입 주위에 몰두하게 됩니다. 선생님께서도 역시 구순-감각적(oral-sensory) 단계에 대해 말씀하셨습니다. 8단계의 발달을 통해서, 선생님께서는 프로이트의 심리-성적 단계와 유사한 심리-사회적(psycho-social) 발달을 제안하시고, 각 단계에는 성격적인 차원이 있다고 말씀하셨습니다. 이 최초의 단계에서, 선생님께서는 이 구순-감각적 수준과 관련이 있는 기본적 신뢰 대 불신에 대해 말씀하셨습니다. 이 단계에서 발달하는 기본적 신뢰 대 불신이 무엇을 의미하는지 말씀해 주시겠습니까?

에릭슨 : 알겠습니다. 대담자께서는 이 대담이 체계적으로 진행되기를 원하시고, 또 차이(differences)에 많은 관심을 가지고 계시는군요. 그렇다면, 우선 몇 가지를 먼저 이야기해야겠습니다. 약 25년 전 제가 이 주제에 대해 광범위하게 쓰기 시작할 때만 해도, 저는 정말로 지그문트와 안나 프로이트(Sigmund and Anna Freud)에게서 배운 것을 단지 새롭게 설명하는 것뿐이라고 생각했습니다. 그 후에야 점차적으로 어떤 독창적인 관찰도 이미 그 안에는 이론적인 변화를 포함하고 있다는 것을 깨닫게 되었습니다. 다른 과학적인 분위기 속에서 다른 세대를 관찰하는 사람은, 만약 그것이 핵심적인 것이라면, 불가피하게 새로운 분야를 발달시킬 수밖에 없습니다. 프로이트의 이론처럼 위대한 발견조차도, 매우 복잡한 그 자신과 그 시대적인 이유 때문에 다윈(Charles Darwin)의 용어를 빌리면 "끊임없이 그의 머리 속에 떠오르는" 자료를 잘 정리하기 위한 열정적인 관심에서 생겨났다는 특징이 있습니다. 우리는 그와 같은 사람이 한 것을 단지 그대로 따라 하는 것뿐입니다. 그리고 만약 우리가 제대로 따라 했다면, 우리는 그와는 다르게 되지요. 제가 이렇게 말하는 이유는 어떤 연구자들은 마치 프로이트의 이론이 단지 의견인 것처럼 그의 이론을 발전시키려고 하기 때문입니다. 또 그들은 보다 그럴듯한 그리고 보다 고상한 이론을 선호(選好)하기 때문입니다. 그러나 과학적인 분위기가 너무나 변했기 때문에 보다 오래 된 이론과 보다 새로운 이론은 사실상 비교될 수가 없습니다. 우리는 단지 오래 된 이론이 없다면, 새로운 이론이 생겨날 수가 없다는 것을 알 뿐입니다. 프로이트의 독창적인 이론도 에너지의 변환(transformation)이

라는 이미지를 기초로 한 것입니다.

대담자 : 그것은 19세기 물리학의 영향을 반영하는 것이겠군요.

에릭슨 : 그렇습니다. 오늘날 우리는 상대성(relativity)과 상보성(complementarity)과 같은 개념에 이끌리지요. 설사 그것을 모르는 경우에도 말이지요. 그와 마찬가지로 프로이트의 성 에너지의 근원과 변환에 대한 관심은 범성욕론적(pansexual) 철학을 표현한 것이 아닙니다. 성욕은 그에게는 육체의 화학적 작용에 의해 야기되는 흥분의 양이 가장 잘 발견될 수 있는 영역인 것처럼 보인 것입니다. 바로 이 점에서, 이론적인 구성이 자료와 그의 일 둘 다에 맞아떨어진 것이지요. 왜냐하면, 그 시대의 환자들에게는 과도하게 넘치기도 하고 억압되기도 하고 또 둘 다가 되기도 하는 뭔가 분명히 양적인 것이 있었기 때문입니다. 그러나 자기 자신의 내적인 갈등과 다른 모든 사람들의 반대에 직면했지만, 프로이트의 옹고집과 용기가 그의 위대한 발견, 즉 성욕은 사춘기 때 시작되는 것이 아니라 각각의 단계에서 다 발달하는 것이라는 발견을 가능케 한 것입니다. 그는, 예를 들면, "구순기"는 정상적인 성적 행동들뿐만 아니라 변태적인 행동들에도, 또 신경증적 금지(neurotic inhibition)뿐만 아니라 성격 형성(character formation)에도 본능적 에너지를 공급한다는 가능성을 깨닫게 됐습니다. 그는 정신병리(精神病理)가 "정상적인 심리"를 이해하기 위한 근본적인 공헌을 할 수 있다는 것을 깨달았습니다. 그러나 정상(正常)과 병리는 문화에 따라 변하는 것이고, 각각의 시대는 새로운 통찰을 마련해 줍니다. 그래서 우리는 여기에서 구순성(orality)이 아동의 심리-

사회적 발달에 미치는 영향에 관심을 갖는 것이지요. 자, 이제는 대담자가 한 질문에 대답할 준비가 되었습니다. 구순성, 다시 말하면 입을 중심으로 하는 경험의 복합체(complex)는 젖을 주고, 확신을 주고, 껴안아 주고, 따뜻하게 해 주는 어머니와의 관계에서 발달합니다. 그리고 바로 이 점이 제가 이 첫번째 단계를 구순-감각적 그리고 근운동감각적(kinesthetic) 단계라고 부르는 이유이기도 합니다. 이 단계에서 기본적인 행동의 양태는 혼입적(混入的, incorporative)인 것입니다. 삶에서 우리가 제일 처음 배우는 것은 받아들이는 것입니다. 우리는 입을 통해서 받아들일 뿐만 아니라, 또한 다른 감각들을 통해서도 받아들입니다. 어린이가 눈을 통해서조차도 "혼입"하려고 애쓰고, 그리고는 기억하고, 그리고는 사실상 자기 자신 속에 이미 표상화되어 있는 모습대로 외부 세계를 이해하려고 노력하는 것을 볼 수 있습니다. 그래서, 이 단계에서 학습되는 기본적인 심리-사회적 태도는 어머니의 모습을 통해서 세상을 신뢰할 수 있다는 것, 어머니가 돌아와서 음식을 줄 것이라는 것, 어머니가 알맞은 음식을 알맞은 시간에 알맞은 양으로 줄 것이라는 것, 그리고 불편할 때 어머니가 와서 편안하게 해 줄 것이라는 것 등을 믿는 것입니다. 다시 말하면, 우리의 욕구와 우리의 세상이 뭔가 서로 상응한다는 것, 이것이 바로 제가 의미하는 기본적 신뢰입니다. 아시다시피, 동물들에게는 이미 이것이 본능적인 장치로 주어져 있습니다. 하지만 사람은 이것은 배워야만 합니다. 그리고 어머니가 바로 이것을 가르쳐 주어야만 하는 당사자입니다. 더구나, 다른 문화, 계층, 인종의 어머니들이 서로 다른 방식으로 이 신뢰를 가르쳐야만 합니다.

그래서 그것이 그들 나름대로의 우주관에 맞아야 합니다. 그러나 불신하는 것을 배우는 것도 이에 못지 않게 중요합니다. 그것이 제가 기본적 신뢰와 기본적 불신에 대해 말하는 이유입니다. 지루하실지 모르지만 조금 더 계속하겠습니다. 이 단계들을 인용할 때, 사람들은 종종 불신과 의심과 수치심 그리고 그렇게 좋지 않은 다른 측면들, 즉 "부정적인" 면들을 제거해 버리고, 그 모든 부정적인 면이 없는 것이 잘 발달한 것이라는 식으로 에릭슨식의 성취검사를 만들려고 합니다. 그것에 의하면, 처음 단계에서는 신뢰가 "성취"되어야만 하지요. 사실상, 우리들의 기본적인 사회적 태도에서 신뢰와 불신 사이의 특정한 비율이 결정적인 요인입니다. 어떤 상황에 처했을 때, 우리는 얼마나 신뢰할 수 있는지 그리고 얼마나 신뢰하면 안 되는지를 구별할 수 있어야만 합니다. 여기에서 저는 불신을 위험에 대한 준비성 그리고 불편함에 대한 예상이라는 의미에서 사용하고 있습니다. 이것도 역시 동물에게는 분명히 본능적인 장치의 일부로 주어진 것입니다. 하지만 사람은 이것을 우리의 문화적 우주라는 관점에서 배워야만 하는 것입니다.

대담자 : 그렇다면 어떤 의미에서, 심리-사회적 차원을 덧붙임으로써 선생님께서는 프로이트 이론의 공백을 메우고 계시군요. 왜냐하면, 프로이트는 실제로 그렇게까지는 발달시키지 않았거든요. 아마도 프로이트가 계속 연구했다면, 선생님과 같은 생각을 했을지도 모르겠습니다.

에릭슨 : 예. 하지만 다음과 같은 점을 다시 한 번 말씀드려야

하겠군요. 우리는 지금, 예를 들면, 프로이트가 초기에 꿈에 대해 한 보고의 의미를 알고 있습니다. 그리고 어떤 의미에서는 프로이트도 이것을 알고 있었습니다. 하지만 그는 한 번에 한 가지를 정립해야만 했습니다. 그리고 그의 위대한 공헌은 심리-성욕론이었습니다. 자신의 분야가 확장되어 가는 것을 시기심 어린 눈초리로 지켜보는 것이 위대한 사람의 특징입니다. 그도 어떤 특정한 원칙들은 다른 것으로 대체된 후 없어질 것이라는 것을 확신했습니다.

대담자 : 자, 이 기본적 신뢰와 불신의 문제로 다시 돌아가도록 하겠습니다. 흥미로운 것은 심리-사회적 발달의 이런 측면이 근본적인 덕성(德性, virtues)의 기초가 된다는 점입니다. 이 덕성들에 대해 선생님께서는 헉슬리(Julian Huxley)가 편집한 책 『인본주의자의 틀』(*The Humanist Frame*)에서 도식화하셨고,[1] 또 선생님께서 최근에 쓰신 책에서 정교하게 밝히셨습니다.[2] 선생님께서는 이 처음의 구순-감각적 단계와 희망(Hope)이라는 덕성을 연결시켜서 말씀하고 계시는 것 같습니다.

에릭슨 : 예, 그렇습니다. 다윈(Charles Darwin)의 탄생 100주년을 기념해서 헉슬리가 진화에 대한 인본주의자의 해석에 관한 이 책을 편집했고, 다른 사람들에게 용기를 북돋아 주는 편집자임에 분명한 그는 저에게 그런 계획에 알맞는 뭔가를 장시간 이야기하

---

1) Erikson, E. H. (1961). The Roots of Virtue, *in The Humanist Frame*. J. Huxley (ed.) New York: Harper & Row, pp. 145-66.
2) Erikson, E. H. (1964). *Insight and Responsibility*. New York: W. W. Norton.

고 싶은 것이 있는지 물었습니다. 제가 예상했던 대로, 그의 계획에는 유년기(幼年期)에 관한 절(節)이 없었습니다! 적어도 정신분석가로서는 이와 같은 책을 출판하려고 계획하면서 긴 유년기에 대한 체계적인 토론이 포함되어 있지 않다는 것이 거의 믿을 수가 없었습니다. 왜냐하면, 유년기는 특수화된 두뇌와 문화적 제도 등과 함께 사람에게 진화된 것입니다. 그래서 저는 그 기회를 빌어서 인간의 근본적인 장점이라고 생각되는 것을 공식화하려고 했습니다. 다소 도전적이기는 하지만, 인간의 고상한 도덕적 실천의 진화론적인 근거를 지적하기 위해, 저는 이것들을 기본적 "덕성"이라고 불렀습니다. 대담자도 아시다시피, 희망은 신학자들이나 혹은 철학자들이 만들어 낸 뭔가가 아니라, 만약 그것이 없다면 우리가 살아 있을 수 없는 가장 기본적인 인간적 힘입니다. 대담자께서도 아마 스피츠(Spitz)의 연구를 기억하실 것입니다. 이 연구는 충분한 사랑과 자극을 받지 못했기 때문에 희망을 포기한 어린이들은 문자 그대로 죽는다는 것을 보여 줍니다.[3] 만약 덕성이라는 단어에 대해 만족하지 않는 사람들이 많이 있다면, 그 의미를 이해할 수 있도록 설명해 보기로 하겠습니다. 종교는, 만약 부모로부터 자식에게 전해져야만 하고 또 기도로 회복되어야만 하는 기본적인 인간적 태도로서만 희망에 대해 관심을 가진다면, 오직 주어진 것(given)으로 그들이 인식하고 있는 것만을 신성시(神聖視)합니다. 이렇게 말한다고 해서, 제가 가장 고귀

---

3) 여기에 언급된 연구 결과는 다음에 자세히 보고되어 있다. R. A. Spitz in Ruth Eissler, et al., *The Psychoanalytic Study of the Child* (New York: International Universities Press), Vol. 1, 1945, pp. 53-74; Vol. 2, pp. 113-7 and 313-42.

한 희망을 "오직" 최초의 것의 정확한 모사(模寫)라는 것을 의미한다는 것이 아닙니다. 오히려 인간 관심의 모든 계획은 개체발생학적(ontogenetic) 단계를 통해서 발달한다는 것을 의미하는 것입니다. 그리고 이런 맥락에서, 희망이란 모든 힘의 기본적인 요소입니다. 고대 영어에서 "덕성"이라는 단어는 약의 효능을 나타내기 위해 사용되기도 했습니다. 그래서 만약 약을 먹지 않고 너무 오래 놔 두면, 그 "덕성"을 잃어버린다고 말하기도 했습니다. 바로 이것이 제가 의미하는 덕성입니다. 즉, 뭔가 생명을 유지하기 위해 꼭 필요하고 활기를 띠게 하는 것이며, 그리고 뭔가의 "영혼(soul)"인 그런 것입니다. 되풀이 말하지만, 동물들은 이미 희망과 유사한 뭔가를 가지고 태어납니다. 그러나 사람은, 변하는 조건과 상황하에서 신뢰와 불신 사이에서 평생 동안 투쟁 하여야 하기 때문에, 희망을 굳건히 발달시켜야만 하고, 살아가면서 지속적으로 희망을 확인하고 또 재확인하여야만 합니다.

근육-항문기: 자율성 대 수치심과 의심 / 의지력

대담자 : 그렇다면 처음의 단계는 신뢰 대 불신 사이의 바람직한 비율을 통해서 희망을 발달시키는 것이군요. 두 번째 발달단계에서는 선생님께서 언급하신 대로, 근육-항문기(muscular-anal)가 출현하게 되는데, 이 시기는 또한 프로이트의 자기애적 발달단계와 관련이 있습니다. 프로이트의 성격 이론에 익숙한 사람들은 항상 항문기 수준에서의 고착(fixation)이 저축하는 것과 저장

(貯藏)하는 것 등의 여러 성격 특성과 연관이 있다고 생각하고 있습니다. 그러나 선생님께서는 고착으로 인해 발달하는 성격 특성에 관해서는 실제로 언급하지 않으십니다. 오히려 선생님께서는 이 항문기 단계와 관련해서 발달하는 심리-사회적 특성에 대해 성격 특성과 유사한 방식으로 언급하고 계십니다. 이 특성을 선생님께서는 자율성(autonomy) 대 수치심(shame)과 의심(doubt)이라고 설명하고 계십니다.

에릭슨 : 그렇습니다. 항문 근육은 일반적인 근육의 부분이라는 것을 고려해야만 합니다. 따라서 이 발달 단계에 들어가는 어린이는 항문뿐만 아니라, 그의 근육과 그것을 가지고 "의도(will)"할 수 있는 것 또한 조종하는 방법을 배워야만 합니다. 소변과 대변 기관은 물론 생리적으로 심리-성적 발달과 연결되어 있고, 또한 공격성과도 연결되어 있습니다. 간단히 욕설만 생각해 보십시오! 그것은 물론 오직 청결함과 시간 엄수(punctuality)가 기술적이고 위생적인 이유 때문에 지나치게 강조되어서 항문을 통제하는 것이 주요한 문제로 대두되는 문화에서만 있는 일이지요. 그러나 첫번째 단계에서 두 번째 단계로 전환하는 것은 또한 힘든 인간 "위기(crisis)"의 한 가지를 나타내는 것입니다. 왜냐하면, 어린이가 어머니와 세상을 신뢰하는 것을 배웠을 경우에만, 그는 자신의 의지대로 행동하게 되고, 또 믿을 수 있는 한 인간으로서 자신이 무엇을 할 수 있는지를 보기 위해 위험을 무릅쓰고 자신의 신뢰를 사용할 수 있게 될 수 있기 때문입니다. 그는 다른 사람의 의지에 대항해서 자신의 의지를 내세웁니다. 자신을 보호

해 주는 사람의 의지에 대항해서도 말입니다. 문화는 각각 다른 방식으로 이 의지를 키워 주기도 하고 또는 약화시키기도 합니다. 더러는 수치심을 사용하기도 하는데, 이것은 어떤 사람에게는 두려운 자기-소외(自己-疏外, self-estrangement)의 한 형태가 될 수도 있습니다. 반면에, 당혹스러움을 느끼는 상황, 즉 다른 사람이 그를 수치스럽게 느낄 상황에 처하는 것을 두려워하지 하지 않는 사람은 하나도 없을 것입니다. 이 시기는 어린이가 얼굴을 붉히기 시작하는 연령인데, 이것은 다른 사람이(또한 자신의 내부에서도) 자신을 보고 있다는 것을 알고 있고, 또 자신이 뭔가 부족하다는 것이 알려졌다는 것을 알고 있다는 증거입니다.

대담자 : 그렇다면, 자율성은 이 근육-항문기 동안에 발달하는 수치심과 의심의 감정을 건설적으로 해결한 결과로 나타나는 것입니까?

에릭슨 : 그렇습니다. 또다시 말하지만, 여기에서도 적절한 비율이 바람직한 발달에 필요합니다.

대담자 : 선생님께서 이미 말씀하신 점을 강조해야만 하겠습니다. 이 양극성을 고려하면서, 선생님께서는 한쪽 특성만이 나타나고 다른 쪽 특성은 전혀 나타나지 않는 것이 이상(理想)적인 발달이라고 말씀하시는 것이 아닙니다. 선생님께서 말씀하시는 것은 양쪽 모두 이 발달단계에서 나타나야만 한다는 것입니다.

에릭슨 : 그렇습니다. 하지만 물론 그 비율은 자율성이 더 많은 쪽으로 나타나야만 합니다. 만약 어떤 측면에서 자율성보다 수치

심을 상대적으로 더 많이 가지고 있다면, 전생애를 통해서 열등하게 느끼거나 행동하게 됩니다. 아니면 반대로 계속해서 그 감정에 반대로 행동하게 됩니다.

대담자 : 아마도 어떤 사람이 수치심이나 의심이 전혀 없이 발달한다는 것은 거의 불가능할 것 같습니다.

에릭슨 : 그렇습니다. 왜냐하면, 이 모든 것이 내재적으로 진화와 관련이 있기 때문입니다. 사람은 서 있고 털이 없는 벌거숭이고 또 얼굴과 눈이 사회적인 지각에 너무나 중요한 것이 되어 버린 동물입니다. 동양 문화권에서, 예를 들면, 수치심은 "볼 낯이 없다(losing face)"라는 말로 표현되기도 합니다. 가장 두려운 경험이지요.

대담자 : 이미 언급한 헉슬리(Julian Huxley)의 책에서 소개하신 도식에 따라 선생님께서 설명하신 덕성의 관점에서 보면, 이 두 번째 단계에서 발달하는 덕성은 의지력(Will Power)입니다.[4] 그것은 선생님께서 말씀하신 내용에서 당연히 논리적으로 따라나오는 것 같습니다, 그렇지 않습니까?

에릭슨 : 제게는 그렇게 보입니다.

대담자 : 의지의 힘과 자율성이 서로 어떤 관련이 있는지에 대해 말씀하실 때 선생님께서는 이미 이것을 예상하고 계신 것 같이 생각됩니다. 의지력은 자율성의 자연스러운 결과인 것으로 보

---

4) Huxley, J. (ed.), (1961). *The Humanist Frame*. New York: Harper & Row.

입니다.

에릭슨 : 하지만 이 단계에서 우리는 단지 의지력의 싹에 대해서만 말하고 있을 뿐이지, 결코 성숙한 의지력에 대해 말하고 있는 것은 아니라는 점을 분명히 강조해야만 합니다. 오직 성숙한 사람만이 완전한 의미에서의 의지력을 가질 수 있습니다. 그러나 초기의 단계에서도 그것이 없으면 나중에 성숙한 인간적 능력이 발달할 수 없는 뭔가 근본적인 것이 발달합니다.

대담자 : 그래서 선생님께서는 마지막 성격 패턴에 대해서는 결코 말씀하시지 않는군요. 선생님께서는 단지 여기에서 싹이 나타나고, 이 8단계를 거치면서 계속 발달해 간다고 제안하시는 것뿐이군요.

에릭슨 : 예, 그렇습니다. 저의 "점성적(漸成的, epigenetic) 도표"에서 보여지듯이, 그들은 각각의 단계에서 계속 발달합니다.[5] 그들은 더 복잡해지고 분화되며, 그리고 결과적으로 새롭게 위기를 경험하게 됩니다.

대담자 : 이 시점에서, "점성적 도표"라는 구절의 사용에 대해 살펴보는 것이 좋을 것 같습니다. 선생님께서는 이 8단계를 점성

---

5) 점성적(epigenetic) 심리-성적 단계에 대한 자세한 설명과 도표는 다음에 제시되어 있다: The Theory of Infantile Sexuality. *Childhood and Society*, Charpter 2, pp48-108. 여기에서 논의하고 있는 내용, 즉 심리-성적 단계와 심리-사회적 위기와의 관계 및 결과적으로 나타나는 양태(modality)를 간결하게 종합한 것은 다음 논문에 있다: Erikson, E. H. (1959). Identity and the Life Cycle: Selected Papers, in *Psychological Issues* [Monograph] (New York: International Universities Press), I, 1.

설(epigenesis)이라고 불렀습니다. 이것은 선생님의 발달 모델을 설명하는 흥미로운 방식이라고 생각됩니다.

에릭슨 : "Epi"라는 말은 "위에(upon)"라는 뜻이고, "genesis"는 "출현(出現, emergence)"이라는 뜻입니다. 따라서 점성설(epigenesis)은 한 항목이 공간적으로나 시간적으로 다른 항목의 위에서 발달한다는 뜻입니다. 그리고 이것은 발달을 설명하기 위한 우리들의 목적에 충분히 들어맞는 간단 명료한 모형이라고 생각됩니다. 그러나, 물론 저는 단지 단계의 순서만이 아니라 단계의 위계(位階)까지도 포함하기 위해 그 개념을 확장시켰습니다.

대담자 : 이 단계들에 대해 사람들이 선생님께 자주 하는 질문은 아마도 이 각각의 단계에 도달하는 연령일 것입니다. 예를 들면, 어린이들은 언제 구순-감각기를 발달시키는 것입니까?

에릭슨 : 제 생각에는 태어나서 1년여에 걸쳐서 발달시키는 것 같습니다.

대담자 : 그렇다면, 두 번째 단계인 근육-항문기는 언제 나타납니까?

에릭슨 : 2살에서 3살 사이에 나타납니다. 그러나 각각의 문화에서 또 각각의 어린이에게서 그 기간과 강도는 서로 다르게 나타납니다.

대담자 : 문화적 상대주의가 이 발달의 패턴에서 중요한 측면인 것 같습니다. 이 점에서 선생님께서는 심리-성적 발달을 프로

이트와는 약간 다른 관점에서 보시는 것 같습니다. 프로이트라면 이 심리-성적 발달단계가 문화권에 따라 다르게 나타날 것이라고 말하지는 않을 것 같습니다, 그렇습니까?

에릭슨 : 초기의 연구에서는, 그는 거의 마르크스(Karl Marx)식의 차이, 즉 계급이 다르면 다를 것이라는 점을 꽤 알고 있었다고 생각됩니다. 그러나 다른 단계의 도식에서와 마찬가지로, 그의 단계도 순서(sequence)는 변할 수 없다는 것을 내포하고 있습니다. 그리고 모든 인간이 유기체로 태어나는 한, 그의 발달에는 어디에서 성장하든지 관계 없이 보편적으로 남아 있는 특정한 측면이 있습니다. 문화는 단지 무겁게 하거나 가볍게 할 수 있을 뿐입니다. 또 그런 방식으로 단계들을 더 강하게 혹은 덜 강하게, 그리고 더 빠르게 혹은 조금 느리게 만들 뿐입니다. 그리고 문화는 전환을 어렵게 혹은 쉽게 할 수 있습니다. 그러나 나타나는 것은 심리-성적 단계에 기본이 되는 것과 또한 매우 강하게 연결되어 있습니다. 덧붙여 말하자면, 그것은 또한 뭔가 우리가 여기에서 전혀 고려하지 않은 것과도 관련이 있습니다. 말하자면, 피아제(Jean Piaget)의 인지발달단계 같은 것 말입니다.

운동-생식기 : 주도성 대 죄의식 / 목적

대담자 : 그렇다면 인지적, 심리-사회적, 그리고 심리-성적인 측면 모두가 선생님께서 발전시킨 모델에서 모두 중요한 역할을

담당하고 있습니다. 그리고 선생님께서는 이 세 가지를 점성적인 순서로 통합시켰습니다. 자, 다시 단계에 대한 논의로 돌아가겠습니다. 세 번째 단계는, 아마 우리 문화에서는 2살에서 4살 사이의 어디에선가 나타날텐데, 운동–생식기(locomotor-genital stage)입니다. 선생님께서는 이 시기에서 나타나는 특징은 주도성(initiative) 대 죄의식(guilt)이라고 말씀하셨습니다. 프로이트는 남근기(男根期, phallic stage)인 이 시기에는 소위 오이디푸스적 상황이 나타난다고 했습니다. 이 상황에서는 남자아이는 어머니와 "사랑에 빠지고" 여자아이는 아버지와 "사랑에 빠집니다." 그리고 이 상황에서 자아(ego)가 이상(理想)적으로 발달하기 위해서는 남자아이는 아버지와 동일시를 하고 강한 자아를 발달시켜야만 합니다. 선생님의 독특한 이론에서도 오이디푸스 상황의 중요성에 대해 이의를 제기하지 않으셨습니다. 예를 들면, 주도성 대 죄의식을 말씀하시면서, 선생님께서는 이것이 오이디푸스 상황의 자연적인 결과라고 말씀하셨습니다, 그렇지요?

에릭슨 : 오늘날 우리는 오이디푸스 콤플렉스(Oedipus complex)과 관련해서 주장된 모든 일반화에 대해 분명히 다 동의하는 것은 아닙니다. 특히 여자의 오이디푸스 콤플렉스에 대한 모든 것에 대해서는 그렇습니다. 하지만 남자아이가 어머니와 "사랑에 빠지고", 또 나중에는 그 사랑에서 빠져나오려고 어려움을 겪는다고 말할 때, 태어날 때부터 그에게 어머니는 모든 것이었다는 점을 기억해야만 합니다. 어머니는 정신분석가들이 부르는 것처럼 그의 최초의 사랑의 "대상"이었습니다. 이것은 불운한 용어입

니다만, 어쨌든 프로이트는 추동(趨動, drive)은 대상을 필요로 한다는 것을 의미한 것이지, 사람이 다른 사람을 단지 하나의 대상으로 필요로 한다는 것을 의미한 것은 아닙니다. 문제는 어머니가 남자아이 최초의 생식환상(genital fantasy)에 "자연적으로" 개입된다는 것입니다. 왜냐하면, 이 때는 그의 전반적인 주도성이 집으로부터 벗어날 준비를 해야 하고, 또 벗어나야만 할 시기이고, 그리고 새로운 목표를 찾아야만 하는 시기이기 때문입니다. 이 시기에 굉장한 새로운 능력이 그에게서 발달합니다. 그리고 만약 그의 잠재력이 충분히 발달될 수 있는 여건만 마련된다면, 어린이는 심각한 콤플렉스를 발달시킬 위험이 거의 없어질 것입니다. 하지만 저는 오이디푸스 콤플렉스는 프로이트가 이야기한 것 이상도 이하도 아니라고 생각합니다. 진화론적인 관점에서 보면, 그것은 인간 개개인이 움직일 수 없는 세대(世代)와 성장과 죽음의 연속을 처음 경험하는 개체 발생적인 방식입니다.

대담자 : 이 단계에서 나타난다고 선생님께서 보신 구체적인 덕성은 "목적(purpose)"입니다. 그렇다면, 주도성으로부터 뭔가 개개인을 위한 목표-지향성(goal-directedness)이 발달된다는 말씀이십니까?

에릭슨 : 그렇습니다. 어린이는 자신의 운동력과 인지력이 준비한 목표를 마음에 그리기 시작합니다. 어린이는 또 크게 되는 것에 대해 생각하기 시작하고, 또 다른 사람들, 즉 그의 일이나 성격을 자신이 이해하고 존경할 수 있는 사람들과 동일시(identification)하기 시작합니다. "목적"은 이 요소들의 전체적인

복합(complex)을 포함합니다. 예를 들면, 어린이가 놀 때, 그것은 단지 자신의 의지를 시험해 보는 것이거나 또는 조작할 수 있는 자신의 능력을 시험해 보는 것만이 아닙니다. 그는, 사실상 나름대로의 사업(project)을 가지기 시작하는 것입니다. 이 시기의 어린이에게는 그 이전의 삶에서 발달된 많은 환상들을 억압하거나 방향을 다시 바꾸거나 할 책무가 주어지게 됩니다. 그는 뭔가를 위해 일해야만 한다는 것을 배우기 시작합니다. 또한 전지전능(全知全能)하게 되려는 자신의 비밀스러운 소망도 구체적인 것, 또는 적어도 체현(體現)될 수 있는 것과 결합되어야만 한다는 것을 배우기 시작합니다. 이율배반적이게도, 그는 계속 자신의 환상 때문에 죄의식을 느낍니다.

잠재기 : 근면성 대 열등감 / 유능감

대담자 : 초기의 3가지 발달단계를 살펴보았으니까, 에릭슨 교수님, 이제부터는 다음 단계를 살펴보도록 하겠습니다. 이 단계를 선생님께서는 잠재기(latency stage)라고 부르셨고, 근면성(industry) 대 열등감(inferiority)이라는 특성을 소개해 주셨습니다. 어린이의 삶에서 이 시기는 프로이트가 또한 잠재기라고 부른 시기와 대충 맞아떨어지는 것 같습니다만, 선생님의 심리-사회적 특성인 근면성과 열등감은 프로이트의 생각과 약간 차이가 있습니다. 이것은 흥미있는 차이라고 생각됩니다. 왜냐하면, 프로이트는 실제로 이 시기에 성격발달에는 무엇이 일어나는지에 대해

자신이 어떻게 생각하는지에 대한 단서를 거의 주지 않고 있습니다. 선생님의 모델은 잠재기는 미성숙한 성욕에서 비활동적인 성적 수준으로 옮겨 가는 것이라는 프로이트의 생각과는 어떻게 부합되는 것입니까?

에릭슨 : 글쎄요. 리비도(libido)나 방어뿐만 아니라, 어린이의 모든 면을 이야기한다면, 각각의 단계에서 어린이는 매우 다른 사람, 즉 인지적 능력이 증가하고 자신이 관심을 가지고 있고 자신이 이해하고 자신에게 반응하는 많은 범위의 사람들과 상호작용할 수 있는 상당한 능력을 가지고 있는 사람이 된다는 점을 염두에 두어야만 합니다. 보기에 따라서는, 프로이트가 이 점을 고려하지 않았다고 말하는 것은 공평하지 못하다고 할 수 있습니다. 왜냐하면, 프로이트는 단지 이 시기에 성적인 에너지에는 무엇이 일어나는지에만 관심이 있었기 때문입니다. 그에게 있어서, 잠재기는 어떤 특정한 열정적이고 상상적인 삶의 특질이 상대적으로 완화되고, 따라서 어린이는 자유스럽게 집중하고 배울 수 있는 시기라는 것을 의미하는 것뿐입니다. 이 시기에는 성욕이 사춘기를 위해 기다려야만 하는 소강 상태가 있습니다. 그 동안에, 어린이는, 말하자면, 기본적인 문법을 배우고, 자신의 문화에서 필요한 기본적인 기술을 배우게 됩니다. 정신분석학이 점점 이드(id)를 중심으로 한 심리학에서 자아(ego)를 중심으로 하는 심리학으로 초점이 바뀌어 가면 갈수록, 문화적인 제도와 상호작용하는 과정에서 자아는 오직 강하게 유지될 수밖에 없고, 또 어린이의 타고난 재능과 잠재력이 발달할 때 자아는 강하게 유지될

수밖에 없다는 사실이 더욱 더 분명해집니다. 이 단계에는 엄청난 호기심, 즉 배우려는 욕망과 알고 싶어하는 욕망이 있습니다. 피아제의 연구를 통해 인지적인 요소를 심리-사회적 발달과 함께 다룰 수 있게 되었습니다.[6] 왜냐하면, 학습이 단순히 억제되거나 또는 성적 호기심을 대체하는 것은 아니라는 것이 분명하기 때문입니다. 학습은 화이트(Robert White)가 유능감(Competency)의 욕구라고 부른 그 자체의 에너지를 포함하고 있습니다.[7] 이것이 근본적이고 한평생 지속되는 욕구라는 점에서는 화이트에 동의합니다. 하지만 그것의 어떤 경험적인 측면은 "학령" 시기에 특별한 위기를 겪는다고 생각합니다.

대담자 : 그렇다면, 잠재기 동안에 근면성 대 열등감의 양극성이 작용하고, 유능감이라는 덕성이 나타나는군요.

에릭슨 : 예, 그렇습니다. 화이트의 견해를 존중해서 말한다면, 여기서 기술(skill)에 대해 이야기하는 것이 좋을 것입니다. 저는 정신분석의 역사에 대해 잠시 또 다른 말을 하고 싶습니다. 초기에 우리는 적은 수의 학령에 속한 환자나 그 연령에 고착된 나이든 환자들 속에서. 그들이 학습을 억제하고 있을 뿐만 아니라 어린 시절의 기초적 가족으로 되돌아가려는 욕망이 있다는 것을 알았습니다. 그 때에는 삶에서의 퇴행적인 힘이 어린이로 하여금 과거로부터 가족으로부터 벗어나게 하고 또 보다 광범위한 경험

---

6) 예를 들면, 다음 책을 참고할 수 있다: Piaget, J. (1950), *The Psychology of Intelligence*. London: Routledge & Kagan Paul.

7) White, R. W. (1959), Motivation Reconsidered: The Concept of Competency. *Psychological Review*, LXVI, 297-333.

을 향해 나아가게 하는 힘보다 훨씬 더 강조되었습니다. 이 단계에서 모든 문화는 훈련을 시키고 가르쳐 줍니다. 숲속에 사는 인디언은 작은 소년들에게 작은 장난감 활과 화살을 줍니다. 우리는 글을 읽고 쓰는 문화에 살고 있습니다. 따라서 우리는 어린이들에게 어떻게 쓰고 읽는지를 가르쳐 줍니다. 그리고 현재는 실질적인 개혁이 진행되고 있습니다. 이 개혁은 어린이들에게 학교에 다니기 시작하는 바로 그 순간부터 과학기술적인 우주(technological universe)에 적응하고 배울 수 있는 새로운 방식을 주장하고 있습니다.

대담자 : 그렇다면 잠재기는 산업을 위해 매우 중요한 시기이군요. 또 열등감이 발달한다면, 그것은 숙련(mastery)되려고 하는 어린이의 시도가 좌절되었기 때문에 생기는 것이군요.

에릭슨 : 그렇습니다. 열등감은 구체화된 유능감에 대한 어린이의 시도가 실패하면 생기는 것입니다. "근면성(industry)"이라는 용어는 종종 오해되고 있습니다. 왜냐하면, 현재 그 용어는 "큰" 기업(industry)을 의미하기 때문입니다. 어떤 사람들은 제가 대량생산과 금융의 이데올로기의 색채를 띠게 된 단순한 용어를 사용하기만 하면 제가 너무 급진적이라고 생각합니다. 그러나 "근면성"이라는 단어는 모든 사람에게 적용되는 것이고 실제적으로 부지런하다는 것을 의미합니다. 그것은 정글에서나 공장에서나 어디에서나 뭔가를 바쁘게 하는 것이고, 뭔가를 완성하기 위해 부지런히 배우는 것이며, 일을 열심히 하는 것을 의미합니다.

청소년기 : 정체성 대 역할혼미 / 충실성

대담자 : 이제는 선생님께서 사춘기(puberty) 또는 청소년기 (adolescent stage)라고 부르시는 시기로 넘어가겠습니다. 이 시기 는 대략 13세나 14세에서 나타나는데, 선생님께서는 중요한 심 리-사회적 기제인 정체성(identity) 대 역할혼미(role confusion)라 는 개념을 소개해 주셨습니다. 이 개념들이 선생님의 연구 가운 데 가장 흥미롭고 주목받는 부분이라고 생각합니다. 이 개념들에 대해 일반적으로, 그리고 사춘기나 청소년기에서 이 발달이 어떻 게 일어나는지 구체적으로 말씀해 주시겠습니까?

에릭슨 : 처음에 정체성을 상대적으로 무의식적인 갈등으로 설 명했기 때문에, 정체성의 폭발과 같은 것이 있었습니다. "정체 성", 그리고 더욱 놀랍게도, "정체성 위기(identity crisis)"라는 말 은 직업적 정체성, 인종적 정체성, 국민적 정체성 등의 함축적 의 미를 가지고 전 세계에 걸쳐서 사용하고 있습니다. 제가 처음 쓴 책에서, 빅토리안(Victorian) 시대의 신경학자로서 프로이트가 심 리-성욕을 인간의 에너지와 자원이 과도하게 억압되고 잘못 쓰이 는 영역이라고 본 데는 분명한 문화적인 이유가 있다고 말했습니 다.[8] 그러나 한 개인이 기술적인 의미에서 성적으로 잘 적응할 수 있는 경우라고 하더라도, 또 적어도 프로이트가 생식기적 성숙 (genital maturity)이라고 부른 상태까지 피상적으로나마 발달하는 경우라고 할지라도, 그는 아직도 우리 시대의 정체성에 의해 약

---

8) Erikson, E. H. (1950, 1963), *Childhood and Society*. New York: W. W. Norton.

해질 수도 있습니다. 사실상, 청소년기가 끝날 때까지 정체성이 굳건히 발달하지 않는다면, 생식기적 성숙은 이루어질 수 없다는 점을 덧붙이고 싶습니다. 아마도 제가 이 나라로 이민 온 사람이라는 점이 정체성의 문제가 오늘날 우리가 직면하고 있는 장애 중에서 가장 핵심적인 부분을 차지하고 있다고 느끼게 만들었는지도 모르겠습니다. 다른 말로 하면, 고립된 상태에서는 생식성이 완전히 발달하기를 바랄 수 없습니다. 여기에서 이민자들은 처음에 새로운 나라와 그의 엄청난 산업 발달을 위해 예전의 국민적 정체성을 거의 대부분 포기했습니다. 그리고 인구는 계속해서 변하고 사회적으로 지리적으로 이동을 했습니다. 변화의 문제에 직면한 사람들은 단지 첫 세대의 미국인뿐만이 아닙니다. 왜냐하면 그들은 적어도 자신들이 어디에서 왔고 왜 왔는지를 알고 있었습니다. 그리고 그 다음 뒤따라오는 세대에게도 정체성의 문제는 분명 매우 핵심적이고 불안하게 만드는 것입니다. 이 나라는 바로 변화의 나라입니다. 오히려 이 나라는 변화에 강박적으로 사로잡혀 있습니다. 다른 나라들도 이 같은 패턴을 따라오고 있고, 후진국들은 변화를 받아들이는 것을 통해 국민적 정체성을 달성하려고 합니다.

대담자 : 이 단계에서 발달하는 덕성은 충실성(fidelity)입니다, 그렇지 않습니까?

에릭슨 : 솔직히 고백하면, "덕성"이란 용어가 언급될 때마다 매번 저는 충격을 받습니다. 그것에 관해서 뭔가 조금 더 말씀드려야만 하겠습니다. 많은 사람들이 덕성이나 장점처럼 들리는 것

은 무엇이든지 그것을 진화적인 과정과 연결시키려는 시도에 대해 의심스럽게 생각합니다. 제 생각에, 이것은 최고로 진화된 것은 기독교라는 것을 보여 주려고 하거나, 또는 다른 체계의 가치는 모두 진화론에 포함되어 있다는 것을 보여 주려는 예전의 시도에 대한 반응이라고 봅니다. 그러나 저는 가치에 대해 이야기하는 것이 아닙니다. 저는 단지 살아 있는 어떤 한 구체적인 체계가 정립한 가치를 지각하고 그 가치에 따라서 살아가는 능력이 발달하는 것에 대해 이야기하는 것뿐입니다. "충실성"이라고 이야기할 때, 저는 어떤 구체적인 이데올로기에 대한 믿음(faith)을 의미하는 것이 아닙니다. 이것은 마치 "희망"이라는 단어를 사용할 때 어떤 구체적인 종교적인 형태의 희망을 의미하는 것이 아닌 것과 꼭 마찬가지입니다. 만약 그것이 가능하다면, 저는 대문자 "H"로 시작하는 희망(Hope)과 소문자 "h"로 시작하는 희망(hope)을 구별하고 싶습니다. 사람은 오직 희망하는 것을 배울 수 있는 능력만을 가지고 태어납니다. 그리고 그의 환경이 설득력 있는 세계관을 제공해야만 하고, 그 세계관 안에서 구체적인 희망을 주어야만 합니다. 이 덕성들은 동물들의 적응에 본능이 필요한 것처럼 사람의 적응에 필요한 것이라고 저는 믿고 있습니다. 그래서, 제 자신이 확신하고 있기 때문에, 저는 더 나아가서 우리 모두는 충실성에 대한 본능을 가지고 있다고까지 주장하고 싶습니다. 이것은 우리가 어떤 특정한 연령에 이르면, 어떤 특정한 이데올로기적인 견해에 충실할 것을 배울 수 있고 또 배워야만 한다는 것을 의미합니다. 정신의학적으로 본다면, 충실성의 능력이 발달하지 않는다면, 사람은 우리가 약한 자아라고 부르는 것을 가지든가 아니면 충실할 수 있는 일탈된 집단을 찾게 되거나 둘 중의 하나가 될 것이라고 말할 수 있습니다.

대담자 : 여기에서 선생님께서 말씀하시는 점은 청소년기는 구체적으로 정체성과 역할혼미가 나타나는 시기라는 것이고, 또 이것들은 자아의 강도와 발달에 기본적인 요인이라는 것입니다.

에릭슨 : 자아 강도(ego strength)의 발달 잠재력은 이전의 발달 과정 모두를 성공적으로 완수하는 데서 비롯된다고 생각합니다. 완전히 성숙한 자아는 오직 청소년기가 지난 이후에만 가능하다고 말할 수 있다고 봅니다. 이것은, 결국 성인이 된다는 것을 의미하는 것이기 때문입니다. 저는 개인적으로는 어린이와 청소년 그리고 청년들에 대한 연구를 통해 가장 많이 배웠습니다. 아이히혼(Aichhorn)이 가르쳐 준 것처럼, 후기 청소년기에 속한 사람들과 작업을 할 경우, 그들에게 과거에 무엇이 잘못됐는지를 해석해 주는 것만으로는 충분하지 못합니다. 현재는 대부분의 경우 회상을 하기에는 너무나 강력합니다. 사실상, 그들은 종종 그런 종류의 해석을 자신의 병에 대한 번지르르한 이데올로기를 발달시키기 위해 이용하고, 실제로는 자신의 신경증에 대해 자랑하게 됩니다. 그리고 또한 만약 모든 것이 어린이 시절로 "되돌아간다면", 모든 것이 다른 사람의 잘못이 되고, 자신에 대한 책임을 질 수 있는 개개인의 힘을 해칠 수도 있습니다.

대담자 : 이것은 브로드웨이(Broadway)의 뮤지컬 「웨스트 사이드 스토리」(West Side Story)에서 풍자되지 않았습니까? 지휘관

크럽키(Officer Krupke)의 노래에서, 외양적으로는 비행청소년들인 이들은 , "우리들의 행동에 대해 우리는 책임이 없어, 단지 사회적 조건이 책임져야 해."라는 노래를 부릅니다. 그것은 당당한 사회적 합리화 기제가 됩니다. 가난으로 고통받는 사람은, "나는 내 가난에 책임이 없다. 그것은 사회의 잘못이다."라고 말합니다. 비행청소년은, "그것은 엄마의 잘못이다."라고 말합니다. 생물학적 또는 사회적 결정론적 개념을 이처럼 이용하는 것은 진보하기보다는 오히려 여러 가지 방식으로 우리를 퇴보하게 만들 수도 있습니다.

에릭슨 : 그렇습니다. 사실상, 「웨스트 사이드 스토리」는 또 다른 매우 통찰력 있는 주제입니다. 정확한 단어들이 기억나지는 않습니다만, 이 젊은이들은, "남들은 우리를 건달이라고 부른다. 좋다. 그렇다면 정말로 건달이 되자."라고 노래 부르며 춤을 춥니다. 우리는 다른 곳에서도 이와 유사한 현상을 보이는 반항적인 젊은이들을 만나게 됩니다. 그들은 우리에게, "당신은 우리가 정체성의 위기를 경험하고 있다고 말합니다. 좋습니다. 그렇다면 정말로 정체성의 위기를 경험하도록 하겠습니다."라고 말합니다. 그래서 우리가 한때 성 정체성(sequal identity) 혼란이라고 조심스럽게 진단하던 것이 지금은 다른 면에서는 오히려 도덕적으로 건전하게 보이는 젊은이들에게서 거의 냉소적으로 나타나고 있습니다. 이 점이 정체성 문제의 가장 핵심적인 부분을 되돌아보게 해 줍니다. 저는 우리의 정체감은 긍정적인 요소와 부정적인 요소 모두로 구성되어 있다고 생각합니다. 우리가 되기를 원하고, 또

우리가 그렇게 되어야만 한다는 것을 알고 있으며, 만약 좋은 사회-역사적 환경만 주어지면, 우리가 달성할 수 있는 것이 있습니다. 하지만 반면에 우리가 되기를 원하지 않고 또 되어서는 안 되는 것이 있습니다. 그리고 많은 젊은이들이 어떤 것이든 긍정적으로 되고자 바라는 것을 대규모로 불가능하게 만드는 시대도 있습니다. 예를 들면, 나치(Nazi) 시대처럼 말입니다.

대담자 : 선생님께서는 자아정체성의 긍정적인 면과 부정적인 면을 말씀하셨습니다. 그리고 이것은 이데올로기와 관련이 있다는 것을 암시하셨습니다. 이것이 선생님 이론의 핵심적인 측면인 것 같은데, 이 개념에 대해 조금 더 자세히 설명해 주십시오.

에릭슨 : 이 현상은 진화적인 측면뿐만 아니라 역사적인 측면도 가지고 있습니다. 그것을 이런 식으로 설명해 보겠습니다. 사람은 여러 사이비-종(pseudo-species)으로 나뉘어졌습니다. 그리고 현재에 와서 사이비-종의 마지막 형태의 하나, 즉 민족주의(nationalism)를 극복하려고 노력하고 있습니다. 부족을 이루고 사는 인간이란 동물은 방어적이 됩니다. 왜냐하면, 보다 포괄적인 이데올로기들이 만들어지기 때문입니다. 유사 이래 처음으로 한 종족이 될 수 있는 기회를 가진 바로 그 순간에 원자 무기로 무장한 반동적인 분노는 인간의 종말을 의미할 수도 있습니다. 그러나 어떻게 보다 넓은 정체성을 가질 것인가, 이 문제는 지금 젊은이들의 문제가 되었습니다. 그럼에도 불구하고, 젊음이란 단지 변화하는 역사 속에서 주어진 한 시대에서 살아가는 삶의 중간 단계에 지나지 않습니다. 제가 보는 바에 의하면, 청소년은 갈등

하는 추동들 사이의 새로운 양적인 압력에 의해 움직여지고 또 종종 방해받고 있습니다. 그래서 청소년기의 개체 발생적인 측면은 실제로 개개인의 자아 강도(强度)가 동시에 씨름해야만 하는 것, 즉 규칙을 지키지 않으려는 내적 성향과 변하는 조건들을 대표하는 것입니다. 덧붙여 말하자면, 저는 자아 강도가 단지 본질적으로 방어적인 것이라고 말하는 것이 아닙니다. 안나 프로이트 (Anna Freud)는 자아의 기능을 많은 추동들(drives)에 대한 방어벽 (bulwark)으로 설명했습니다.[9] 이 추동 압력의 양적인 측면은 거의 대부분의 경우 심리-사회적 발달에 달려 있다고 생각합니다. 한 인간으로서 가진 잠재력이 자신이 살고 있는 역사적인 시대의 추세(趨勢)에 맞지 않는 사람은 그 자신을 애매하게 몰고 가는 것에 대해 더 쉽게 혼란스러워하고, 보다 퇴행하는 경향이 있으며, 따라서 또한 자기 성욕의 유아적인 잔여물(infantile remnants)에 의해 더 괴로움을 당합니다. 반면에 자신의 성욕을 수월하게 뛰어넘을 수 있고, 위기를 이겨 낼 수 있으며, 또 상당히 심각한 실수도 흡수할 수 있는 젊은이들을 얼마든지 볼 수 있습니다. 그래서 정체성은 그런 발달적인 중요성을 가지고 있다는 것입니다. 하지만 정체성은 또한 사회적인 면도 있는데, 이것이 바로 정체성을 심리-사회적으로 만드는 것입니다. 인지 발달의 기초 위에서, 젊은이는 이데올로기적인 뼈대, 즉 그것에 의해 무한한 가능성이 있는 미래를 그려 볼 수 있는 뼈대를 찾고 있습니다. 이데올로기는 정의(定義)상 성숙한 가치가 될 수 없다는 점을 이해하는

---

9) Freud, A. (1946). *The Ego and the Mechanism of Defense*. New York: International Universities Press.

것이 매우 중요합니다. 청소년들은 전체주의적 체제와 모든 종류의 전체주의적인 유행에 쉽게 유혹을 당합니다. 왜냐하면, 이것들은 베르사이유 조약이 그들을 절망에 빠뜨리는 때에 히틀러(Adolf Hitler)가 독일의 청소년들에게 제공한 천년왕국(千年王國)과 같은 뭔가 일시적인 사이비 가치를 제공해 주기 때문입니다.

대담자 : 히틀러 체제와 그의 권력 획득에 대한 연구에서, 선생님께서는 히틀러 **청년단**(Hitler Jugend)에 관심이 있고, 또한 고르키(Maxim Gorky)에 대한 연구에서도 청소년기의 취약성에 대해 말씀하셨습니다.[10]

에릭슨 : 그렇습니다. 하지만 취약성과 강함을 동시에 다루고 있습니다. 왜냐하면, 청소년은 사이비 이데올로기에 취약한 반면, 어떤 설득력 있는 체계라도 그것을 정리하는 데 엄청난 양의 에너지와 성실성을 투입할 수 있습니다. 이것이 바로 청소년기를 그렇게 비극적으로 만드는 것이고, 모든 새로운 가치의 창조자들이 그런 책임을 느껴야 하는 이유입니다. 서구에 살고 있는 우리들은 단지 "생활방식"만을 지지하기를 바라는 체 하지만, 사실상 우리 역시도 기술적이고 과학적인 이데올로기들을 창조하고 수출하고 있습니다. 그리고 이 이데올로기들은 그들 나름대로의 방식으로 동조를 강요합니다. 우리 젊은이들의 대부분은 "좋은 것이 좋은 것이다."라고 생각하면서 이것을 정체성의 기초로서 기꺼이 수용합니다. 반면에 소수의 젊은이는 단지 "좋기만 한" 것은, 만

---

10) 에릭슨은 히틀러와 고르키에 대해서 *Childhood and Society*의 제9장과 10장에서 각각 다루고 있다.

약 한 종족으로서의 인류에 대한 책임감에 의해 억제되지 않는다면, 파괴적일 수도 있다고 감지(感知)합니다. 이것이 우리 시대의 정체성과 정체성 혼란의 두 가지 주요한 근원입니다. 즉 기술 문명에 대한 믿음과 일종의 인본주의에 대한 재주장 말입니다. 둘 다 그들이 주장하는 유토피아는 이미 시대에 뒤떨어진 것 같고, 자신의 힘을 제어하려는 인간의 거대한 투쟁에는 부적합한 것 같습니다.

대담자 : 여기에서 선생님께서는 두 가지 수준의 정체성, 즉 연쇄적인 생물학적 발달에서 나타나는 정체성과 심리-사회적 영역에 연결되어 있는 정체성에 대해 언급하시는 것 같습니다. 후자의 경우에. 선생님께서는 이데올로기가 정체성의 기초가 된다고 말씀하시는 것 같습니다.

에릭슨 : 그것이 꼭 정치적인 의미에서의 이데올로기일 필요는 없고, 이데올로기적 뼈대를 말하는 것입니다. 이것은 새롭고 더욱 포괄적인 정체성에 대한 필요성에 맞추어지게 됩니다. 정체성의 문제는 그것이 사회의 과거와 미래 사이에 연속성을 확립해야만 한다는 것이고, 또 취약성과 힘 모두를 가지고 있는 청소년기는 둘 다의 결정적인 변화자(transformer)라는 것입니다. 점성적인 관점으로 되돌아갑시다. 정체성은 이전의 모든 단계를 통해서 발달됩니다. 다시 말하면, 정체성은 어린이가 처음으로 어머니를 알아보고 또 어머니로부터 인정받는다는 것을 처음으로 느낄 때, 어머니가 그는 이름을 가지고 있는 특별한 사람이고 좋은 사람이라고 말할 때부터 시작됩니다. 그때 그는 이미 자신

이 중요한 사람이고, 또 자신은 한 개체라는 것을 느끼기 시작합니다. 그러나 그는 청소년기의 정체성의 위기에 도달하게 될 때까지 많은 단계를 거쳐야만 합니다. 이 단계들에 대해 저는 아직도 잘 설명할 수 없습니다. 긍정적 정체성과 혼합되어 있지만, 자신이 수치스럽게 느끼는 것, 처벌받은 것, 그리고 죄책감을 느끼는 것, 다시 말하면 유능감과 선함(goodness)에서 실패한 것으로 구성되어 있는 부정적 정체성이 있습니다. 정체성은 부정적인 것을 포함하는 이전의 모든 동일시와 자기-이미지(self-image)를 통합하는 것을 의미합니다. 한 소년이 결국은 사회적 낙오자가 된 아저씨를 사랑할 수도 있습니다. 그가 아저씨를 닮으면 안된다는 것은 그에게도 분명합니다. 하지만 그 아저씨는 그의 마음 속에 있고, "더 성공"했을지는 모르지만 단지 냉담한 위선자에 불과한 부모의 이미지와 같이 자리잡고 있습니다. 이 일의 대부분은, 물론, 무의식적으로 진행되고, 여기서 우리는 무의식을 그냥 당연한 것으로 받아들이는 것 같습니다. 이것을 우리가 지금까지 이야기한 모든 것에 소급해 보기 위해 이야기의 진행을 잠시 멈추도록 하십시다. 매우 중요한 것은 젊은이들이 (의식적 또는 무의식적으로) 부모에게서 자신들의 부정적인 정체성을 인식하고, 부모와의 지금까지의 동일시가 예전에 생각했던 것만큼 유용한지에 대해 회의(懷疑)하기 시작한다는 사실입니다. 바꿔 말하면, 정체성을 형성하는 것은 예상되는 미래를 고려하여 모든 이전의 동일시를 실제로 재구조화(restructuring)하는 것입니다.

대담자 : 정체성 개념의 또다른 측면으로 옮겨 가기 위해, 저는

로키치(Rokeach)가 최근에 쓴 그의 책『입실란티의 세 그리스도』(*The Three Christs of Ypsilanti*)에서 선생님의 정체성 개념에 주의를 기울이고 있다는 점에 주목하고 있습니다.[11] 그의 독특한 도식에서, 그는 "원시적인 신뢰 체계(primitive belief system)"라는 용어를 사용하고 있는데, 이것은 자신이 실제로 누구인지에 대한 매우 근본적인 개념을 알아보려는 시도입니다. 이것은 우리가, 마치 우리들의 이름처럼, 어디에서 사는지 등을 배우는 것 같은 단순한 것입니다. 사춘기와 청소년기 동안에는 발달해 가는 개인은 이 우주 안에서 자신이 어디에 있는지에 대한 개념을 어느 정도 획득하게 되고, 이것이 근본적인 의미를 가지게 됩니다. 이것이 선생님께서 제안하시는 것과 비슷한 것입니까?

에릭슨 : 예, 그렇습니다. 심리-사회적 정체성은 단순한 "개인적" 정체성, 다시 말하면 우리가 누구인지에 대한 지식을 초월합니다. 청소년기는, 우리 주위에서 얼마든지 볼 수 있듯이, 대부분 인간의 과거와 미래를 재결합시킵니다. 사춘기는, 안나 프로이트가 밝혔듯이, 사고와 행동에서의 원시성의 한 형태를 만들어 냅니다.[12] 하지만 저는 그것을 모두 방어라고 생각하지는 않습니다. 오히려 필요한 원시성과 현대성의 재결합이라고 생각합니다. 청소년들은 항상 전환(conversion)이나 또는 오늘날 신체적, 영적, 그리고 사회적 경험의 방향으로의 의식-확장(consciousness-expansion)이라고 부르는 것에 특히 쉽게 물들 수 있습니다. 그들

---

11) Rokeach, M. (1964). *The Three Christs of Ypsilanti*. New York: Alfred A. Knopf.
12) Freud, A. (1946). *The Ego and the Mechanism of Defence*. New York: International Universities Press.

의 인지적 능력과 사회적 관심이 그렇기 때문에 청소년들은 자신을 문화에 맞추고 또 문화를 자신에게 맞추기 전에 경험의 한계까지 가고 싶어합니다. 원시 문화에서는 자라나는 젊은이에게 자신이 어디에 속해 있는지를 다소 강제적으로 알려 주는 사춘기 의식(儀式)이 있습니다. 그는 자신이 한 특정한 부족, 한 특정한 씨족에 속해 있다는 것을 배웁니다. 그리고 소속감을 느끼는 대가로 동조(同調)라는 값을 치러야만 한다는 것을 배웁니다. 물론, 한 문화가 자유로운 선택을 더 많이 하게 하면 할수록, 또 앞으로 어떤 사람이 될 것인지에 대한 결정을 스스로 하게 하면 할수록, 공개적인 갈등은 더 많이 유발됩니다.

대담자 : 다른 말로 하면, 한 문화가 더 강하게 구조화되면 될수록, 정체성의 공개적인 갈등은 줄어들게 되고, 반면에 사회가 자유롭고 덜 구조화되면 될수록, 갈등은 더 증가한다는 말씀이십니까?

에릭슨 : 그렇다고 생각합니다. 그러나, 물론, 그것은 또한 정체성이 숙명적으로 미리 결정되어 있어서 선택의 여지가 거의 없는 곳은 어디에나, 특별한 사람이나 또는 상궤(常軌)에서 벗어난 사람이나 또는 둘 다인 사람이 될 수 있는 자양분 또한 거의 없다는 것을 의미합니다. 원시부족에서는 살아남을 수 없을지 모른다는 것 때문에 도중에 내팽개쳐지는 사람을 볼 수 없습니다. 우리 사회에서는, 젊은이들이 매우 공개적으로 또 거의 냉소적으로 정체성 혼란을 자랑하는 상황을 목격하고 있습니다. 왜냐하면, 그들은 새로운 윤리적 헌신(commitment)에 이르는 자신들만의 방식

을 찾기를 더 선호(選好)하기 때문입니다.

대담자 : "정체성 위기"에 대해 논의할 때 선생님께서 이미 말씀하신 대로, 이것은 점점 더 시대정신(Zeitgeist)의 중요한 부분이 되고 있습니다. 예를 들면, 실존주의자들도 이것에 관해 많은 말을 하고 있습니다. 정체성 위기가 긍정적 그리고 부정적 정체성과 어떤 관계가 있는지, 또 실존주의자들의 입장과는 어떤 관계가 있는지 조금 더 자세히 말씀해 주실 수 있으십니까?

에릭슨 : 청소년들은 본질적으로 일시적인 실존주의자들이라고 말할 수 있을 것입니다. 왜냐하면, 그들은 갑자기 독립된 정체성을 깨달을 수 있게 되기 때문입니다. 그러므로 그들은 첨예한 갈등에 빠져 있다는 느낌뿐만 아니라, 매우 고립되어 있다는 느낌을 가질 수 있습니다. 그들은 이 느낌을 모두 합쳐서 총체적으로 느끼는 경향이 있습니다. 그래서 그들은 미성숙한 지혜와 죽음에 마음을 빼앗길 지경에 이르기도 하고, 또는 대의명분(大義名分)을 위해, 그리고 때로는 고립과 억압받고 있다는 느낌에서 회피하기 위해 기꺼이 자신을 희생하려는 지경에 이르기도 합니다. 저는 대중적 실존주의의 대부분은 상당수의 청소년들이 (그렇지만 않았다면 재능이 많은 청소년들이었을텐데) 고립감에 빠진 열광적인 상태로 머물게 하고, 그래서 친밀감을 형성할 수 없게 만드는 이데올로기라고 생각합니다. 우리는 유럽에서 만들어진 실존주의적 영화들이 얼마나 고립된 상태를 냉소적으로 이상화(理想化)하는지 볼 수 있습니다. 하지만 까뮈

(Camus)는, 예를 들면, 『이방인』(*The Stranger*)에서 이것을 초월했습니다.[13] 갑작스러운 소외(alienation, 이 작품의 대부분에서 사용되는 또 다른 단어)는 아마도 청소년기에서는 피할 수 없는 것이고 또 어쩌면 창조적인 요인이기도 할 것입니다. 그것은 어떤 문화적 상황에서는 다른 곳에서보다 더 강할 것입니다. 어쨌든 부분적으로는 유아적인 정체성과 단편적인 역할들의 통합은 초기의 좌절에 의해서, 젊은이에게 잠재해 있는 정신분열증적 질병에 의해서, 가족 내의 비극에 의해서, 또는 급격한 사회적 진화나 과학기술의 변화에 의해서 방해를 받을 수 있습니다. 조정할 수 없는 갑작스러운 많은 양의 추동(drive)이 주어지면, 이것들의 어떤 조합(組合)이든지 결정적이 될 수 있습니다. 그때, 청소년은 자신이 태만하고 심술궂고 더럽다는 것에 긍지를 느낄 수도 있습니다. 그리고 대다수가, 비트족(beatnik) 또는 베트남 반전(反戰) 운동가(Vietnik), 또는 반전(反戰) 운동가(peacenik)라고 부르기조차 하면서, 그를 전형으로 삼으면서 "강화"시켜 주는데, 이것은 하잘 것 없는 유희(遊戲)가 될 수 있습니다. 그러나 대다수가 또한 자신의 이미지를 강화하는 것이 틀림없고, 또 오늘날의 대다수의 젊은이가 과학기술 문명 안에서 자신의 정체성을 발견하고 있다는 사실을 잊어서는 안 됩니다. 임상가와 지성인(그리고 아마도 심미가(審美家))으로서, 우리는 반대자에 대해 보다 많은 것을 알고 있습니다.

---

13) Camus, A. (1946). *The Stranger*. Translated by Stuart Gilbert. New York: Alfred A. Knopf.

대담자 : 사회심리학적 관점에서 이것을 바라본다면, 때때로 비행청소년은, 소위 인습적인 사회의 동조주의자의 압력에 대해 저항하면서, 스스로 비행적인 하위문화(subculture)의 동조자가 되는 것처럼 보입니다. 그래서 인습적인 사회의 동조주의자의 요구로부터 이 "일탈적(deviant) 하위문화"로 도피하는 것은 결코 동조주의자로부터의 도피가 아닙니다. 그렇습니까?

에릭슨 : 가장 오랫동안 우리는 비행청소년도 역시 어떤 하위문화에 동조할 기회, 어떤 지도자에게 충성할 기회, 그리고 어떤 종류의 충실함을 나타내고 발달시킬 기회를 찾고 있다는 것을 이해하지 못했어요. 경찰이나 법원에서 종종 그러는 것처럼, 우리도 그들을 부정적인 가치만을 가지고 있는 "당연히" 열등한 사람으로밖에는 다룰 줄 몰랐어요. 정말로 나쁜 사람은 세상에 거의 없어요. 그리고 있다면 그들은 오히려 젊음을 오용(誤用)하는 사람들 가운데서 발견할 수 있을 것이라고 저는 생각합니다. 비행을 저지르게 되는 사람은, 우리가 그들에게 도움이 되지 못했기 때문에, 단지 탈선한 것일 뿐입니다. 그리고 만약 이 사실을 깨닫지 못한다면, 우리는 그들을 잃을 것입니다.

대담자 : 긍정적 정체성과 부정적 정체성은 한 개인이 청소년기를 거쳐 성숙과 노년기로 발달해 가면서 계속해서 되풀이되어 나타나는 문제라고 생각하신 적이 있으신지 궁금합니다. 선생님께서는 이것은 한 평생을 통하여 계속 되풀이되어 나타나는 문제라고 암시하고 계시는 것 같습니다.

에릭슨 : 예, 그렇습니다. 이 문제는 흥미있는 주제입니다. 그 문제를 다루기 전에, 대담자께서 질문하시면서 취하신 한 단계 이후에 또 다른 단계(one-stage-after-another)식의 접근에 대해 다시 한 번 더 이야기하도록 하겠습니다. 이것은 피할 수 없는 것이지만, 그러나 그것은 각 단계가 뭔가 구체적인 것을 이후에 나타나는 모든 단계들에 더하고, 또 이전의 모든 단계들로부터 새로운 총체적인 효과를 만들어 내는 점성적 단계의 본질을 놓치고 있습니다. 정체성은 젊은 시절에 처음 나타나는 것이 아닙니다. 그리고 그것은 발달의 목표도 아니고 또 종착점도 아닙니다. 우리 시대는 정체성을 주된 관심사로 강조하고 있습니다. 지난 세기 동안 아버지와 아들의 관계가 지배적이었다면, 금세기는 자력(自力)으로 성장한 사람이 자신에 대해 어떻게 생각하는지 자문하는 데 관심이 있습니다. 그렇지만 이것이 마지막 질문이 될 수는 없습니다. 그래서 대담자께서 청소년 단계 이후에 대해 그리고 그 단계에 대한 우리 문화의 고착(fixation) 이상의 것에 대해 이야기할 수 있도록 대담을 이끌어 주어서 기쁩니다. 정체성의 위기를 해결했다고 할지라도, 그 후의 삶의 변화에 의해 위기가 새롭게 촉발될 수 있다는 대담자의 말씀은 옳습니다. 아마도 이민자로서 (그리고 – 전에 이미 언급한 것처럼 – 어린아이 때 저는 국적을 바꾸었습니다) 저는 익숙한 풍경과 나라 말, 그리고 그것과 함께 그의 최초의 감각과 지각적 인상(印象)이 기초하고 있는, 그래서 또한 그의 개념적인 이미지의 기초가 되는 모든 "준거(reference)"를 잃어버린 사람이 해야만 하는 매우 중요한 재정의(redefinition)에 직면했습니다. 이주(移住)에 의해서도 이렇게 될 수 있습니다. 대

담자께서 말씀하신 대로, 노년기에서도 역시 이렇게 될 수 있습니다. 왜냐하면, 젊었을 때 정체성의 문제를 적절하게 해결하지 못한 사람은 자신이 아직도 또 다른 정체성을 발달시킬 수 있는지 보려고 굉장히 노력하기 때문입니다. 그에게는 자신의 삶이 그가 앞으로 갖게 될 유일한 삶이라는 것이 받아들여질 수 없습니다. 어떻게 자서전을 쓸지 아는 사람은, 물론 회고적(回顧的) 정체성을 창조할 수 있습니다.

대담자 : 그런데, 이것은 선생님께서『젊은 시절의 루터』(*Young Man Luther*)에서 하신 연구의 초점이 아닙니까?[14]

에릭슨 : 예, 그렇습니다. 그러나 간디(Gandhi)의 보다 공식적인 자서전에 대한 저의 논의에서 그 점이 더 명확하게 나타날 것입니다.[15]

대담자 : 루터(Luther)가 경험한 정체성 문제의 모든 것은 선생님의 책에서 다루어졌습니다. 선생님께서는 루터의 정체성의 문제가 청소년기 때부터 심각해져서 종교개혁 운동을 일으킨 이후에도 계속 중요한 문제로 남아 있었다고 지적하고 있습니다.

에릭슨 : 루터는 매우 문제가 많지만 동시에 매우 재능이 많은 젊은이였습니다. 그는 그 당시의 로마 가톨릭의 세계 내에서 충실성을 보일 자기 자신의 "대의명분(大義名分)"을 창조해야만 했

---

14) Erikson, E. H. (1958). *Young Man Luther: A Study in Psychoanalysis and History.* New York: W. W. Norton.15).

15) Erikson, E. H. (1966). Gandhi's Autobiography: The Leader as a Child. *The American Scholar*, Autumn.

습니다. 아시다시피, 처음에 그는 수도자가 되었고, 뛰어나게 훌륭한 수도자가 되는 것을 통하여 양심의 가책을 해결하려고 노력하였습니다. 그러나 상급자들까지도 그가 너무나 열심히 노력한다고 생각했습니다. 스스로 너무나 죄인이라고 느꼈기 때문에, 그는 하나님의 사랑에 대한 믿음을 잃기 시작했습니다. 그리고 상급자들이 그에게, "이보시오, 하나님은 당신을 미워하지 않습니다. 당신이 하나님을 미워하는 것입니다. 그렇지 않다면, 하나님이 당신의 기도를 들어 주신다는 것을 믿게 될 것입니다."라고 말하기까지 했습니다. 하지만 이 점은 분명히 해 두어야 겠습니다. 즉 루터와 같은 사람은 또한 역사적 현실성에 대한 예민한 이해와 자기가 살고 있는 시대적 "조건에 대해 말하는" 방법을 알고 있었기 때문에 역사적인 인물이 되었다는 것입니다. 오직 그럴 경우에만, 그 내적 투쟁이 많은 철저하고 성실한 젊은이들의 내적 투쟁을 대표하게 되는 것입니다. 그리고 물론 그럴 경우에만 상습적으로 문제를 일으키는 사람들과 기생(寄生)하는 사람들을 끌어들일 수 있습니다.

대담자 : 넓은 의미에서 정체성의 문제와 관련해서 최근에 논란이 되고 있는 또 다른 분야는 우리 문화에서의 여성 문제입니다. 여자아이가 오이디푸스 상황을 해결하는 과정에서 겪는 어려움을 반영하고 있는 프로이트는, 물론 여성은 운명적으로 전생애에 걸쳐서 기본적으로 미성숙할 수밖에 없다고 보는 것 같습니다. 오늘날 여성의 교육과 성취의 가능성이 점차로 높아 가는 것을 감안하면, 프로이트의 분석이 계속 타당한 것인지 아니면 틀

리는 소문처럼 문화에 영향을 받은(culture-bound), 다시 말하면 그가 살았던 시대의 여성들에 영향을 받았을 수도 있는 생각의 또 다른 예인지에 대한 의문이 제기됩니다. 선생님께서는 여성의 정체성의 문제를 프로이트와는 다르게 보십니까?

에릭슨 : 제가 느끼기에 여성의 정체성에 대한 프로이트의 일반적인 판단은 그의 이론 가운데서 가장 취약한 부분입니다. 그가 빅토리안 시대의 남자, 즉 가부장적 남자라는 점을 제외하고 정확히 어떤 점을 비판해야 할지는 잘 모르겠습니다. 그는 남자 속에 있는 전반적인 여가장제(matriarchy)의 토대를 알지 못했던 것 같습니다. 또한 그는 의사이고, 또 분명히 여자 환자들 속에서 우리가 어떤 환자와의 자유연상에서도 처음에 얻게 되는 것, 즉 박탈(deprivation)과 원한(resentment)에 관한 이야기를 들었습니다. 그리고 마지막으로는, 남자들이 여성들에게 감정이입(empathize) 하는 데 도움을 주기까지는, 정신분석 분야에서의 상당한 발달, 즉 여성 의사들의 참여 등을 포함하는 발달이 이루어져야 했습니다. 그의 공적인 역할, 그가 선호하는 방법, 그리고 그의 남성적인 정체성 등 이 모든 것이 서로 밀접하게 관련이 있는 남자에게는 이 감정이입이 위험한 작업인 것입니다. 중요한 점은 프로이트가 관찰하고 일반화한 것을 부정하는 것이 아닙니다. 왜냐하면, 여자들이 많은 방식으로 남성성(masculinity)을 몹시 부러워한다는 점은 의심할 수 없는 사실이기 때문입니다. 그 시대에 자라난 어린 소녀, 또는 그 점에 관해서는 인류 역사를 통해서 가부장적 시대에 자란 어린 소녀라면 어느 누구라도 남자 어린이는, 단지 해부

학적으로 부속 기관이 밖으로 달렸다는 그 이유 때문에, 더 중요하게 여겨진다는 것을 알 수 있습니다. 또한 남자들의 남성 우월성에 대한 주장의 배후에는 자신의 모성(motherhood)에 대한 절대적인 확신을 가진 여자들에 대한 예전부터 내려오는 남자들의 부러움이 있습니다. 왜냐하면, 남자들은 여자를 제한하는 것을 통해서만 오로지 자신의 부성(fatherhood)을 확신할 수 있고, 이것은 또 다른 문제입니다. 어쨌든, 정신분석에 관한 문헌들은 여자를 본질적으로 수동적이고 피학적인(masochistic) 존재로 설명하는 경향이 있는데, 따라서 여자는 수동성에 걸맞는 역할과 "정체성"을 수용할 뿐만 아니라, 음경(陰莖)을 가지고 있는 남자를 존경하기 위해 그녀가 불러모을 수 있는 모든 피학성을 필요로 한다고 설명하고 있습니다. 그러나 저는 수동적 그리고 피학적이라는 것이 상대적인 용어라고 생각합니다. 근본적으로, 여성의 해부학적 구조는 다른 양태의 행동을 권하고 있고, 그 안에서 개개의 여자들은 정말로 능동적이 될 수도 있고, 반대로 매우 수동적이 될 수도 있을 뿐만 아니라, 또는 매우 능동적으로 수동적인 역할을 할 수 있기조차 합니다. 프로이트의 생각은 또한 그 시대의 성 관습에 의해서도 채색되었는데, 그 시대에는 처음에는 상류층 여자가 열정적이고 능동적인 성적 욕구를 가질 수 있다는 것을 인정할 수 없었습니다. 다만 여자는 고상하고 지적인 욕구만을 가질 수 있다고 생각했습니다. 따라서 열정적이고 능동적인 성적 욕구를 느끼면, 여자는 마치 뭔가 무서운 일이 자신에게 일어난 것처럼 행동해야만 했습니다. 대담자께서도 빈혈증이 있는 여자가 가장 "여성적인" 여자로 간주되었다는 것을 기억하실 겁니다.

동시에, 프로이트 시대의 문화에서 출산에 대한 평가는 다소 동물적인 행위라고 생각하는 쪽으로 편향되어 있었기 때문에, 두뇌는 덜 필요하고 또 "고차원적인" 욕망으로 쉽게 승화될 수 없는 것으로 간주되었습니다. 사실상, 대부분의 여자들이 이 모든 것을 받아들였습니다. 그렇기 때문에, 여자들은 자신을 착취하는 사람이 여자에 대해 가지고 있는 부정적인 이미지와 동일시해야만 하는 데서 오는 내적 분노를 숨길 수밖에는 없었다고 말하는 것이 옳습니다. 그리고, 항상 그렇듯이, 착취자는 이상적인 귀부인이나 가정주부 또는 매춘부의 상(像)을 제공하면서 자신의 원하는 방식대로 뭔가 복잡한 보상(補償)을 제공하였습니다. 그렇게 다른 역할들이 주어지면, 그 다음 문제는 항상 여러 역할 가운데 어떤 역할 하나가 또는 여러 역할들이 어떻게 조합이 되었을 때, 한 인간으로서 자신을 충분히 실현하고 있다는 느낌을 갖게 해주는가 하는 것입니다.

대담자 : 선생님께서는 러시아에서처럼 전통적으로 다소 남성적인 역할이라고 여겨지는 영역에도 진출하고자 하는 여성 운동에 대해 현재 우리 나라에서 일고 있는 저항에 대해 어떻게 생각하십니까? 예를 들면, 러시아에서는 약 70%의 의사와 치과 의사들이 여성인데 비해서, 우리 나라에서는 매우 적은 숫자만이 여성입니다.

에릭슨 : 러시아의 경우, 제가 알기에는 여성 의사의 비율은 보다 일반적인 인구 문제를 반영한 것입니다. 전쟁 중 러시아는 소집할 수 있는 모든 남성들의 힘을 필요로 했습니다. 그리고 전쟁

이 끝난 후 그들은 잘 훈련받은 사람들을 너무나 많이 잃었기 때문에, 여성들도 잘 할 수 있을 것이라고 생각되는 분야에 여성들을 투입했습니다. 그러나 그들이 여성도 여성다움을 잃지 않으면서 훌륭한 의사가 될 수 있고, 더군다나 훌륭한 외과 의사까지도 될 수 있다고 망설임 없이 생각했다는 것은 흥미있는 일입니다. 하지만 러시아 친구들로부터 아직도 러시아 남자들은 요리를 하거나 설거지를 하는 것을 피한다고 들었습니다. 그래서 여자 의사는, 비록 그녀의 남편처럼 하루종일 사무실에 앉아 있지만, 집에 돌아와서 두 번째 임무를 책임지고 수행해야 할 것입니다. 다른 곳에서는, 전통적으로 남성적인 직업에 진출한 첫번째 여성 세대는 일종의 남자 같은 경쟁심을 발달시켜야만 했고, 그 당시에는 그것은 여자들에게 어울리지 않는다고 생각되었습니다. 남자 의사들 자신이 여자 의사들에게 남자 같이(pseudo-man) 되도록 강요했습니다. 그래서 특정한 활동에서 여자들이 완전한 협동을 하도록 허락이 된 후, 그리고 많은 핵심적인 면에서 여자도 남자와 마찬가지로 완전하게 할 수 있다는 것을 보여 준 후에도, 그들이 여성으로서 자신의 분야에서 뭔가를 공헌할 수 있는지의 여부가 큰 의문으로 제기됩니다. 많은 여자들이 이런 제안, 즉 앞으로는 그들이 지금까지 남성적인 분야에서 특히 뭔가 여성적인 것을 공헌하는 것이 좋겠다는 제안 자체를 새로운 형태의 성차별이라고 간주하고 있습니다. 하지만 지난 몇 년 동안에 우리 나라에서 지금까지의 미국에서의 여성해방 운동에는 뭔가가 빠져 있다는 깨달음이 급격하게 일반인들의 마음을 사로잡고 있습니다. 아주 최근에 존슨(Johnson) 대통령은 여자들이 행정부에서 일하기를 원한다고 천명했습니다. 그 이유는 그들이 능력이 있어서 일 뿐만 아니라, 동시에 그들이 자신이 일하는 그 분야에 뭔가 여성적인 영향을 더해 줄 것을 기대하기 때문이라고 했습니다. 그러나 대담자께서도 말씀하셨다시피, 미국에서는 아직도 여성해방이 첫번째 판에서조차 승리하지 못하고 있는 것 같습니다. 미국에는 말하자면 독일이나 일본 그리고 인도보다 적은 수의 여성 국회의원이 있을 겁니다. 그 외에도, 저의 일반적인 입장은, 여자든 남자든 간에, 일단 여자가 진정으로 해방되고 충분한 능력을 갖게 되면, 그녀는 새로운 방향을 제시할 수 없을 것이라고 가정하면서 이 문제를 끝맺을 권리가 우리에게는 없다는 것입니다. 원자 시대를 살고 있는 한 사람으로서, 저는 여자들도 그럴 수 있다고 희망할 수 있을 뿐입니다.

대담자 : 선생님께서는 우리가 문화적으로 여성성 또는 남성성이라고 정의한 것이 사라질 가능성이 있다고 생각하십니까? 아마도 단순히 여자는 남자 비슷한(pseudo-male) 사람일 뿐이라고 말하는 것이 적절하지 못한 때가 올 것입니다. 선생님께서는 우리가 궁극적으로는 더 위대한 통합을 이루고 또 개인을 남자인지 여자인지에 관계 없이 단지 한 사람의 개인으로 보고, 따라서 보다 더 개인적인 정체성을 발달시킬 것이라고 생각하십니까?

에릭슨 : 우리가 필요로 하는 것은 차이의 위계(hierarchy of differences)라고 생각합니다. 예를 들면, 개체성(individuality)과 개성(selfhood)의 문제에서는 남자와 여자는, 물론 결코 똑같지는 않지만, 다른 무엇에서보다 훨씬 더 유사합니다. 왜냐하면, 개체

성은 육체(body)에 연결되어 있기 때문입니다. 반면에, 제가 이미 언급한 것처럼, 여자는 기본적으로 남자하고 다르기 때문에 여성의 자아가 육체와 역할 그리고 개체성을 통합해야 하는 매우 구체적인 과제를 수행하는 육체적인 측면이 있습니다. 몇몇 심리검사에 대해 제가 못마땅하게 생각하는 점은 한 특정한 문항이 여자와 남자에게서 나타나는 것을 비교하는 데 그칠 뿐, 여성성과 남성성의 전체적인 형태에서 그런 문항이 차지하는 위치를 정하지 않는다는 것입니다. 예를 들면, 여자는 더 예민한 촉각, 더 섬세한 짜임새에 대한 감각, 특정한 소리에 대한 예민한 식별력, 대부분의 즉각적인 경험에 대한 더 훌륭한 기억력, 즉각적으로 그리고 정서적으로 감정이입할 수 있는 보다 뛰어난 능력을 가지고 있는 반면에, 남자는 이 모든 점에서 뒤떨어지는 것으로 평가될 것입니다. 하지만 그렇다고 해서 여자가 "더 미학적이고", 남자는 덜 그렇다는 것을 의미하는 것입니까? 그것이 의미하는 것은, 만약 한 남자가 이 모든 면에서 높은 평점을 얻는다면, 그는 대부분의 다른 남자들보다 더 미학적입니다. 하지만 여자에게는, 그런 "미학적" 재능은 여러 자녀들의 보다 더 훌륭한 어머니가 되도록 만드는 전체적 형태의 부분일 수도 있습니다. 그녀의 남편은 말할 것도 없고, 그 자녀들 중 하나는 갓난애이고 또 다른 아이는 청소년일 수도 있습니다. 하루에도 그녀는 전혀 다른 즐거움과 고난, 욕구와 질병에 감정이입해야만 합니다. 혹은 남자는 여자보다 더 "근육질"이고, 따라서 더 강하다고 평가됩니다. 반면에 여자는 쌍둥이를 출산할 수 있는 엉덩이를 가지고 있고, 나중에는 엉덩이 한 쪽에 하나씩 이 쌍둥이들을 깔고 앉아서 그 둘을 완전히 지배할 수 있습니다. 그렇다면 과연 어느 쪽이 "더 강하고" 또 어느 쪽이 "더 약하다"고 과연 누가 이야기할 수 있습니까?

청년기 : 친밀감 대 고립 / 사랑

대담자 : 이제는 선생님께서 청년기(young adulthood stage)라고 부르시는 점성적 발달에서의 다음 단계로 넘어가기로 하겠습니다. 이 단계를 선생님께서는 친밀감(intimacy) 대 고립(isolation)으로 설명하셨습니다. 이것은 자신의 정체성의 문제를 다루기 시작하는 것을 넘어서서 다른 사람과의 관계라는 문제로 발달해 가는 사람을 언급하는 것처럼 보입니다. 이것이 선생님께서 의미하시는 것입니까?

에릭슨 : 물론, 저는 그 이상의 것을 의미합니다. 제가 의미하는 친밀감은 우정이나 사랑과 같은 친밀한 관계뿐만 아니라, 성적 친밀감, 자기 자신과 자신의 내적 자원(資源) 그리고 자신의 흥미(excitement)와 개입(commitment)의 범위와의 친밀함까지도 포함하는 것입니다. 진정한 의미에서의 친밀감이란 자신의 중요한 것을 잃을 것이라는 두려움 없이 다른 사람의 정체성과 자신의 정체성을 융해(融解)할 수 있는 능력을 의미합니다. 하나의 선택된 유대(bond)로서의 결혼을 가능하게 만드는 것이 바로 이 친밀감의 발달입니다. 만약 이것이 발달되지 않는다면, 결혼은 의미가 없습니다. 그러나 물론 때로는 공적인 유대를 맺은 후 내적

발달이 일어나는 경우도 있습니다.

대담자 : 이것은 일찍 결혼하는 경우 나이 든 사람들 사이의 결혼보다 안정적이지 못한 특징이 있다는 사회학자들의 연구 결과와 일치하는 것입니다.

에릭슨 : 많은 젊은이들이 다른 사람 안에서 또 다른 사람을 통해서 자신의 정체성을 찾으려고 결혼합니다. 그러나 배우자를 선택하는 이유가 바로 심각한 무의식적 갈등을 해결하기 위한 경우, 결혼 생활이 어려워집니다. 진정으로 친밀한 관계를 맺기 위해서는 최소한 견고한 정체성이 발달해 가는 과정에만이라도 있어야만 합니다. 하지만 이 모든 것이 여자들의 경우 약간 더 복잡합니다. 왜냐하면, 여자들은, 적어도 지난 시대의 문화 속에서 생활하는 여자들은 남편을 만나기 전까지는 자신의 정체성을 불완전한 상태로 유보해야만 하기 때문입니다. 그렇지만 여자의 정체성은 그녀가 이것저것을 고려해서 남자의 발달해 가는 정체성과 자신의 정체성을 양극화시킬 수 있는 대상을 선택하는 바로 그 방식을 통해서 발달합니다. 그녀의 선택은, 비록 그녀가 자신이 아닌 다른 사람의 삶에 완전히 병합(倂合)되는 것처럼 보인다 할지라도, 이미 자신의 정체성의 표현입니다.

대담자 : 그렇다면, 결혼의 책임과 친밀성을 감당하기 위해서는 청년기에 준비가 잘 되어 있어야 한다고 생각하십니까?

에릭슨 : 물론 확실히 그렇습니다. 그러나 저는 그것이 지나치게 도덕적으로 들리기를 원치 않습니다. 여기서 이야기하는 친밀

감은 단순히 이성간의 피상적인 연애를 의미하는 것이 아닙니다. 분명히 오늘날에는 청소년들과 젊은이들이, 진정한 친밀감을 발달시킬 수 있기 이전에, 점차적으로 사회적 관습에 의해 용인되는 이성교제를 다양한 방식으로 실험적으로 저지르고 있습니다. 그러나 저는 제도적인 억제가 자기 부모들 사이의 진정한 친밀감을 보장하지 못한다는 것을 그들이 지켜보았기 때문에 종종 실험을 하는 것이라고 생각합니다.

대담자 : 그렇다면, 이전 단계인 청소년기에 진실된 친밀감이라고 오인되기 쉬운 가짜 친밀감(pseudo-intimacy)이 발달할 가능성이 있군요. 청소년기 다음에 오는 청년기와 관련해서 선생님께서 강조하시는 특성은 친밀감 대 고립이고, 여기에서 나타나는 덕성은 사랑(Love)입니다. 이것은 실제적으로 우리가 이타적인 종류의 성숙한 사랑이라고 부르는 것이 시작되는 것입니다. 이것은 프로이트가 주장한 오이디푸스적 상황에서의 "사랑"과는 현저하게 다른 것입니다.

에릭슨 : 만약 대담자께서 여기에서도 프로이트가 단지 유아기의 잔재로부터 사랑할 수 있는 성인의 능력을 자유스럽게 하는 데에만 관심을 가졌다는 의미로 말씀하셨다면, 그 말씀이 옳습니다.

중년기 : 생산성 대 침체 / 배려

대담자 : 그리고 다음 단계는 중년기(adulthood stage)인데, 선

생님께서는 이 시기에는 생산성(generativity) 대 침체(stagnation)를 다루어야 하는 과제가 시작된다고 말씀하셨습니다. 개개인은 추측컨대, 이 나이 정도 되면 전체 사회에서 자신이 차지해야 할 위치를 가질 것입니다.

에릭슨 : 예, 그렇습니다. 이 단계에서 사람들은 사회에서 자신의 위치를 가지기 시작합니다. 그리고 그가 생산한 것이 무엇이든지 그것의 발달과 완전을 도와 주기 시작합니다. 그리고 그것에 대한 책임을 지게 됩니다. 생산성이 품위 있는 단어가 아니라는 것을 저도 압니다. 하지만 그것을 가장 포괄적인 의미에서 생산하는 것을 의미합니다. 만약 이 힘을 창조성이라고 부른다면, 일반적으로 특수한 사람들에게 속하는 것이라고 생각하는 특별한 창조성을 너무 많이 강조하는 것이 됩니다. 저는 "생산성"이라는 단어를 사용합니다. 왜냐하면, 이 용어는 세대간에 걸쳐서 생산하는 모든 것, 즉 자녀, 생산품, 아이디어, 그리고 예술 작품 등 모든 것을 의미하는 것이기 때문입니다.

대담자 : 그렇다면 우리는, 비록 모짜르트(Mozart)나 피카소(Picaso) 같은 사람이 아닐지라도, 자신의 특수한 잠재력에 적합한 공헌을 함으로써 "생산적"이 될 수 있군요. 예를 들면, 좋은 어머니도 생산성을 보일 수 있겠지요?

에릭슨 : 물론 그렇습니다. 그러나 자녀가 없을지라도, 피할 수 없는 좌절을 견딜 수 있습니다. 다른 사람의 자녀들을 돌보거나 또는 그들을 위해 더 좋은 세상을 창조하는 것을 돕는 것을 통해

자신의 생산성을 실현할 수 있습니다. 여자들은 특히, 꼭 여자만 그런 것은 아니지만, 만약 자신의 자녀를 낳지 않으면, 뭔가 본질적인 것이 좌절되었다고 느끼는 경향이 있습니다. 그러나 인구 조절을 위한 전세계적인 계획과 더불어, 사람은 태어나는 모든 어린이들에게 최소한의 생계를 약속해 줄 수 있는 세상의 창조를 도움으로써 생산적이 될 수 있다는 생각을 갖도록 하는 것이 중요합니다. 그것은 생존과 생계를 포함할 뿐만 아니라, 또한 여기서 우리가 이야기하고 있는 강점의 발달도 포함합니다. 그러나 또한, 생식성(genitality)의 좌절이 가져오는 파괴적인 결과를 프로이트가 보여 준 것처럼, 출산을 제한하는 데 따르는 좌절을 이해할 수 있어야 합니다.

대담자 : 선생님께서는 지금까지 생식-창조적(genital-creative) 단계의 발달에 대해 특별히 언급하는 것을 피해 온 것 같은 생각이 듭니다. 왜냐하면, 몇몇 정통 정신분석 이론에서 생식-창조적 수준이 어떻게 이전의 성적 발달 패턴을 초월하는지에 대해 강조하기보다는, 그것을 승화된 성욕으로 너무나 엄격하게 해석하였기 때문입니다.

에릭슨 : 저는 그것보다 더 나아가서 프로이트가, 생식기를 통한 성적인 만남(genital encounter) 자체의 전사춘기(前思春期)적 장애에만 너무나 많은 관심을 두었기 때문에, 출산의 추동이 사람에게는 또한 중요하다는 것을 너무 등한시했다고 말하고 싶습니다. 저는 이것이 중요한 실수라고 생각합니다. 왜냐하면, 충분한 생식성으로 회복하기만 하면 정신분석적 치료를 끝내도 좋다

는 생각으로 이끌 수 있기 때문입니다. 마치 연인들이 마침내 서로를 찾으면 이야기가 끝나는 수많은 영화에서처럼, 우리의 치료는 종종 환자가 상호간에 만족스럽고 풍요로운 방식으로 성적 절정감에 이르기만 하면 끝나곤 합니다. 이것이 핵심적인 단계인 것은 사실이지만, 저는 생식성이 그 이상의 심리-성적 단계라고 생각합니다. 그리고 그것이 좌절되면 자기-몰두(self-absorption)의 증상이 나타날 것이라고 가정합니다.

대담자 : 생산성 대 자기-몰두의 개념에 수반해서 중년기에는 배려(Care)라는 덕성이 나타난다고 선생님께서 제안하셨습니다. 피상적으로 말하면, 이 이분법의 풍부한 함의(含意)는 분명합니다. 그러나 배려란 개념은 창조성의 모델과는 다소 어울리지 않는 것처럼 보입니다. 이 점과 관련해서, "배려"란 용어가 무엇을 의미하는지 분명하게 말씀해 주시겠습니까?

에릭슨 : 단어 하나가 필요했는데, 제가 생각한 모든 단어들 가운데서 그래도 "배려"가 가장 적당하다고 생각했습니다. 저에게 "영어는 모국어"가 아니기 때문에, 사전이 친구여야만 했고, 또 관용법 역시 고려해야만 했습니다. 배려는 원래는 지나친 걱정을 의미했습니다. 그러나 저는 그것이 더 긍정적인 함의가 있다고 생각합니다. 저는 뭔가를 하는 것을 "좋아한다(to care to do)", 누군가를 또는 무언가를 "돌보다(care for)", 보호와 주의를 필요로 하는 것을 "관리하다(take care of)", 그리고 파괴적인 뭔가를 하지 않도록 "조심한다(take care not to)", 이런 것들을 포함하는 의미에서 "배려"라는 용어를 사용했습니다.

노년기와 성숙기 : 자아통합 대 절망 / 지혜

대담자 : 생애주기의 마지막 단계는 노년기와 성숙기(old age and maturity stage)입니다. 선생님께서는 이 시기를 자아 통합 대 절망의 시기이고, 지혜(Wisdom)가 이 시기에 나타나는 덕성이라고 말씀하셨습니다. 사람의 일생에서 이 시기는 수명이 연장되면서 미래에는 더욱 중요해질 것이고, 또 노인병 의학과 노인학 분야가 보다 많은 관심을 끌게 될 것 같습니다. 선생님께서 처음 이 시기를 마음 속에 그린 이래로 이에 관해 더 많은 생각을 하십니까?

에릭슨 : 저는 "지혜"라는 용어가 마음에 들지 않습니다. 왜냐하면, 어떤 사람들에게는 그것이 각각의 노인이 또 모든 노인이 너무나 분투 노력해서 성취해야만 하는 것을 의미하는 것으로 보이는 듯 합니다. 만약 우리가 충분히 오래 살기만 하면, 우리 모두는 유아적인 경향이 재개되는 데 직면하게 된다는 것 또한 너무나 분명합니다. 만약 우리가 운이 좋다면, 그것은 어떤 특정한 순진하고 솔직한 어린이다운 특징을 지니게 될 것이고, 만약 우리가 운이 나쁘다면, 그것은 망령든 유치하고 철없는 어린이다운 특징을 지니게 될 것입니다. 여기서 중요한 점은 다시 말하지만 발달적인 것이라는 점입니다. 즉, 오직 노년기에서만 "재능을 타고난" 사람들이 진정한 지혜를 발달시킬 수 있다는 것입니다. 그리고 노년기에서는, 만약 노인은 "고금(古今)의 지혜" 또는 소박한 사람들의 "기지(機智)"를 이해하고 대표한다는 의미에서만 본

다면, 어느 정도의 지혜는 틀림없이 발달합니다.

대담자 : 그렇다면 어떤 의미에서, 선생님께서 지혜라고 부르시는 것은 이 8단계 모두가 구체화된 것이군요.

에릭슨 : 예, 그렇습니다. 하지만 그것은 또한 우리는, 노년기에, 이전의 것 가운데 더러는 포기할 수 있어야 한다는 것을 의미하기도 합니다. 왜냐하면, 만약 우리가 젊었을 때 가졌던 것이나 또는 가지지 못했던 것을 아직도 잡으려고 한다면, 우리는 결코 현명해질 수 없기 때문입니다.

점성적 발달 구조와 정신병리와의 관계

대담자 : 특히 대답하시기 어려운 도전이라고 생각되는 몇 가지 질문에 대해 간단하게 대답해 주시기를 부탁드리면서 이 논의를 마치려고 합니다. 어떤 발달적인 모델이라도 적용하기에 가장 어려운 점은 나이가 들어서 나타나는 정서장애의 증상을 그 모델에서 제시하는 초기의 단계들과 관련시키는 것입니다. 선생님의 발달 모델을 예를 들면 정신병(psychosis)과 같은 심한 정서장애를 분석하기 위한 기초로 보아도 괜찮겠습니까?

에릭슨 : 심한 정신병과 같은 큰 문제는 다루지 않는 편이 좋겠습니다. 하지만 정신병적인 잠재력을 가진 사람들에게서 아주 어린 시절의 최초의 관계가 심각하게 훼손되었다는 점을 분명히 발

견할 수 있습니다. 여기에서 쉽게 불신하고 근본적으로 희망을 잃어버린 상태인 심리-사회적 취약성에 대해 말할 수 있을 것입니다. 저는 기본적 불신의 악화(惡化)가 정신병자를 "현실과의 단절"로 유도하는 조건의 하나라고 생각합니다. 이것은 잠재적인 악성 질병의 기초가 될 수 있습니다. 아마 어느 날 우리는 희망의 생리적인 토대조차도 이해할 수 있을 것이라고 저는 예상하고 있습니다. 한편으로는, 프롬-라이히만(Frieda Fromm-Reichmann)이 의사로서 마치, "나는 당신이 다시 신뢰하기 전에는 절대 포기하지 않을 거예요."라고 말하는 듯이 고집 세게 정신병자와 마주 앉아 있었던 것을 기억합니다. 그녀는 어떤 정신병자는 세상을 다시 신뢰하기 위해 유아기 최초의 희망의 근원인 그 일대일(one-to-one)의 관계를 회복해야만 한다고 느꼈습니다. 이것은 간단하게 들리기도 하지만 또 그만큼 복잡하기도 합니다. 하지만 아직 훈련을 받지 않은 학부생들 가운데 더러는 혼자 힘으로 이 재주를 이해하고, 주립 병원의 정신과 병동에서 낯선 정신병자와 마주 앉아 있기 위해 지나치게 지적인 면만을 강조하는 공부에서 벗어나는 것을 배웁니다. 솔직히 말해, 그런 용기가 환자의 희망을 항상 회복시켜 주는 것은 아니라고 할지라도, 저의 희망은 회복시켜 줍니다. 그러나 저의 발달 모델을 적용하는 또 다른 유용한 방법은 각각의 단계에서 겉으로는 악성인 듯이 보이는 장애가 일종의 만성적인 악성이라기보다는 오히려 악화된 발달 위기로서 치료될 수 있는지 구체화시키는 것이라고 생각합니다. 이 점은 임상적으로 매우 중요합니다. 왜냐하면, 이것이 심한 위기 동안에 일시적으로 정신병과 유사한 증상을 보이는 소위 "정신병자"를 진짜 환자로 인정하는 실수를 범하지 않게 해 주기 때문입니다.

대담자 : 정신분열증(schizophrenia)은 종종 청소년기나 그 직후
에 나타납니다. 선생님께서는 청소년기에서의 정체성 위기와 정
신분열증 같은 정신질병의 발병과 무슨 관계가 있다고 보십니까?

에릭슨 : 오, 물론 그 점은 확실합니다. 하지만 제가 이미 말씀
드린 대로, 이것을 삶의 위기의 한 부분으로 이해하면, 몇몇 진단
처럼 숙명론에 빠지는 경향에서 벗어나게 해 줍니다.

대담자 : 선생님께서는 또한 드물기는 하지만 보통 중년에 나
타나는 편집증(paranoia)과 같은 정신질환도 친밀감과 생산성을
발달시키는 문제와 관련이 있다고 생각하십니까? 선생님께서 성
숙과 노년의 시기에 대한 발달적인 연속을 가정하시면서 이미 그
렇다는 것을 암시하셨지요?

에릭슨 : 만약 저의 발달 도식에 진단적인 성격이 있다면, 저는
어린 시절에서의 고착(fixation)의 시기와 성인기에서의 발달 정지
(arrest) 시기 사이를 구별하고 싶습니다. 예를 들면, 어떤 사람이
희망과 의지 단계 사이의 어디에선가 고착이 될 수도 있습니다.
그런 사람은 소위 그의 의지를 훈련시키려고 노력하는 사람이 실
제로는 그것을 깨려고 노력하는 사람에 불과할 뿐이라는 어린 시
절의 의심을 전혀 극복하지 못합니다. 따라서 이것은 뿌리 깊은
불신으로 남아 있을 수 있고, 또 그 사람은 다른 사람의 의지뿐만
아니라 자기 자신의 의지와도 다소 소외된 채로 있게 됩니다. 그
렇지만 그의 전생애를 통해서 이 모든 것이, 기회를 건설적으로

활용하는 특정한 능력 때문에, 상대적으로 잠자는 채로 남아 있을 수도 있습니다. 그러나 성인기에 그 능력과 기회가 저하되면, 그는 정지(停止)의 단계에 이를 수 있고, 그 이상으로는 적응할 수 없게 될 수도 있습니다. 그는 세상이 온통 자신의 의지를 지배하려고 음모를 꾸미는 것으로 불신하는 데까지 이르게 되고, 그들이 "자신을 추적하는" 것으로 느끼게 되고, 자기 내부의 목소리조차 의심하고 그것을 자신에게 이야기하는 목소리로 투사하는 데까지 이르게 될 수 있습니다. 그러나 이것은 편집증에 이르는 단지 특정한 한 심리-사회적 성향만을 설명할 뿐입니다.

대담자 : 극단적인 강박장애(obsessive-compulsive)와 선생님의 발달 모델은 어떤 관계가 있습니까?

에릭슨 : 그것은 강박적 행동(compulsion)과 강박적 사고(obsession)와 충동(impulsion)이, 만약 이런 단어를 써도 된다면, 비록 강박적 행동을 하는 사람은 수치심보다 죄의식 때문에 더 고통을 받겠지만, 통합이 잘 안 된 의지(意志)를 나타내는 증상인 경우에서는 관계가 있을 것입니다. 그는 자신을 지나치게 통제합니다. 왜냐하면, 그의 의지가 휴식을 취할 만큼 강하지 못하기 때문입니다. 그는 자신의 자기-통제를 의식화(儀式化)해야만 합니다. 그는 성숙한 사람이 가지고 있는 어떤 특정한 질서에 집착할 수 있지만 때로는 또한 그 질서를 깰 수도 있는 탄력성 있는 자기-의지가 결여되어 있습니다. 그런 성격 고착(character fixation)은 초기의 경험에 그 뿌리가 있을 수 있고 강박 충동성을 필요로 하는 기회와 상대적으로 잘 통합된 채로 있을 수 있습니다. 그러

나 그것은 후에 나타나는 위기에 견딜 수 없을 만큼 악화될 수 있습니다. 치료적으로 말하면, 지나치게 강하게 억제되어야만 하는 과거의 추동(drive)을 명료화하는 것뿐만 아니라, 또한 현재의 발달하려는 힘의 지지를 통해서도 이루어질 수 있습니다. 왜냐하면, 모든 발달상의 위기는 취약성을 증가시킬 뿐만 아니라, 동시에 뭔가 새로운 강점을 증가시키기 때문입니다.

제2장

에릭슨과의 대화 - 2

80대 노인으로 다시 보는 노년기

　　대담자 : 에릭슨 교수님, 지난 30여 년 동안 선생님의 인간발달 이론이 우리들의 생애주기에 관한 견해를 지배해 오고 있습니다. 이제 선생님께서도 80대가 되셨고 생애주기의 마지막 단계에 도달하셨는데, 선생님 자신의 경험 때문에 인간발달에 대한 견해가 바뀌셨습니까?

　　에릭슨 : 물론 의심의 여지 없이 변했습니다. 『생애주기의 완결』(*The Life Cycle Completed*)에서 제 견해를 개관하면서, 주로 그 견해의 내적 논리성을 강조했습니다. 물론, 30년 전에는 내 자신이 나이 들었다는 것을 상상할 능력이 없었습니다. 그리고 그 당

시의 노년기에 대한 일반적 이미지는 지금과 달랐습니다. 확실히, 그 때의 이론은 최근의 사회 변화를 모두 고려하지는 못했습니다. 30년 전에는 살아 있지 못했을 수없이 많은 노인들이 오늘날에는 생존해 있다는 것을 생각해 보세요. 하지만 저는 항상 인간 연구에서의 역사적 상대성을 강조해 왔습니다.

대담자 : 노인들의 수가 증가한 것이 노년의 경험에 어떤 영향을 미치는지요?

에릭슨 : 30년 전, 품위 있게 죽음을 맞는 소수의 할머니와 할아버지들을 "어르신(elders)"이라고 불렀습니다. 하지만 한 사회는 오직 상대적으로 적은 수의 어르신만을 가질 수 있습니다. 그렇기 때문에, 나이 들어 보이지 않는 수많은 정정한 노인들을 우리는 지금 단지 "노인(elderlies)"이라고 부릅니다. 이 집단이 있다는 것은 노년의 역할을 다시 생각할 필요가 있다는 것을 의미합니다. 노인이 되는 것은 물론 삶의 한 부분입니다. 그러나 우리 문화에서는 젊음을 지나치게 강조하기 때문에, 마치 노인이 되는 것이 나쁜 것이거나 우스운 것인 양 은유적으로 "성인기 후기 (later adulthood)"라는 표현을 많이 사용합니다.

대담자 : 이렇게 많은 노인들을 보시면서 중년기와 노년기 사이에 또 다른 단계가 있어야 되겠다고 생각하지는 않으셨습니까?

에릭슨 : 여러 생애 단계들이 모두 기간이 똑같은 것은 아닙니다. 그래서 우리는 언제나 한 단계를 더 길게 만들 수도 있고, 또 과도기를 설정해서 설명할 수도 있습니다. 물론 인생의 마지막

시기에는 과도기를 넣는다는 것이 약간 이상하지만 말입니다. 인생의 마지막 단계에서의 가장 큰 변화는 노인들이 예전에는 그들에게 너무나 힘들다고 생각되었던 일들을 계속 할 수 있게 된 것입니다. 중년기는, 물론 생산성(generativity)의 단계이고, 문제는 어떻게 그리고 얼마나 오래 노인들이 생산적으로 남아 있을 수 있는가 하는 것입니다.

대담자 : 생산성은 다음 세대에 대한 관심을 의미합니다. 어떻게 노인들이 생산적이 될 수 있을까요?

에릭슨 : 저는 생산성을 생식성(生殖性, procreativity), 생산성(productivity) 그리고 창조성(creativity)이라고 설명했습니다. 물론, 노인들은 더 이상 생식(生殖)을 할 수 없습니다. 하지만 그들은 생산적일 수도 있고, 또 창조적일 수도 있습니다. 지금까지 노인들의 창조적인 잠재력은 너무나 지나치게 과소 평가되어 왔습니다. 오직 소수의 연장자들만이 특별한 가치를 지닌 예로 소개됩니다.

대담자 : 파블로 카잘스(Pablo Casals)나 피카소(Picasso)나 조지아 오키프(Georgia O'Keeffe) 같은 분들 말씀이군요.

에릭슨 : 그렇습니다. 하지만 그들은 더 많은 노인들이 할 수 있는 것을 보여 주는 특별한 예에 불과합니다. 이처럼 변화하는 노년기의 경험 때문에 새로운 단계가 필요한 것은 아니지만, 노경(老境, senescence)에 이르는 과도기는 더 길어질 것입니다. 아마 사람들은 더 오래 일하게 될 것입니다. 그리고 은퇴한 이후라

할지라도, 노인들은 서로서로에게 그리고 젊은 세대에게 도움을 줄 수 있습니다.

대담자 : 선생님께서는 자원봉사 활동을 말씀하시는 것입니까?

에릭슨 : 경우에 따라 그럴 수도 있지요. 많은 자원봉사 계획들이 "노인"이라는 단어와 같은 의미로 쓰이고 있습니다. 하지만 그 일은 "진정한(real)"한 일이라고 간주되지 않습니다. 그리고 작업 조건이 좋지 않은 경우도 있습니다. 그러나 진정한 일의 성격을 계속 유지하는 것이 정말로 매우 중요합니다.

대담자 : 만약 제가 자원봉사 활동을 하면서, 사람들이 단지 저를 바쁘게 부려먹기만 하고 실질적인 일을 한다고 인정해 주지 않으면, 저는 제 자신에 대해 보람 있게 느끼지 못한다는 것을 의미하십니까?

에릭슨 : 그렇습니다. 정확하게 말씀하셨습니다. 노인들은 다른 방식으로도 역시 생산적일 수 있습니다. 그들은 자신의 손자들에게뿐만 아니라 다른 아이들에게도 훌륭한 할아버지 할머니가 될 수 있습니다. 저는 할아버지, 할머니와 어린이들은 서로를 필요로 하고, 또 사실상 생애주기를 마무리하는 노년기와 유년기 사이에는 유사점이 있다고 확신하고 있습니다. 아시다시피, 노인들은 종종 순진하고 솔직한 면이 어린이 같습니다. 그리고 우리가 어린이 때 가졌던 여러 특징들을 되살릴 수 있도록 하는 것이 중요합니다.

대담자 : 사물을 순진무구(純眞無垢)한 어린이의 눈으로 신선하게 보는 것을 의미하십니까? 마치 우리가 그것을 처음 보는 것처럼 말입니다.

에릭슨 : 예, 그와 비슷한 것입니다. 아인슈타인(Einstein)은 어린이로서의 자신의 경험을 설명하면서 "놀라움(wonder)"라는 용어를 사용했습니다. 그리고 많은 사람이 그가 실제로 어린애 같다고 생각했습니다. 또한 어린애가 하는 질문을 계속 했기 때문에 상대성 이론을 공식화할 수 있었다고 그 자신이 주장한 것으로 알고 있습니다. 그래서 여기서 제가 노인은 어린애 같이 생각한다고 말하는 것은, 물론 어린이 같이 유치하게 생각한다는 것이 아니라, 놀라움, 즐거움(joy), 재미(playfulness) 등 성인들이 잠시 동안 희생해야만 하는 이 모든 것들을 의미하는 것입니다.

대담자 : 성인들은 의무를 다해야 하기 때문이지요.

에릭슨 : 여러 가지 돌볼 일이 많기 때문이지요. 힌두(Hindus)는 그것을 세상을 유지하는 것이라고 부릅니다. 과학 기술이 노인과 젊은이 사이의 이 관계를 훼손시킨 것이 분명합니다. 왜냐하면, 그것은 사람들을 경제적인 이유 때문에 지역사회에 집중시키기 때문입니다. 이런 현상은 노인이 노인을 돌보아 주는 곳으로 이사를 갈 경우 더욱 분명하게 드러납니다. 하지만 과학 기술은 또한 노인과 젊은이가 먼 거리에서도 서로 함께 할 수 있게 만들어 주었습니다. 비행기나 차로 여행해서 만날 수 있게 되었지요.

대담자 : 그리고 또 전화로 언제나 이야기할 수 있지요. 따라서 과학 기술은 주기를 깨기도 하고 동시에 또 그것을 이어 줄 수 있게도 해 줍니다. 이처럼 더 오랫동안 활발하게 살아가는 것이 생애주기에 대한 우리들의 예상에 어떤 변화를 초래할까요? 25세의 젊은이가 앞으로 60년 동안의 결혼 생활을 예상할 수 있을 경우 어떤 일이 일어날까요?

에릭슨 : 결혼 생활도 역시 변했습니다. 여러 번 결혼하는 것이 점차로 용납되는 것도 우연한 일은 아닐 것입니다.

대담자 : 최근 우리 문화에서는 노년기에서도 성욕이 중요한 부분이라고 깨달아 가고 있습니다. 선생님께서는 이것도 노화의 경험에 영향을 미치게 된다고 생각하십니까?

에릭슨 : 예, 저는 물론 그럴 것이라고 확신합니다. 예전의 태도는 노인에게는 성욕이 없고 또 있어서도 안 된다는 것이었습니다. 하지만 새로운 태도는 선택을 할 수 있게 해 줍니다. 노년기에서의 성욕은 즐길 수 있는 일종의 잠재력(potential)이지 의무(obligation)가 아닙니다. 노년기에는 생식(生殖)이 끝나기 때문에, 문제는, "삶에 무엇이 남아 있고 무엇이 중요한가?"입니다. 저는 그것을 일반화된 성욕이라고 부르는데, 그것은 노년기에서 우리를 잠재적으로 어린애 같은 모습으로 되돌아가게 해 주는 순간순간에서의 재미와 중요성과 관련이 있습니다.

대담자 : 만약 제가 성욕에 관한 교과서에서 이 점을 다룬다면, 저는 선생님께서는 재미있는 성욕에 대해 말씀하셨고, 이것은 생

식기를 통한 성교에 의해 절정에 이를 수도 있고 그렇지 않을 수도 있다고 말씀하셨다고 쓰겠습니다.

에릭슨 : 좋습니다, 그렇게 하십시오. 하지만 생식기를 통한 성교는 우리가 한때 생각했던 것보다 더 연장될 수 있다는 점에 주목해야 합니다. 물론, 성욕은 친밀함과 재미를 의미합니다. 생식(procreation)의 시기가 끝난 이후의 성은 본질적으로 오락적(re-creational)입니다.

대담자 : 시간과 책임감, 그리고 아마도 두려움이 없어지겠지요. 하지만 모든 연령층에서 최근에 오락적 성을 강조하는 것에 대해서는 어떻게 생각하십니까?

에릭슨 : 대문자 "I"로 시작되는 친밀감(Intimacy)과 단순한 이성간의 피상적인 연애(intimacies)를 구별해야 합니다. 순전히 오락적인 성은 피상적인 연애를 의미합니다. 그러나 친밀감은 분명히 한 개인의 모든 면이 포함된다는 것을 의미합니다.

대담자 : 선생님께서는 청년기를 친밀감 대 고립 사이의 투쟁이 중심이 되는 단계라고 보셨습니다. 순전히 오락적인 성에 탐닉하는 문화가 친밀감을 형성할 수 있는 우리의 능력에 영향을 미치리라고 보십니까?

에릭슨 : 물론 영향을 미칠 수 있습니다. 대담자께서도 아시다시피, 그런 상황은 부분적으로는 정신분석에 대한 오해에서 비롯되었습니다. 즉, 우리는 아무것도 억압해서는 안 되며, 모든 것을

행동화해야만 한다는 생각입니다. 그래서 가장 중요한 것이 생식기를 통한 오락적 성이 되어 버렸습니다. 친밀감의 발달에 대해 논할 때, 정말로 강조하는 것은 성숙한 상호 관계(mature mutuality)입니다. 단순한 연애가 한 개인의 삶에서 일정 기간을 차지할 수는 있습니다. 또 되풀이해서 생길 수도 있습니다. 그러나 그것이 성욕의 궁극적인 목표가 될 수는 없습니다.

대담자 : 그렇다면 단순한 오락적인 성이, 말하자면 청소년기에서나 이혼한 후에는 괜찮다는 말씀이신지요?

에릭슨 : 글쎄요. 만약 "괜찮다"는 말을 한다면, 당연히 그 다음 질문은, "어떤 환경하에서?"가 되겠지요. 그리고 그것은 그 사람이 어떤 종류의 사람인지에 전적으로 달려 있지요. 어떤 사람들은 생애주기의 지엽적인 문제를 계발(啓發)할 수도 있지요. 하지만 중요한 문제는 그들이 각 단계의 주요한 갈등을 잘 처리할 만큼 성숙했는지의 여부입니다. 예를 들면, 오늘날 어떤 사람들은 소위 오락적인 성에 탐닉하면서 자신을 기만(欺瞞)하지만, 실제로는 매우 고립되어 있다고 느낍니다. 왜냐하면, 그들은 상호 관계, 즉 진정한 친밀감이 결여되어 있기 때문입니다. 극단적인 경우에는, 매우 활동적으로 성생활을 하면서도 심하게 고립감을 느낄 수 있습니다. 왜냐하면, 한 인간으로서 거기에 전혀 존재하지도 않고, 또 상대방을 한 인간으로 전혀 지각하지도 않기 때문입니다.

대담자 : 그렇게 되면, 고립감을 제거하기 위한 노력의 일환으

로 오히려 성적 활동이 더 증가할 수도 있겠군요. 왜냐하면, 무엇이 고립감을 야기했는지 진정으로 깨닫지 못했으니까요.

에릭슨 : 진정한 친밀감은 희생과 타협을 요구할 수도 있는 관계에 우리 자신을 헌신하는 능력을 포함합니다. 청년기의 기본적인 강점은 사랑, 즉 상호간에 성숙한 헌신(devotion)입니다.

대담자 : 새 책에서 선생님께서는 노년기에서의 일반화된 성욕 단계를 제안하시면서 프로이트보다 한 걸음 더 나아가셨습니다. 그의 심리-성적 단계는 청소년기의 성숙한 생식기(生殖期, genitality)에서 끝납니다.

에릭슨 : 프로이트에 의하면, 젊은 시절에 성욕은 생식기(生殖期)에서 절정에 이르는데, 이것은 본질적으로 상호간에 성기(性器)를 통한 즐거움을 의미합니다. 우리는 두 가지 심리-성적 단계를 덧붙였습니다. 하나는 성인기에서의 생식성(生殖性, procreativity)과 노년기에서의 일반화된 성욕입니다. 하지만 생애주기에 관한 도표에서 그 둘을 다 괄호 안에 넣었다는 점에 주목하기 바랍니다. 왜냐하면, 정신분석 이론들이 아직까지 그것들에 대해서 충분히 논의하지 않았기 때문입니다. 아시다시피, 저는 생식(生殖) 추동이 있다고 믿습니다. 다시 말하면, 자식을 가지려는 본능적인 소망이 있다는 것입니다. 그리고 이것을 충족시키는 것이 중요하다고 믿습니다.

대담자 : 자녀를 갖지 **않기**로 결정한 사람들의 경우는 어떻습니까?

에릭슨 : 우리는 산아제한을 해야만 하는 역사적 시대에 살고 있기 때문에, 많은 사람들이 그런 결심을 하고 있습니다. 그러나 자식이 없는 채로 살기로 결정한 사람들이 자신이 하지 **않은** 것이 과연 무엇인지를 아는 것이 중요합니다. 왜냐하면 그들이 생식성의 거부에 수반되는 좌절감과 상실감을 억압하고, 따라서 빅토리안 시대에 성적 억압을 대치할 새로운 종류의 무의식적 억압을 발달시킨 것처럼 새로운 무의식적 대체물을 발달시킬 위험성이 있기 때문입니다.

대담자 : "억압(repression)"이라면, 그것을 우리 마음 속에서 완전히 밀어낸다는 것을 의미합니다. 그래서 어떤 사람에게, "때때로 자녀를 가진 것을 후회하지 않습니까?"라고 물어 보면, 그는 "아니오."라고 정직하게 대답할 수도 있습니다. 자녀를 가지지 않기로 선택한 사람이 45세나 50세의 어느 날 아침 깨어나서, "그동안 내가 한 일은 무엇인가?"하고 자문한다면, 어떻게 되겠습니까?

에릭슨 : 하지 **않은** 것에 대해 질문하는 것이겠지요. 글쎄요. 우리는 그런 사례를 위한 처방을 가지고 있지 않습니다. 그런 문제로 힘들어하는 사람들에게, "당신의 문제는 해결하기 쉽습니다. 단지 승화시키기만 하면 됩니다."라고 말할 수는 없지요. 그러나 "승화시키다(sublimate)"라는 용어가 아주 적절합니다. 몇년 전에 프로이트도 이 점을 아주 분명히 했습니다. 생식 욕구를 사회적으로 유용한 여러 통로로 이끌 필요가 있습니다. 분명한 처방을 내리는 대신에, 사회 구조인 문제를 해결해서 자신의 의

지로 자식을 두지 않은 사람들이, 정상적인 방식으로, 이 세상의 모든 자녀들을 돌보는 것을 도와 줄 수 있도록 만드는 것이 더 바람직합니다. 우리는 결혼 형태의 변화가 어떻게 자신의 친자식이 아닌 자녀를 돌보도록 이끄는지, 또 실제로 얼마나 잘 돌보고 있는지 주목해야만 합니다. 이것은 새로운 추세입니다. 단지 몇 세기 전만 해도 자녀는 개인적인 재산으로 더 여겨졌고, 누구의 자식인지가 아주 중요했습니다.

대담자 : 오늘날에는 많은 가정에서 "남편의 자식", "부인의 자식", 그리고 "우리의 자식"이 있을 뿐만 아니라, 베트남(Vietnam)과 같은 나라에서 전쟁 고아를 입양하고 있습니다. 생식 욕구는 물론 생산성(generativity)과도 밀접한 관련이 있는데, 선생님께서는 그것을 중년기의 기본적 경향으로 여기고 계십니다. 생식의 욕구는 어린이와 직접적으로 관계를 맺어야만 만족될 수 있는 것입니까?

에릭슨 : 바로 그 점이 제가 그것을 생산성이라고 부르는 이유입니다. 즉, 일단 우리가 생산성을 충분히 수용하기만 하면, 그것은 생식성(procreativity) 이상의 것이라는 것을 의미하기 위해서입니다. 그것은 창조성이나 생산성(productivity)으로 승화될 수 있습니다.

대담자 : 자녀가 없는 예술가나 작가나 교사가 자신의 일에서 생산성(generativity)을 승화시킬 수 있다는 것은 쉽게 이해할 수 있습니다. 하지만 배관공의 경우는 어떻습니까?

에릭슨 : 좋은 배관공이 할 수 있는 생산적인 공헌을 과소 평가하지 마십시오. 또한 그는 지역사회에 있는 모든 어린이들을 위해 뭔가를 할 수 있는 교인(敎人)일 수도 있습니다. 그리고 그는 또한 유권자이기도 합니다.

대담자 : 그렇다면 미래의 세대를 돌보려는 욕구는 생산적인 사회 체계를 유지하는 데 도움을 줌으로써 만족될 수도 있겠군요?

에릭슨 : 물론, 그렇습니다. 다시 한 번 말하지만, 그것이 제가 힌두 용어 "세상의 유지(maintenance of the world)"를 그렇게 좋아하는 이유입니다.

대담자: 생산성에 대해 말씀하실 때, 선생님께서는 중년기에 나타나는 그 반대되는 경향, 즉 자기-몰입(self-absorption)이나 침체(stagnation)를 말씀하셨습니다. 만약 생산성이 우세하면, 기본적인 강점인 "배려(Care)"가 발달됩니다. 생산성은 또한 통상적으로 "이질적(dystonic)인" 상대물이 있는데, 이것은 "거부성(rejectivity)"입니다.

에릭슨 : 그 두 가지는 함께 속해 있다는 점을 강조하고 싶습니다. 생산성은 지속적으로 침체를 극복하는 어떤 성취로 받아들여져서는 안 됩니다. 우리는 대개의 경우 두 가지를 다 가지고 있습니다. 매우 창조적인 사람들의 일생을 연구해 보면, 때로는 그들도 매우 심한 침체감에 빠지곤 했다는 것을 알 수 있습니다. 그리고 그런 반대 경향이 상호작용하는 것은 생애주기 모든 단계의

특징이기도 합니다.

대담자 : 만약 한 단계의 위기가 성공적으로 해결된다면, 패배한 성질이 사라지는 것이 아니라, 그 대신에 균형에 변화가 와서 긍정적인 성질이 우세하게 된다는 것이군요?

에릭슨 : 그렇습니다. 전적으로 균형의 문제입니다. 그러나 저는 "긍정적" 또는 "부정적"이라는 용어는 피하고 싶습니다. 때때로 우리가 "이질적 경향"이라고 부르는 것이 긍정적인 측면을 가질 수도 있기 때문입니다. 예를 들면, 노년기에서의 삶의 위기는 통합(integration)과 절망(despair) 사이의 갈등을 포함합니다. 어느 누가 통합을 하면서 자신의 삶에서의 어떤 특정한 사건에 대해 절망하지 않을 수 있으며, 또 인간의 조건에 대해 절망하지 않을 수 있겠습니까? 우리 자신의 삶이 비록 절대적으로 아름답고 경탄할 만하다 해도, 너무나 많은 사람들이 착취당하고 무시당한다는 사실만으로도 우리에게 상당한 절망을 느끼게 해 주는 것이 분명합니다.

대담자 : 그렇다면, 만약 에릭슨의 이론대로 삶을 살아 왔다면, 사람들은 장미빛의 행복한 여덟 단계를 거칠 것이라는 예상을 하지 말아야 하겠습니다. 사람들은 각각의 단계에서 이질적인 특성을 수반하지 않고 선생님께서 "동질적(syntonic)"이라고 부르신 특성을 발달시킬 수 있습니까? 침체 없이 생산성을 발달시킬 수 있습니까? 불신이 없는 신뢰는 어떻습니까?

에릭슨 : 마지막 것을 생각해 보겠는데, 그것은 유아기의 심리-

사회적 위기입니다. 기본적 신뢰감은 필요할 때 자신을 돌봐 주는 사람이 항상 거기 있을 것이라는 것을 믿고 의존하는 것과, 자신을 믿을 수 있다고 여기는 것을 배우는 것 모두를 의미합니다. 그러나 전혀 불신하지 않는 사람이 어떤 모습일지 단지 상상만 해 보십시오.

대담자 : 아무리 좋게 보아도 속기 쉬운 사람이겠지요. 아마 그런 사람을 똑똑하다고는 생각하지 않겠지요.

에릭슨 : 신뢰와 불신 사이의 갈등으로부터 어린이는 희망을 발달시키는데, 이것은 나중에 점차로 성인기에서의 믿음(faith)으로 발달해 가는 가장 최초의 형태입니다. 만약 대담자께서 어떤 한 성인이 희망을 가지고 있다고 말한다면, 저는, "저도 그러기를 희망합니다."라고 말할 것입니다. 그러나 만약 대담자께서 어떤 한 어린이가 믿음을 가지고 있다고 말한다면, 저는, "그는 아직 어린애인데요."라고 말할 것입니다. 진정한 믿음은 아주 성숙한 태도입니다.

대담자 : 그렇다면 이전 단계들의 다양한 강점들이 모두 노년기의 강점인 "지혜(wisdom)"에 의해 조절되기 때문에 노년기에서 각각 다른 형태를 취하겠군요.

에릭슨 : 예, 그렇습니다. 노년기는 어떤 특정한 지혜가 가능하고, 또 필요하기조차 한 시기입니다. 만약 그것이 결코 무슨 마법사 같은 것을 의미하는 것이 아닌 한 말입니다.

대담자 : 아마도 아시지의 성 프란시스코(St. Francis of Assisi)의 다음과 같은 기도, 즉 우리가 변화시킬 수 있는 것을 변화시켜 주고, 우리가 변화시킬 수 없는 것은 변화하도록 원하지 않게 하며, 그 차이를 구별할 수 있는 지혜를 달라는 기도가 선생님께서 의미하시는 것을 설명해 주는 것 같군요.

에릭슨 : 정말 그렇습니다. 비록 그렇게 간단할 것이라고 성급히 생각할 것은 아니지만 말입니다.

대담자 : 만약 사모님(Joan Erikson)께서 하신 것처럼 생애의 여러 단계를 각각의 강점별로 각기 다른 색실로 짠 주단(tapestry)과 같은 것이라고 생각해 본다면, 마지막 형태는 모든 사람이 각기 다 다르겠군요. 하지만 예전의 단계를 긍정적으로 해결하지 않고도 노년기의 위기, 즉 통합과 절망 사이의 투쟁을 성공적으로 다룰 수 있습니까?

에릭슨 : 이전의 일곱 단계를 똑같이 잘 해결한 사람을 상상할 수는 없습니다. 사실상, 저는 전혀 그런 사람을 만나리라고 기대하지 않습니다. 인생의 마지막 단계에서 우리는 실존적 정체성(existential identity)을 공고히 하려고 합니다. 이 말은 약간 허풍처럼 들릴지도 모르지만, 심리-사회적 정체성으로부터 실존적(實存的) 정체성이 나와야만 합니다.

대담자 : 원하는 만큼 오랫동안 자신의 전문직을 가질 수 있는 선생님과 같은 분들은 65세까지 일하고 은퇴한 후 정체성의 일부를 잃어버린 사람들에게서 문제가 되는 것과 같은 정체성의 문제

는 없을 것이라고 생각됩니다. 선생님께서는 배관공도 아니고, 또 운동의 조정 기능이 결여되어 더 이상 수술을 못하는 신경외과 의사도 아닙니다.

에릭슨 : 여자는 제외하고 남자에 대해서만 언급하시는군요.

대담자 : 여자도 신경외과의사나 배관공이 될 수 있습니다.

에릭슨 : 그렇습니다. 그리고 그런 현상이 점점 더 보편적으로 되어 가고 있습니다. 남자가 여자보다 일찍 죽는 것은 순전히 생물학적 이유 때문일 수도 있지만, 그러나 지금까지 남자의 심리-사회적 실존이 그의 직업에 너무나 긴밀하게 관련되어 있다는 사실도 상당한 영향을 미친다고 볼 수 있을 것입니다.

대담자 : 그렇다면 전통적인 여자들을 생각해 보도록 하지요. 그런 여자가 미망인이 될 경우, 그는 "부인"으로서의 정체성을 상실하게 되지만, 주위에 있는 남자들보다 더 오래 삽니다.

에릭슨 : 많은 문화에서, "미망인" 역시 하나의 정체성입니다. 그리고 문화에 따라서는 혼자 남은 부인에게 할머니로서의 역할이 있을 수 있습니다. 예를 들면, 중국에서는 할머니의 역할은 전통적으로 분명하고 뚜렷하게 정립되어 있습니다.

대담자 : 전통적으로 할머니의 역할은 할아버지의 역할보다 더 강합니다. 그래서 정체성의 기초를 제공해 줄 수 있습니다. 이제 그 문제는 풀린 것 같습니다.

에릭슨 : 지금처럼 수명이 연장된 시대에서도, 부부가 함께 해로(偕老)하는 것은 아직도 비교적 드문 일입니다. 우리 사회에도 홀아비보다 미망인이 얼마나 더 많은지 아실 겁니다.

대담자 : 일반적으로 아직도 남편은 부인보다 나이가 많습니다. 그리고 만약 한 부인이 60세가 아니라 70세에 미망인이 될 거라고 예상한다면, 이것은 미망인이 되는 그 이전의 시기를 확장시킴으로써 노년기에 혼자 사는 경험을 지연시킨다는 것을 의미하는 것이 됩니다.

에릭슨 : 그렇습니다. 그리고 그것은 단지 생애주기란 주제를 긍정하거나 부정하는 것뿐만 아니라, 그 변화를 관찰한 후, 강점이나 취약점을 지칭하기 위해 우리가 처음에 선택한 용어가 과연 적합한 것인지의 여부를 결정해야 한다는 것을 보여 줍니다. 덧붙여 말하자면, 처음에는 각 단계에서의 강점을 "덕성(virtue)"이라고 불렀습니다. 그러나 그 후, 덕성이라는 단어가 남성다움이라는 의미를 내포하고 있는 라틴어의 virtus라는 단어에서 파생된 것이라는 것을 알았습니다. 언어적 함의(含意)가 덕성은 남성적인 특성이라는 것을 의미할 수도 있기 때문에, 저는 그것을 "강점(strength)"으로 바꾸어야 했습니다.

대담자 : 여성에 대해 이야기해 본다면, 청소년기의 소년과 소녀가 정체성을 형성하는 과제에서 어떤 차이가 있습니까?

에릭슨 : 과제 그 자체에는 차이가 없습니다. 주요한 단계, 강점 그리고 위험성도 남자와 여자에게 다르지 않습니다. 오히려

성차(性差)가 그것들 서로를 보완해 주는 데 도움을 줍니다. 어린이들은 실제로 남자와 여자가 되는 것을 배워야만 합니다. 하지만 만약 성-정형화(sex-typing)된 행동을 아주 강하게 학습시키지 않는다면, 남자나 여자 모두 어느 정도 자유스럽게 성장합니다. 어린 소년은 약간 여자처럼 행동할 수도 있고, 또 그것이 귀엽게 보일 수도 있습니다. 또 어린 소녀도 마찬가지입니다. 이 모든 것이 그가 속한 문화가 어떻게 만들어 가느냐에 달려 있습니다. 하지만, 본질적으로, 한 특정한 단계에서 발달되어야 하는 강점은 그것이 어떤 것이든지 남자와 여자에게서 똑같이 나타나야만 합니다. 의지력(will power)과 마찬가지로, 예를 들면, 근면성도 그렇고, 또 정체성도 그렇습니다.

대담자 : 그렇다면 각 단계에서의 구체적인 과제는 소년이나 소녀에게 똑같군요. 그러나 그들이 다루는 내용은 아마 사회마다 서로 다를 것이고, 동일한 사회라 할지라도 시대가 다르면 서로 다를 것이며, 또 생물학적인 면과 사회가 과제를 제시하는 방식 둘 다에 따라 서로 다를 것이군요.

에릭슨 : 그 과목을 가르칠 수 있을 만큼 이미 많은 준비를 하신 것처럼 들리는군요.

대담자 : 아직은 아닙니다. 계속 논의하도록 하지요. 문화는 또한 각 단계에 걸리는 시간의 길이를 변화시킬 수 있습니다. 정체성이 형성되는 청소년기를 예를 들어보겠습니다. 이 시기는 청소년들이 성인의 책임을 지지 않는 집행유예(執行猶豫, moratorium)

의 시기라고 간주됩니다. 하지만 많은 문화에서 이 시기에 대한 공식적인 인정은 불과 몇 주에 지나지 않을 수도 있고, 심지어는 단지 성년식(成年式)만을 치르는 경우도 있습니다. 선생님께서는 만약 사회가 한 단계에 대해 그처럼 관심을 적게 기울인다면, 그 것이 그 단계를 맞는 데 영향을 미친다고 생각하십니까?

에릭슨 : 청소년기를 그렇게 짧은 기간으로 압축한다는 것이 사회가 그 단계에 대해 무관심하다는 것을 의미하지는 않습니다. 대담자께서는, "단지 성년식만을"이라고 다소 대수롭지 않다는 듯이 말했습니다. 그러나 성년식이란 드라마와 그 의식을 치르면 서 어린이가 겪는 엄청난 실존적 경험을 생각해 보십시오. 그 기 간은 시간적으로는 짧을지 모르지만, 그 경험은 굉장히 격렬한 것일 수도 있습니다.

대담자 : 하긴 사회에서 앞으로 무엇이 되려는지에 관해 우리 가 할 수 있는 선택의 여지가 거의 없다면, 미래를 선택하기 위한 그 모든 시간 자체가 필요 없겠지요. 하지만 문명 사회로 다시 돌 아가 논의하기로 하겠습니다. 선생님께서는 정체성을 형성하는 동안에 청소년들은 "전체주의(totalism)", 즉 전체주의적 운동에 사로잡히기 쉬운 경직된 자기-개념에 빠질 수 있다고 지적하셨습 니다. 40세 된 쿠 클럭스 클랜(Ku Klux Klan) 회원이 빠진 전체주 의는 청소년의 전체주의와 어떻게 다른 것입니까?

에릭슨 : 저는 한 번도 전체주의를 오직 청소년들의 사고의 한 측면이라고만 생각한 적이 없습니다. 그것은 이데올로기의 한 측

면인데, 단지 젊은이들의 사고에 쉽게 접근할 수 있는 것뿐입니다. 그러나 이것이 청소년기 이후에는 전체주의가 없다는 것을 의미하는 것은 아닙니다.

대담자 : 중년의 나치(Nazi)나 테러분자의 전체주의는 성공적으로 해결되지 못한 청소년기의 정체성 위기를 반영하는 것입니까?

에릭슨 : 만약 한 사례의 역사를 연구해 보면, 우리는 그 사람이 예전에 뭔가를 해결하지 못했다는 것을 알게 될지도 모릅니다. 하지만 그것은 제1차 세계대전 이후의 독일의 젊은이들에게서처럼, 전체 집단에 일어날 수도 있습니다. 역사적이고 경제적인 조건 때문에, 그들은 성인이 될 때까지도 전혀 해결할 수 없었고, 따라서 이데올로기적 전체주의가 그들을 지배하기 시작한 것입니다.

대담자 : 정체성의 또 다른 측면, 즉 정체성과 사회와의 관계에 대해 살펴보도록 하겠습니다. 선생님께서는 생애주기를 논하실 때 언제나 역사적 순간의 중요성을 강조하셨습니다.

에릭슨 : 국가적 또는 지역적 정체성이 발달하는 방식은 국가적, 지역적 또는 종교적 이데올로기가 "나"라는 느낌을 강화시켜 주는 정도에 많은 영향을 받습니다.

대담자 : 조지 오웰(George Orwell)의 소설 『1984』에서는 "나"의 느낌이 매우 제한되어 있는 것처럼 보입니다. 히틀러(Hitler) 시대의 독일은 어떻습니까?

에릭슨 : 그런 사회에서, 영도자(Fuehrer)는 수많은 깃발 아래서서 "나"를 이야기하는 사람입니다. 그리고 모든 사람이 그와 동일시합니다. 즉, 그것이 그들에게 "나"라는 느낌을 줍니다. 하나가 되어서 행진하는 것이 자기 자신이 되는 행동이 되는 것입니다.

대담자 : 아델슨(Joseph Adelson)의 연구에 의하면, 독일의 어린이들은 모든 사람은 강한 지도자가 필요하다고 말했습니다. 물론 영국이나 미국의 어린이들은 그렇지 않았습니다.

에릭슨 : "모든 사람이 그것을 원한다."는 것은 모든 사람이 자신의 "나"라는 느낌을 위해 그것을 원한다는 것을 의미하는 것입니다. 그러나 역사적인 기간 또한 가장 진실된 믿음의 소리를 불러올 수 있습니다. 예수(Jesus) 시대의 유대 역사에서 국가적인 "나"라는 느낌은 특히 파국을 맞고 있었습니다. 여호와(Jehovah)의 만왕의 왕의 지위("나는 너의 주 여호와이니라")에도 불구하고, 그들의 조국은 끊임없이 침략, 점령, 그리고 추방의 위험에 시달리고 있었습니다. 이것이, 제 생각에는 여러 사람이 예수의 실존적인 소식에 귀를 기울이도록 도와 주었을 것입니다.

여기에서 저는 핵무기가 어떻게 대륙간의 경계를 없애고, 또 어떻게, 지구 전체의 파멸에 대한 위협을 통해서, 그것들이 인간의 분할(分割)할 수 없는 "종족성(種族性, specieshood)"을 인식하게 해 주었는지 생각하지 않을 수 없습니다.

대담자 : 『젊은 시절의 루터』(*Young Man Luther*)와 『간디의 진

실』(*Gandhi's Truth*)이란 책에서, 선생님께서는 예외적인 사람이 개인적인 어려움을 해결하기 위한 시도를 통해 어떻게 전체 집단에게 이익을 주는지 보여 주셨습니다. 만약 루터와 간디가 각각 이전의 다섯 단계의 위기를 가능한 가장 완전한 방식으로 해결했다면, 그들은 만족했을 것이기 때문에 그렇게 위대한 변화를 만들 욕구를 가지지 않았을테지요?

에릭슨 : 대답할 수 없습니다. 각각의 책에서 제가 말하려고 했던 것은 예외적인 사람이 적절한 갈등을 가졌다는 것뿐만 아니라, 또한 그런 사람을 필요로 하는 바로 그런 시대에 살았다는 것입니다. 반면에 역사적인 시대는 개인적으로는 해결될 수 없는 것을 집단적으로 해결할 필요가 있다는 것이었습니다. 그 책들 가운데 하나에서 제가 이야기한 것처럼, 그는 그의 사적인 삶에서는 해결할 수 없는 것을 자신이 살고 있는 역사적 시대를 위해 또 그 시대의 사람들을 위해 해결했습니다. 바로 그 점 때문에 지도자가 되는 것입니다.

대담자 : 그렇다면 이 갈등을 해결할 준비가 되어 있는 사람들 중에서 적절한 순간에 적합한 사람이 적합한 개인적 갈등을 가지고 있어야 하는군요. 네 가지 요소, 이 모두가 다 필요하군요.

에릭슨 : 예, 그렇습니다. 그런 식으로 일어나는 것이기 때문에, 각각의 역사적인 상황에서 사람과 시대가 서로를 보완했습니다.

대담자 : 영화 『간디』(*Gandhi*)가 개봉된 이후, 그와 그에 관한

선생님의 책이 다시 관심을 불러모으고 있습니다. 생산성에 대해 말하자면, 제가 보기에 간디는 자신의 가족보다 다른 사람들에 대해 더 많은 관심을 가지고 있었던 것 같습니다.

에릭슨 : 그는 조국의 아버지로 변했습니다. 그리고 자신의 부성적(父性的) 감정을 인류에게로 확장시켰습니다. 분명히 그는 인류라는 종족을 위해 행동했습니다. 덧붙여 말하자면, 간디는 모성적 특성과 부성적 특성이 기묘하고 독특하게 혼합되어 있는 인물이라고 할 수 있습니다.

대담자 : 하지만 그것은 대부분의 창조적인 사람들의 특성이 아닙니까?

에릭슨 : 예, 그렇습니다. 왜냐하면, 그들은 자신의 개인적인 생식성(生殖性, procreativity)보다 창조성을 더 강조하기 때문입니다. 사람들은 언제나 제가 그 영화를 좋아하느냐고 묻습니다. 그 영화는 제 책과는 매우 다릅니다. 왜냐하면, 저는 정신분석학적 책을 집필한 것이고, 그 책에서 저는 영웅의 개인적 갈등과 그의 역사적 행위(deed) 사이의 관계를 밝히려고 했습니다. 제 목적은 간디가 어떻게 그 시기, 즉 역사적 순간에 적합한지 보여 주는 것이었고, 또 비폭력, 즉 그의 진실이 그에게 어떤 의미가 있는지 보여 주는 것이었습니다. 저는 영화에 제 발달적인 견해가 반영되리라고 기대할 수는 없었습니다.

대담자 : 선생님께서는 뭔가 중요한 것이 빠져 있다고 느끼십니까?

에릭슨 : 오직 한 가지가 있어요. 즉 이 비폭력적인 사람들이 무장한 군인들에게 주는 인상(印象)이 빠졌어요. 저는 몇몇 장소에서 영국 군인들이 비폭력적인 공격자들에게 저항할 수 없다는 것을 깨닫고, 무기를 던져 버렸다고 알고 있어요. 아마 이것이 단지 이야기뿐일지 모르지만, 저는 군인들 사이에서 더러는 그런 반응을 보이는 것을 보고 싶었어요. 왜냐하면, 모든 영국인들이 그 영화에서 묘사한 것처럼 그렇게 무정하고 무반응적이라고는 생각하지 않기 때문입니다.

대담자 : 간디의 추종자들이 5열 종대로 늘어서서 곤봉(棍棒)을 향해서 행진해 갈 때, 저는 군인들을 보았는데, 그들은 인도 사람들이었어요. 그래서 저는, "저 사람들은 어떻게 느끼고 있을까?" 하고 생각했어요. 자신이 하는 짓에 대해 역겨움을 느끼지 않은 채, 얼마나 오랫동안 다른 사람을 때릴 수 있을까요?

에릭슨 : 비폭력적 행동이 효과적이기 위해서는 그것이 충격적이어야만 합니다. 즉, 그것이 폭력적인 상대편을 평화적으로 흔들어 놓아야만 합니다. 그런 상황에서, 무엇이 더 중요하겠습니까? 우리가 인도 사람이라는 것입니까? 우리가 군인이라는 것입니까? 우리가 장교라는 것입니까? 아니면 우리가 인간이라는 것입니까? 돌연 이 다른 사람들이 우리에게 인간으로 다가오는 바로 그 지점에까지 도달해야만 합니다. 그렇게 되면, 우리는 더 이상 그들을 때릴 수 없습니다. 덧붙여 말하면, 미국 관객들이 그 영화를 어떻게 받아들였는지 보는 것도 경탄스럽습니다. 대담자도 약간 놀라지 않았습니까?

대담자 : 모든 사람이 핵전쟁의 가능성에 엄청난 관심을 쏟고 있는 요즈음의 상황을 고려한다면, 그렇게 놀랄 일도 아닙니다. 하지만 사람들이 깊은 인상을 받은 것은 분명합니다. 중간의 휴식 시간에, 잡음을 내거나, 잡담을 하거나, 간이 식당으로 급하게 몰려가는 대신에, 조용했습니다. 사람들은 자신이 본 것에 관해 생각하고 있었습니다.

에릭슨 : 그리고 이들은 지식인들이 아니었습니다. 위대한 사람이 비폭력적 저항을 사용하는 것에 관한 영화는 특별한 평화 단체에 속해 있지 않은 일반 사람들을 감동시켰고, 깊은 상념에 빠지게 했습니다. 이것이 바로 그 영화가 그렇게 중요한 이유입니다. 그것이 우리의 유대-기독교(Judeo-Christian) 문화가 아직까지 이해하지 못했고, 이용하지 못했으며, 따라서 앞으로 직면해야만 할 뭔가 중요한 것, 즉 핵의 딜레마에서 빠져나오기 위한 비폭력적 전략의 수립에 초점을 맞추고 있다고 저는 진정으로 믿고 있습니다.

대담자 : 그 딜레마 때문에 거부성(拒否性, rejectivity), 즉 성인기에 나타나는 생산성에 반대되는 경향에 대해 생각하게 됩니다. 그것이 왜 위험합니까?

에릭슨 : 우리의 도식에 의하면, 거부성은 특정한 사람들이나 집단을 우리의 생산적(generative) 관심의 대상에 포함시키기를 원하지 않는 것입니다. 인간들은 상상력의 상당히 많은 부분을 단지 어떤 다른 사람들이, 생산적인 의미에서, 자신이 돌보지 않

을 대상인지 정의하는 데 사용합니다. 거부성의 위험은, 다시 말하면, 다른 사람, 다른 집단, 또는 다른 나라를 거부하는 데 따르는 위험은 그것이 제가 "사이비-종형성(似而非-種形成, pseudo-speciation)"이라고 부르는 현상으로 이끈다는 것입니다. 사람들은 동일한 한 종(種)이라는 느낌을 잃어버리고, 자신과 다른 사람들을 다른 종으로 그리고 치명적으로 위험한 종, 즉 아무 쓸모도 없고, 또 사람도 아닌 종으로 만들려고 합니다.

대담자 : 고대 그리스 사람들은 다른 사람들은 모두 야만인이라고 생각했고, 나바호 인디언(Navajos)도 자신을 "여러 사람들 중 하나(a people)"가 아니라 "유일한 사람(the people)"이라고 생각했습니다.

에릭슨 : 다른 많은 부족들도 마찬가지입니다. 다른 집단을 자신들과는 다른 종(種)으로 간주하고, 품위 있는 인간성을 유지하기 위해 그들을 정복하거나 제거해야만 한다고 생각하는 것이지요. 자기와 같은 사람을 죽인다는 느낌을 가지지 않은 채 그들을 죽일 수 있는 것이지요.

대담자 : 만약 "사이비(pseudo)"라는 말이 "거짓에 가깝다(almost a lie)"라는 뜻을 함축하고 있다면, 그것은 우리가 무슨 일을 하고 있는지 우리 자신이 안다는 것을 의미합니다. 하지만 사람들이 이런 일을 저지를 경우, 그들은 자신들이 무슨 짓을 하고 있는지 실제로 의식하지 못합니다, 그렇지요?

에릭슨 : 정곡을 찌르셨습니다. 바로 그렇기 때문에, 그것이 그

렇게 위험한 것입니다. 역설적인 것은 가장 뛰어난 인류를 대표한다는 느낌으로서의 사이비-종 형성은 집단을 하나로 단결시키고, 충성심과 영웅심 그리고 교육을 부추긴다는 것입니다.

대담자 : 그렇다면 사이비-종 형성이 없이는 우리는 충성과 헌신, 그리고 자기-희생을 하지 않는다는 것이군요. 문제는 부정적인 측면을 제거하면서 긍정적인 측면을 유지하는 것이겠군요.

에릭슨 : 인류의 생존 바로 그 자체가 그 역설(逆說)의 해결에 달려 있습니다.

대담자 : 제가 선생님의 뜻을 정확히 이해했다면, 이것은 우리가 한 집단으로서의 우리 자신의 정체성을 유지할 수 있어서, 다음 세대에게 물려 줄 문화를 간직해 가는 방식으로 해결되어야만 한다고 선생님께서는 제안하셨습니다.

에릭슨 : 예, 그렇습니다. 하지만 더 중요한 것은 자신의 문화와 "체계(system)"가 예전의 적을 포함하는 세상 속에서도 계속 살아 있을 것이라는 확신을 갖는 것입니다.

대담자 : 선생님께서는 우리가 전체 종을 감싸안는 정체성을 발달시킬 수 있을 승산이 있다고 보십니까? 15년 전보다 지금 그 승산이 더 높아졌는지요?

에릭슨 : 절대적으로 그렇다고 확신합니다. 결국, 우리는 동일한 종(種)입니다.

제3장

노년기의 의미

영화 『산딸기』의 주인공에 대한 분석을 통하여

『산딸기』

머리말

잉그마르 베르히만(Ingmar Bergman) 감독의 영화 『산딸기』 (*Wild Strawberries*)는 늙은 한 스웨덴 의사가 차를 타고 자신이 은퇴한 곳에서 룬트(Lund)시로 여행하는 과정을 기록한 것이다. 그곳에 있는 오래된 성당에서 이삭 보리(Isak Borg) 박사는 그의 직업에서는 가장 고귀한 명예인 50년 동안의 헌신적인 의료 활동을 기념하는 박사학위를 받을 예정이었다. 그러나 친숙한 지역을 거치면서 지도에 표시된 길을 따라 차를 타고 가는 이 여행은 또한 그의 어린 시절로 되돌아가고 또 자신의 알지 못하는 자기(自己)를 깊이 찾아가는 상징적인 순례의 길이기도 하였다. 왜냐하면 보리 박사는 최근에 이상한 꿈을 꾸고 있기 때문이다. 그는, "그 것은 마치 내가 깨어 있을 때는 듣기 싫어하는 뭔가를 내 자신에게 말하려고 하는 것 같다."고 자신과 여행을 같이 하게 된 며느리 마리안느(Marianne)에게 낮에 말했다. 마리안느는 그녀 자신의 문제로 마음이 편치 않았기 때문에 대화 중에 기분 내키는 대로 언짢은 말을 계속 하면서 솔직하게 그를 대했다. 하지만 그녀는 마지막에는 짐에서 벗어나게 해 주고, 보리 박사 자신과 전체 보리 가문에 대한 진실을 알려 주었다. 그 날을 마칠 무렵, 그에게 주어진 의식(儀式)적인 명예는 거의 비현실적이거나, 또는 적어도 자신이 얻은 어떤 단순하지만 깊은 지혜와 - 그리고 그와 그의 직계 가족들이 자신들을 굳게 발견하고 미묘하게 통합되는 - 결정에 의해 초월된 것처럼 보였다.

　나는 인생주기(週期)의 개념과 세대(世代)주기의 개념을 제시하기 위해 베르히만의 영화를 이용하려고 한다. 왜냐하면, 그 영화와 또 인생의 마지막 시기에서부터 과거를 돌이켜보는 회고록에 그것이 놀라울 정도로 잘 묘사되어 있기 때문이다. 다시 말하면, 그 영화는 어떻게 노년기에서의 중요한 순간이 정서적으로 해결되지 않은 성년기를 거쳐 자신의 의식이 희미하게 시작되는 유년기의 기억에까지 거슬러 올라가는지를 잘 보여 주고 있다. 그러나 영화를 이용하는 것은 그것을 내 자신의 말로 다시 말한다는 것을 의미하고, 또 그것은 이미 해석을 내리는 첫 번째 단계이다. 하지만 그것은 또한 나에게 베르히만의 대본 가운데서 발췌를 할 수 있게 해 주고, 또 이미지로 나타나는 그의 비유적인 표현을 설명할 수 있게 해 준다. 이 두 가지는 모두 스웨덴어를 몰라서 외국어로 진행되는 대화를 이해하지 못하고 자막을 읽어야만 하는 대부분의 관람자들이 그 영화를 자세히 보려고 할 때 성가시게만 느껴지면서 놓치게 되는 부분들이다.

대본의 머리말은 늙은 의사가 사건들을 기록하고 그 기억할 만한 날을 회상하고 있는 것을 묘사하는 장면으로 시작된다. 대형 책상에 앉아서 - 우리는 그 책상 위에 가족 사진과 흠 없이 정렬된 필기 도구가 놓여 있는 것을 볼 수 있다 - 약간 구부정하지만 강건한 백발의 늙은이가 소박하지만 근사하게 늙은 얼굴로 자신은 이삭 보리 박사이며, 나이는 76세이고, 스웨덴 사람이며, 물론 루터교인(Lutheran)이라고 소개한다 〔"강한 성(a mighty fortress)" 이 스웨덴말로는 an vaeldig borg이다〕. 9명의 형제 자매가 이미 죽었고, 부인도 먼저 죽어서 여러 해 동안 홀아비로 살고 있다. 그에게는 결혼은 했지만 자식이 없는 의사 외아들이 있는데, 그는 사실상 룬트시에 살면서 가르치고 있다. 보리 박사는, 마치 누군가가 자신에 대해 뭔가를 비난하고 있는 것처럼, 현학적이고 다소 화가 난 듯한 음성으로 자기 자신에 대해 말하고 있다.

내 나이 지금 76세인데, 이제는 내 자신에게 거짓말하기에는 너무나 늙은 것처럼 느낀다. 하지만 물론 그렇다고 내가 솔직하다고는 확신할 수 없다. 내 자신의 진실성에 대한 만족스러운 태도는, 비록 내 자신이 무엇을 숨기려고 하는지 나도 잘 모르지만, 가면 속에 숨겨진 부정직(dishonesty)일 수도 있다. 그럼에도 불구하고, 어떤 이유에서이든지 만약 내 자신을 평가해야만한다면, 수치심을 느끼거나 나의 명성을 염려하지 않고 평가할 것이라는 것을 확신한다. 하지만 만약 누군가에 대한 나의 의견을 말하라고 한다면, 아마 나는 상당히 더 조심스러울 것이다. 이런 판단을 내리는 데는 매우 엄청난 위험이 있다. 잘못 판단한 것에 대한 죄책감, 과장한 것에 대한 죄책감, 그리고 대단한 거짓말을 한 것에 대한 죄책감으로 괴로워할 확률이 너무나 높다. 그런 어리석은 짓을 하느니 차라리 나는 침묵을 지키겠다.

⋯⋯결과적으로, 나는 내 스스로 사회로부터 거의 완전히 한 발짝 물러서서 생활하였다. 왜냐하면, 우리가 다른 사람과 맺는 관계라는 것은 주로 이웃 사람들의 행동에 대해 말하고 평가하는 것이기 때문이다. 그래서 노인이 되었을 때 나는 거의 외톨이로 지내게 되었다. 그렇다고 후회하는 것은 아니고 사실이 그렇다는 것을 말하는 것이다. 세상을 살아오면서 내가 원한 것이라고는 나를 가만히 내버려 두어서, 그것이 아무리 하찮은 것이라 할지라도, 내가 관심을 가지고 있는 몇 가지에 온 힘을 기울일 수 있는 기회를 갖게 해 달라는 것이었다.[1]

덧붙여서 말하면, 책상에 앉아서 글을 쓰고 있을 때, 그의 발 옆에는 최근에 새끼를 낳아서 한껏 자애스러운 표정을 짓고 있는 큰 덴마크산 암캐 한 마리가 있었다. 베르히만의 연출 경향을 알고 있기 때문에, 우리는 이것이 틀림없이 앞으로 나타날 주요한 주제를 상징하고 있다는 것을 알고 있다. 한편, 보리 박사의 처음 진술에서 그가 사교적인 활동에서 한 발짝 물러서서 "(내 스스로)"

---

1) Ingmar Bergman, *Four Screenplays* (New York, 1960)

단지 자신이 관심을 가지고 있는 제한적인 영역에서만 생활하는 것을 통해 뭔가 부자연스러운 통합성을 유지할 수 있다는 것을 이상스럽게도 반쯤 알 수 있다. 처음부터, 연출자인 베르히만이 사소한 시각적 청각적 힌트를 통해 강박적인 성격의 "고전적" 사례를 드러내 보이는 방식은 매혹적이다. 여기에서는, 노인의 방어적인 목소리와 그의 세심하고 정밀한 태도가 겉으로는 자랑스러운 자율적 은둔을 위해 대신 그가 얼마나 자신을 강하게 억제했는지를 암시해 주고 있다. 이것은, 정말로, 마치 앞으로 다가올 여행에서, 외로운 노인의 강박적인 "의식(儀式)"으로부터, 그의 문화의 일상 생활에서의 의식을 거쳐, 지나치게 한정된 그의 직업적 생존의 초월을 막기도 하고 또 허락하기도 하는 거대한 의식(grand ritual)으로 우리를 이끄는 것 같다.

나의 과제

보리 박사의 자기-반성(self-reflection)에 대해 베르히만이 그림처럼 묘사한 것을 계속 살펴보기 전에, 또한 그의 자기-반성에 대해 계속 심사 숙고해 보기 전에, 내 과제 중에서 몇몇 해결될 수 없는 측면에 대해 고백하고, 그럼에도 불구하고 이 과제를 계속 고집하는 이유를 설명해 보기로 한다. 베르히만의 배역 중에서 몇몇 마음이 덜 푸근한 인물들이 때때로 신비스럽게 사용하는 정신분석학적 전문 용어들은 융(Jung)과 프로이트(Freud)의 심층심리학(depth psychology)에 대해 그가 상당한 지식을 가지고 있다는 것을 인정해 주기도 하지만 동시에 가로막기도 한다. 시나리오의 서문에서, 그는 사실상 에이오노 카일라(Eiono Kaila)가 쓴 성격심리학 교재에 관해 언급하고 있는데, 그 책이 자신에게 상당히 충격적인 경험이었다고 다음과 같이 말하고 있다: "사람은 순전히 자신의 욕구에 따라서 - 긍정적이든 부정적이든 - 산다는 그의 주제는 나를 엉망으로 부수어 놓았다. 그러나 그것은 소름 끼치도록 사실이었다. 그래서 나는 이 기초 위에 건축했다."[2] 하지만 그의 "주인공"이, 의식적으로나 혹은 무의식적으로, 직접 대면했거나 혹은 기억하는 자신과 다른 사람에 관한 색인을 위해 기록했다고 극작가가 믿고 있는 단상들을 탐색하는 것이 나의 의도는 아니다. 베르히만이 이야기한 대로, 그는 "그 기초 위에 건축했다." 그리고 거장(master)의 건축물은 견고한 건축과 초월적인 아름다움에 대한 그 자체만의 법칙을 가지고 있는 법이다.

그가 짧은 장면들의 연속을 통해 삶의 위기를 극심하게 경험하고 있는 다양한 연령의 사람들을 묘사할 수 있는 것은 그것이 그 자신만의 예술이기 때문이다. 그 장면들은 그들의 삶의 전과정을 너무나 생생하게 전형화하기 때문에 관객들은 우리가 그들을 - 화면에서 또는 직접 - "만났다"고 확신한다. 이 인물들이 또한 얽히고 설킨 원형적인 상징의 그물망 속에서 서로 연결되어 있다는 사실은 예술가의 매개물에 내재된 것이다. 혹자는 물론 그 매개

---

2) Ibid., P. 21. Eino Kaila의 *Persoonallisuus*는 1934(Helsinski)에서 처음 발표됐고, 1935년에 스웨덴에서 처음으로 출판되었다 [*Personlightens Psykologi* (Helsinfors, 4th ed., 1946)]

물을 뛰어나게 이용한 것에 대해 아주 자세하게 보여 주려고 할 수도 있고,[3] 그리고 얼굴의 표정과 자세, 주변 풍경과 바다의 경치, 길, 도로 그리고 이 여행을 동시에 범신론적인 자연과의 재통합, 구원을 향한 기독교인의 순례 – 그리고 진정한 의미에서의 오늘날의 자기-분석이 되게 하는 상징과 조화를 이루는 건물들의 복잡한 구성을 연출자가 어떻게 이용하고 있는지를 보여 주려고 할 수도 있다.

또는 혹자는, 앞으로 내가 나타내려고 하는 것처럼, 여기에서 묘사되고 있는 것은, 또한 억압된 무의식에 대한 프로이트의 발견에 내재해 있는 논리에, 마찬가지로 그런 작업의 기초에 없어서는 안 될 논리에 물들어 있다는 점을 보여 줄 수도 있다. 그러나 건축물 그 자체는(아마도 베르히만의 다른 어떤 작품에서보다도 더) 광범위하게 스며드는 현실주의, 모든 등장인물에서 나타나는 부드럽고 미숙한 세속성, 그리고 때로는 문화적 역사적 결정론의 시대, 지구의 바로 그 곳에서 그 나이에도 자신들이 살아 있다는 것에 대한 풍자적인 감사에 의해 결합되어 있다. 그들을 다른 시대에 다른 장소에 살고 있는 인간의 전형이 되도록 만들고, 따라서 실존이란 단어의 가장 구체적인 의미에서 그들을 실존적이 되도록 만드는 것은 바로 이 점이다.

정신분석적 상징의 측면에서 본다면, 그 이미지는, 사실상, 억압된 무의식을 암시하는 상징을 사용한 것은 아니다 (또는 했다고

---

3) 이런 면에서 뛰어난 예를 들자면 다음과 같은 것이 있다: by Diane M. Bordon and Louis H. Leiter in *Wild Strawberries: A Textbook of Aesthetic Criticism* (California Syllabus, Oakland, 1975).

해도, 잘 정의된 순간에만 그렇다). 그러나 우리의 전의식에 머물고 있고, 그리고 구체적인 순간에 그것의 모든 단순성과 깊이를 우리가 알 수 있는 존재의 차원에 대한 무언의 지식을 의미하는 것을 사용하였다. 이 구체적인 순간은 "자연적인" 삶의 위기에 의해, 또는 중요한 사람과의 의미 있는 조우(遭遇)에 의해 야기되든지, 아니면 실은 잘 들어맞는 의식(儀式)에 의해 야기되기도 한다. 앞으로 보게 되겠지만, 이 세 가지 조건, 즉 노년, 조우, 그리고 의식(儀式)이 보리 박사의 여행에 다 나타난다. 그 결과는 신비스러운 황홀(rapture)이나 지적인 재구성(reconstruction)이 아니라, 오히려 초월적인 단순성(simplicity)이다. 여기에서 한 목사 친구가 성체 성사에 참석하고 싶은 유혹을 느끼지만 무신론자 인 부인에게 무엇이 "일어났는지" 설명할 수 없는 한 남자에게 최근에 해 주었다는 이야기가 생각난다. 그 남자는 나의 목사 친구에게 부인에게 무엇을 이야기해 주어야 하느냐고 물었다. 그러자 내 친구는, "그녀에게 빵을 먹고 포도주를 마셨다고 말하시오."라고 대답했다.

이런 종류의 진실을 전하는 의식(儀式)은 사실 매우 드물고, 예술 작품들이 그 의식에 중계 역할을 한다. 나는 이 시나리오에서 사람의 생애주기의 전체성에 대해 - 각 단계별로 또 각 세대별로 - 비길 데 없이 훌륭하게 묘사하고 있는 것을 발견하였다. 그리고 또한 되풀이해서 내 학생들에게 전달되었고, 지금 나는 성인기와 노년기가 과연 어떤 것인지에 대해 약간은 염증을 내면서도 마지못해 억지로라도 이해하려는 이 새로운 성인 세대를 위해 정확히 해석해야 하겠다고 느끼고 있다 (우리는 아동기와 청년기에 대해서는 이미 알고 있다).

해가 거듭될수록, 하버드(Harvard) 대학교의 학부 과정에서 내가 가르치는 "생애주기(The Human Life Cycle)"라는 과목에서 이 영화를 교재로 선택한 데 대해 물론 학생들이 다소 우정어린 의혹을 보냈다. 더러는 고맙게도 내가 보리 박사와 닮았다고 말하기도 했지만, 과연 누가 빅터 스외스트룀(Victor Sjoestroem)과 닮을 수가 있겠는가? 아니면 나의 경력에 비추어 보아 정말로 내가 그런 의사가 되고 싶었을까? 사실 그 영화는 나의 유년기와 "관련"이 있다. 왜냐하면, 룬트(Lund)는 오레 준트(Ore Sund)에 있는데, 오직 그 곳에서 32Km밖에 떨어지지 않은 네델란드 쪽에서 나는 태양이 내리쬐는 유년기의 여름을 아저씨의 시골집을 방문하여 보트를 타면서 보냈기 때문이다. 단지 그런 인연이 내가 이 영화와 인간의 생애주기에 대한 나의 견해가 유사하다는 것을 그렇게 자세히 볼 수 있는 이유는 아닐지도 모른다고 몇몇 학생들이 더 깊은 의문을 가지게 될 경우, 나는 오직 그런 의혹은 전생애에 관한 모든 이론의 본질적인 측면이라고 마음 속에 새겨 둘 수 있을 뿐이다. 즉, 우리의 개념이나 용어가 우리 자신의 한정된 생존과 또 우리가 선택하는 보기의 부분일 뿐인 관찰이나 가치를 초월할 수가 있을까? 그럼에도 불구하고, 공교롭게도 이 시나리오는 좋은 것일 뿐만 아니라, 또한 그런 종류로는 유일한 것이고, 더 나아가, 어느 것이 보편적인 것이고 또 어느 것이 절망스럽게도 문화와 계급에 영향을 받는 것인지를 분명하게 결정하는 사회비평에 아주 적합한 내용이기도 하다.

그래서 앞으로 나는, 각각의 중요한 장면을 요약한 후, 내 나름대로 심리-사회적(psychosocial) 단계와 각 단계에서 직면하는 위기를 설명해 보기로 하겠다. 그리고 또 그것들을 이 글의 후반부에서 체계적으로 설명되는 도식(scheme)을 강조하기 위한 기회로 이용하기로 하겠다.

꿈

여러 해 동안, 학생들은 나의 "생애주기" 과목을 "자궁에서 무덤까지(From Womb to Tomb)" 또는 "실패에서 굴욕까지(From Bust to Dust)"라는 별명으로 불렀다. 그러므로 이 시나리오가 사실상 무덤에서 자궁까지의 견해, 또는 보다 더 정확하게 표현한다면, 관(棺)에서 요람(搖籃)까지의 견해로부터 시작되는 것은 반어적인 중요성이 있다. 그것은 박사가 자신의 시신을 마주 대하는 꿈으로 시작한다. 이 꿈은 그 날에 일어날 사건의 심리적 배경이 된다. 즉, 우리는 후에야 무엇이 – 꿈꾼 사람의 연령 외에 – 꿈 자체의 "명분(cause)"인지 알게 될 뿐이다.

꿈을 회상하는 장면에서, 우리는 보리 박사가 다소 친숙한 그러나 지금은 정말로 텅 비어 있는, 그 외관이 북쪽 지방의 여름 아침 햇살에 빛나고 있는 거리에서 별로 건강하지는 않은 걸음걸이지만 활발하게 "일상적인 아침 산책"을 하는 것을 본다. "완벽한 정적(靜寂)"과 그의 발자국 소리가 리드미컬하게 울려 퍼졌다. 한 가게에, 분명히 시계수리업자와 검안사(檢眼師)가 동업을 하고 있는데, 보리 박사가 정확한 시간을 위해 자신의 시계를 맞추곤

하는 큰 시계가 걸려 있다. 그러나 지금 그 시계에는 바늘이 없고, 그리고 바늘 밑에 있는 안경을 끼고 있는 두 개의 큰 시계 눈에서는 피가 흘러내리고 있었다. 박사는 자신의 시계를 꺼냈다. 그것도 역시 바늘이 없었고, 그것을 귀에 갖다 대자, 그는 시계 소리 대신에 자신의 심장이 크게 뛰는 것을 들었다. 그러나, 아, 모든 것이 텅 빈 속에 누군가가 서 있었다. 펠트 모자를 쓴 한 남자가 그에게 등을 돌리고 서 **있었다**. 간절한 마음으로 다가가 건드리자, 그가 돌아섰다. 그는 "얼굴이 없었다." 그리고는 갑자기 쓰러졌다. 인도(人道)에는 오직 액체가 스며 나온 옷더미만 있을 뿐이었다. 사람은 사라졌다.

텅 빈 거리에는 이제 교회의 종이 울리기 시작하자 속보로 달리는 말발굽 소리가 들려 왔다. 화려하게 장식한 영구차 하나가 나타났다. 그것이 지나쳐 가면서, 바퀴 하나가 가로등을 들이받아 깨지면서 박사의 바로 뒤에 있는 교회의 담을 때렸다. 영구차는 소름끼치게 삐걱거리는 소리를 내며 마치 요람처럼 흔들리기 시작하였다. 이 소리는 이상하게도 태어날 때의 고문당하는 듯한 울음 소리를 떠올리게 해 주었다. 부서진 관이 땅 위에 놓여 있었다. 그 관에서 시신 하나가 박사에게 다가왔다. 그것은, 사실은, "비웃는 듯이 미소짓고 있는" 박사 자신의 얼굴이었다. 그리고는 놀라서 잠에서 깨어났다.

다음과 같은 점들을 살펴보자: 울려 퍼지는 발자국 소리, 울리는 종소리, 똑딱 소리를 내지만 시간을 알지 않는 시계, 쿵쾅거리는 심장. 지금까지 열거한 것을 통해, 상징이 너무 진부한 것처럼 보일 수도 있을 것이다. 그러나 거기에는 전반적인 심상

(imagery)이 있을 뿐만 아니라, 노인의 얼굴 표정의 연쇄적인 근접 촬영을 통해 그것이 모두 돌연 멈추었을 때의 노골적인 두려움에서부터 모든 노인들이 가지고 있는 일상적인 걱정에 이르기까지 아주 확실히 보여 주고 있다. 그리고는 오직 심상을 통해서만 나타날 수 있는 개인적이고 신경증적인 불안의 조짐이 보이고 있다. 그 텍스트는 다른 사람의 얼굴, 즉 유령(double)의 얼굴이 "비어" 있다는 것을 말해 준다. 하지만, 그는 입을 굳게 다물고 눈을 꼭 감고 있었다. 즉, 항문에 힘을 꼭 주고 있으면서, 보존적(保存的, retentive) 성격 – 움켜쥐고 다른 것을 안으로 들이지 않는 성격을 풍자적으로 묘사하고 있다. 그 다른 사람, 즉 유령은 쓰러져서 자신의 생명력의 근원(lifeblood)을 도랑에 흘리고 있는데, 이 주제는 그날 여러 다양한 낭비적이고 파괴적인 "흘림(spillings)"을 통해 반복적으로 나타나고 있다.

놀라서 깨어난 후, 꿈을 꾼 사람은, 마치 주문을 통해 저주를 막으려는 듯, "내 이름은 이삭 보리야. 나는 아직도 살아 있어. 나는 75세야. 정말로 괜찮아."라고 선언하고 있다. 관객은 처음에 그 꿈이 꿈꾼 사람에게 그는 자신의 공식적인, 그래서 고립되어 있는 자기(self)가 그를 무덤으로 유인하도록 해서는 안 된다고 말하려고 하는 것 같은 첫인상을 가지게 된다 – 그런 인상을 갖게 되는 것이 "단지" 그가 나이가 많다는 것 때문인가, 아니면 그의 삶에서 "왕관"을 쓰는 일이 얼마 남지 않아서인가, 아니면 또 다른 이유가 있기 때문인가? 아직도 그는 죽는 것을 배우지 않은 것이 분명하지 않은가?

이 시점에서, 생애주기(Life Cycle)의 마지막 위기를 서술하기 위한 대문자로 된 용어를 간단하지만 설명조로 소개하기로 하겠다. 그 주제에 대한 저술에서,[4] 나는 노년기에 나타나는 통합(Integrity)의 탐색과 절망(Despair)과 혐오(Disgust)의 느낌 사이의 변증법적 투쟁을 가정하였는데, 이 세 가지 모두는, 역동적인 균형 속에서, 인간의 마지막 강점인 지혜(Wisdom)의 본질적인 요소들이다. 이 시점에서 이 용어들을 설명하거나 방어하지는 않겠지만, 독자들은 그 용어들이 보리 박사의 내적인 그리고 사회적인 부조화의 일부 특징을 암시해 주고 있으며, 또 그러한 특징은, 다소 단순한 형태로, 모든 노인들에게도 나타날 수 있다는 점을 분명히 알아야만 할 것이다. 또한 내가 이 특징들은 생애주기를 통해 이전의 위기에서도 징조를 보인다고 가정할지라도, 각 연령에서 나타나는 "위기(crisis)"가 반드시 파국의 위협을 의미하는 것은 아니며, 오히려 전환점, 즉 취약성은 증가하지만 동시에 잠재력이 고양되는 결정적 시기이기도 하다. 또한 "주기(Cycle)"는 일관성 있고 조리(條理) 있는 경험으로 "자신을 완성(round itself out)"하고 또 강점과 운명적인 부조화 모두를 받기도 하고 자신이 만들기도 하는 세대간의 연쇄적인 연결을 형성하는 개개인의 삶의 이중적 경향성을 전달하기 위해 고안된 용어이다.

전체적인 삶의 과정 속에서 노년기의 위기를 보다 정확하게 공식화하기 위해서는 보리 박사의 여행 전체를 (그리고 이 글의 전체를) 더듬어 볼 필요가 있다.

---

4) Erik H. Erikson, *Childhood and Society* (2nd ed., 1963); *Youth and Crisis* (New York, 1968); "The Human Life Cycle" in *International Encyclopedia of the Social Science* (New York, 1968).

결정

스웨덴의 여름 여명이 밝아오는 새벽 3시에, 보리 박사는 돌연 자신이 해야만 할 일을 깨달았다. 즉, 그는 예정된 비행기가 아니라 차로 룬트(Lund)까지 가야만 했다. 이것이 사실상 운명적인 결정이라는 것을 우리는 아주 서서히 알 수 있을 뿐이다. 왜냐하면, 그 여행에 걸리는 14시간 동안, 반은 계획됐고 반은 즉흥적인 성격의 사건들이 많이 일어나기 때문이다. 그러나 그런 자율성 그 자체가 매우 놀랄 만한 것이라는 것을 즉시 알게 된다. 왜냐하면, 우스꽝스러운 동시에 가슴아픈 한 장면에서, 그 홀아비가 매우 가슴이 풍만하고 매우 소유욕이 강한 아그다(Agda)라고 불리는 가정부와 다소 적대적인 상호 의존적 관계를 맺고 있다는 것이 분명해지기 때문이다. 그녀는 그 가족과 40여 년을 함께 살고 있으며, 그 기간 중 대부분을 그하고만 살고 있다. 그녀는 보리 박사와 비슷한 나이이지만, 그는 (전형적으로?) 그녀를 "늙은 여자(an old woman)"라고 부르고 있다. 보리 박사 때문에 잠에서 깬 그녀는 그의 잠옷이 흐트러져 있는 것을 보고 단지, "박사님, 어디 편찮으세요?"라고 물을 뿐이었다. 그의 결정을 듣고, 그녀는 당황스러워하면서 마음이 상했다. 왜냐하면, 그가, 그녀에 의하면, **그녀의 생애에서 가장 엄숙한 날을 망쳤기 때문이다.** 그들은 부부가 아니라고 그가 중얼거리자, 그녀는 부부가 아닌 것에 대해 신에게 찬미했다. 그러나 그녀는 일어나서, 연극조로 보리 박사의 옷을 싸고는, 자신이 혼자 비행기를 타고 먼저 룬트에 가서 모든 것이 잘 준비됐는지 보아야겠다는 다소 기분 나쁜 예상을 하면서 부르뚱해가지고 아침을 차렸다.

하지만 그 때, 한 집안 손님이 나타나서, 두 노인네의 말다툼을 보고 놀란다. 그녀는 실내복을 입고 있는 아름답고, 눈이 맑으며 얼굴의 윤곽이 뚜렷한 젊은 여성인데, 그녀는 보리 박사의 아들 이발트(Evald)의 부인인 마리안느(Marianne)이다. 그녀는 지금 보리 박사를 방문하고 있는 중이고, 지금 그에게 룬트까지 가는 동안 그와 동행해도 되는지 묻고 있다. 따라서 그 장면은 사실상 장인다운 솜씨로 엮어 낸 많은 만남(encounter) 중에서 가장 중요한 만남이 이루어지는 장면이다. 왜냐하면, 그들이 큰 도시를 떠나 시골로 드라이브하는 과정을 통해, 베르히만 감독은 자동차가 주는 대안적 조망(眺望)의 가능성을 최대한으로 잘 이용하고 있기 때문이다. 우리는 처음에는 교외의 커다란 원형 교차점에서 출구를 찾고 있는 다른 작은 차들과 함께 움직이고 있는 자동차를 공중에서 본다. 그리고는, 차의 내부에 초점이 맞추어지면서, 우리는 그밖의 모든 세상이 스쳐 지나가는 것을 본다. 운전자와 동승자 모두 목전의 목표와 먼 장래의 목표를 생각할 수도 있고, 또는 그들의 연쇄적인 사고(思考)의 흐름을 들여다 볼 수도 있다. 그들은 또한 서로 상대방의 옆모습을 바라볼 수도 있고, 또 드물기는 하지만 갑작스럽게 짧은 순간 동안 눈을 맞출 수도 있다. 누가 차를 운전하든지 간에 그는 백미러를 통해 뒤에서 무엇이 다가오는지 힐끗 쳐다볼 수 있고, 또 우연히 뒷좌석에 앉은 사람이 누구든지 그의 얼굴을 쳐다볼 수 있다. 이 움직이는 무대에서는 꾸벅꾸벅 졸 수도 있고, 또한 꿈까지 꿀 수 있다! 그렇기 때문에, 베르히만 감독은 자신이 이야기하려는 목적에 맞게 차의 내부의 기계적인 범위를 세련되게 개조하였다. 계속해서 그 이후의 장면에 대해 살펴보고, 내 나름대로 그 특징을 알아보도록 하겠다.

우선, 보리 박사는 꿈을 꾸듯이 (아마도 자신의 꿈을 생각하면서) 운전하고 있지만 분명히 젊은 여자와 함께 있는 것이 불편한 것 같다. 마리안느는 아직은 비밀인 채로 있는 어떤 상황에서 비롯된 단호한 결심을 통해 그가 불편한 것에 대해 직면하기로 결정한다. 이 장면에서 우리는 코르델리아(Cordelia)를 생각하지 않을 수 없는데, 그녀는 리어왕(King Lear)의 절망이 겉으로 드러나도록 한다. 모든 것이, 나중에 끝날 때와 마찬가지로, 아직까지는 기본적 태도를 정확히 드러내지 않는 작은, 사소하기조차 한 것들로부터 시작한다. 그녀는 신경질적으로 담배를 피우고 싶어하지만, 그는 그것을 불쾌하게 막는다. 그녀는 날씨가 좋다고 말하지만, 그는 폭풍우가 올 것이라고 예상한다. 갑자기, 그녀는 그에게 어떤 실제적인(real) 이유도 없이 "진짜(real)" 나이가 어떻게 되느냐고 묻는다. 그러나 아직도 꿈의 충격 속에 있는 상황에서 그는 그녀 역시 자기가 언제 죽을지 궁금해 한다는 것을 안다. 인색하게도, 그는 그녀의 남편이 자신에게 빚진 돈을 생각하고, "약속은 약속이다."라는 원칙을 주장한다. 아들인 이발트(Evald)는 이것을 이해하리라고 그는 확신한다. 왜냐하면, 그들은 서로 "닮았기" 때문이다. 그리고 사실상 그녀는 그들이 닮았다는 것을 인정한다. 그때, 마리안느는 뜻밖에, "하지만 그는 또한 아버님을 증오해요."라는 폭탄 선언을 한다. 뭐라고 형언할 수 없는 전율이 그의 얼굴에 나타난다. 하지만 그는 침착함을 유지한다. 왜 자신을 좋아하지 않는지 그 이유를 묻자, 그녀는 보리 박사가 이발트와 자신을 도와 줄지 모른다는 "바보스러운 생각"을 하면서 지금까지 한달 동안 그와 함께 지냈지만, 그는 자신들의 가정 불화에 대해 듣는 것을 - 아마도 그녀에게는 돌팔이 의사나 목사가 필요할 것이라고 말하면서 - 완강하게 거절해 왔다는 사실을 상세하게 설명한다. 그는 자신이 예전에 이야기한 더 심술궂은 내용을 들으면서 반은 재미있어 하고 반은 충격을 받는다. 그녀는, 자신은 그를 싫어하지는 않지만, "아버님에 대해 섭섭해요."라고 결론을 내린다. 보다 깊고 본질적인 곳에서부터 놀라는 두 번째 전율이 나타난다. 그러나 그들은 둘 다 공손함을 잃지 않으면서 가끔씩 재미있어 하기조차 한다.

두 사람 사이에 쟁점이 생겨서 재결(裁決)을 구하게 된다. 그리고 그의 꿈과 그녀의 행동 사이의 교차(交叉)는 (연동 장치라고 말할 수도 있음) 그의 편에서 놀라운 행동을 하도록 이끈다. 무엇보다 먼저 그는, 하고많은 사람들 가운데 하필이면, 그녀에게 자신의 꿈에 대해 말하고 싶어한다. 그녀는 아무 관심도 없다고 말한다. 그러나 곧 그녀가 그의 삶에 개입하게 되는 우연한 기회가 온다. 즉, 한 샛길에 도착하자, 그는 차를 그쪽으로 돌린 후, 자신이 어린 시절과 젊은 시절의 대부분을 보낸 바닷가의 한 집으로 그녀를 안내했다.

그러나 우리가 그 햇볕이 잘 드는 쾌활한 장면과 막 나타나기 시작하는 풍부한 공상에 젖어들기 전에, 나는 먼저 왜 그 노인과 그 젊은 여성이 그 당시 서로를 점차적으로 정반대로 살고 있는 것으로 경험하게 되는지 그 이유를 설명해 주는 "임상적(clinical)" 인상(印象) 하나를 말해야만 하겠다. 만약 보리 박사의 꿈에서 부서진 영구차가 마치 요람이 흔들리는 것처럼 내는 소음(騷音)이 섬뜩하게도 갓난애의 울음소리를 반영하는 것이 사실이라면 (교재는 그렇다고 확인시켜 주지는 않는다), 그는 나이 든 의사의 의학적 직관을 통해 자부심이 강한 마리안느가 자신에게 도움을 청하는 이유는 그녀가 임신을 했기 때문이고, 그 임신에 대한 자신의 반응은 줄잡아 말해도 매우 양가감정적(兩價感情的, ambivalent)이라는 것을 알게 된 것은 당연하다고 할 수 있다 (큰 덴마크산 암캐를 보라).

하지만 이것이 사실이라면, 두 사람 사이의 재결을 구하는 쟁점은 새로운 보리 가족을 낳는 것에 대한 마리안느의 관심과 죽음을 가까이 둔 자신이 아직도 삶을 승인하는 것을 배워야만 한다는 것에 대한 노인의 갑작스러운 깨달음이다. 이 가정은 마리안느를 괴롭히는 (그리고 우리가 후에 살펴보는 것처럼, 그녀의 남편을 괴롭히는) 삶의 위기를 내가 생산성(Generativity) 대 침체(Stagnation)라고 부르는 심리-사회적 위기라고 깨닫는 것을 필요로 한다.[5] 나는 이러한 각각의 위기에서 출현한다고 가정하는 것을 생애주기와 세대주기에 필요한 핵심적인 강점(strength)이라는 의미에서 "덕성(virtue)"이라고 부른다. 지혜(Wisdom)는 마지막 위기의 덕성이다. 그리고 배려(Care)는 중년기에 나타나는 덕성이다. 이 성인기에서 운명은, 지금까지 살아 온 삶과 마찬가지로, 누구와 무엇에게 헌신해서 다음 세대의 삶과 강점을 책임져야 하는지를 결정한다. 그리고 이것 때문에, 중년의 사람들에게는 죽음에 대해 잊고 생명을 계획하는 것이 용인되는 것 같다. 마리안

---

5) 이 용어와 "대(對, versus)"에 관해서는 후에 논의함.

느의 경우, 강한 윤리적 결단이 보리 가족이 과거에 죽어 버린 것 때문에 미래를 잃어버려서는 안 된다는 점을 일깨워 준 것처럼 보인다. 보리 박사조차도 절망에 대한 노년의 투쟁을 통해 앞으로의 자신의 모습이 현재의 모습일 필요도 없고, 또 그가 죽으면서 남기게 될 모습일 필요도 없다는 것을 이해하였다. 그는, 윌리엄 제임스(William James)의 용어를 빌리면, 현재 살아 있는 자기(self)를 발견하기 위해 과거에 살해(殺害)된 자기를 발견해야만 했다.

딸기밭

그들은 샛길을 운전해 내려가서 오래 된 정자(亭子)를 볼 수 있는 지점에 이르렀다. 그 정자의 외관은 처음에는 꿈꾼 사람의 분신(alter ego)이 눈을 굳게 감고 있는 얼굴을 닮은 것처럼 보인다. 즉, 그것은 "닫혀진 문과 내려진 차양 속에서 잠들어 있었다." 마리안느는 사실상 그것을 "우스꽝스러운 고가(古家)"라고 부르고 있는 보리 박사가 공상에 잠기도록 놔둔 채 바닷물에 잠시 들어갔다 나오기로 한다. 꿈 같은 방식으로 그는 어디로 갈지를 알았다. 즉 딸기밭(strawberry patch)이었다. 그는 풀밭에 앉아서 거의 의식(儀式)적으로 딸기를 "하나씩" 천천히 먹는다 - 마치 그 딸기들이 의식(意識)을 확장시키는 힘이라도 있다는 듯이. 그리고 정말로 지금 누군가가 피아노를 치고 있는 것을 듣는다. 그때 갑자기 그 집의 모습이 바뀌어서 나타난다. 그 외관은 살아 있는 듯

생동감이 넘치고, "태양은 드넓게 펼쳐진 초원 위에 반짝반짝 빛나며", 그 장소는 비록 지금은 아무도 보이지 않지만 "생명이 충만한" 곳으로 보인다.

바로 그 때, 그는 자신의 "첫사랑"인 사라(Sara)를 본다. 그는 예전처럼 (지금부터 거의 60년 전의 모습으로) "밝은 노란색 면치마"를 입고 딸기밭에 무릎을 꿇고 있는 금발의 "유쾌한 젊은 여자"인 그의 사촌 사라를 본다. 그녀는 딸기를 따서 작은 통에 담고 있는 중이다. 그가 부르지만, 그녀는 듣지 못한다. 그때, 건방져 보일 정도로 자신감에 넘치는 그의 형 지그프리트(Sigfrid)가 대학생의 하얀 모자를 쓰고 나타난다. 그는 사라와 성관계를 가지려고 한다. 자신은 이삭과 약혼한 사이이고, 지그프리트 그는 보리 가족의 형제들 중에서 가장 "무섭고...역겹고...어리석고...멍청하고...엉터리고...건방지다"는 사라의 연약한 저항을 억누르며, 그녀를 껴안고는 정열적인 키스를 하고, 그녀도 거기에 호응한다. 그리고는 그녀는 울면서 땅에 쓰러지고, 딸기는 쏟아지고, 붉은 반점이 그녀의 드레스에 나타난다. 그녀는 울고 있고, 그는 그녀를 "행실이 나쁜 여자, 적어도 그런 여자들과 비슷한 여자"로 만들어 놓았다. 그녀는 타락한 여자다. 그리고 이 모든 세속적인 장면은, 그것이 겉으로는 대단히 유쾌하고 처녀성을 빼앗는 것을 상징적으로 암시하지만 그 의미를 넘어서, 오랫동안 이삭이 놓치고 있었던 원시적인 그 어떤 것, 동산(garden)을 상징한다는 것을 우리는 감지할 수 있다.

보리 박사는 계속 "꿈을 꾼다." 아침 식사를 알리는 징이 울리고, 깃발이 올라가고 (엄밀히 이야기하면, 스웨덴과 노르웨이의 통합을 의미하는 깃발), 그리고 일군의 형제들, 자매들, 사촌들이 집에 모여든다. 잔치는 독재적인 아주머니에 의해 주관된다. 모든 사람의 주의는 거의 귀가 먹은 아론(Aron) 아저씨에게로 모아진다. 왜냐하면, 그의 생일이기 때문이다. "그 잔치에 참석하지 않은 유일한 사람들은 아버지, 어머니, 그리고 나뿐이었다."고 보리 박사는 의미심장하게 말한다. 누군가가 이삭은 아버지와 함께 낚시하러 나갔다고 알린다 - 그것은 자신이 "비밀을 가지고 있다는 느낌과 충분히 설명하기 어려운 행복감을 느꼈던 메시지"였으며, 동시에 "내가 갑자기 방문할 기회를 얻은 이 새로운 예전의 세계"에서 자신이 무엇을 해야만 하는지 궁금했다고 보리 박사는 후에 말한다.

계속 이어지는 소란스럽고 즐거우며 친밀하면서도 또한 다소 신경에 거슬리는 생일파티 장면을 묘사하기란 불가능하다. 노인인 보리 박사가 그의 어린 시절의 환경을 살펴보기 위해 나타나자, 그가 위축되고 예민한 소년에게는 틀림없이 지나치게 많은 사람이 법석되는 것으로 보일 듯한 이 모든 유쾌한 활동들에서 항상 자신을 소외된 방관자(傍觀者)처럼 느꼈다는 것이 분명해진다. 권위주의적인 아주머니와 자유스럽게 즐길 자신의 권리를 주장하는 건강하고 떠들썩한 여러 자녀들 사이에서 작은 충돌이 끊임없이 일어났다. 마침내, 사라가 활기 넘치는 모든 사생활을 침해하는 무례한 공격의 초점이 된다. 왜냐하면, 항상 제창(齊唱)으로 노래하는 리본을 맨 입에 담기도 고약한 두 쌍둥이 자매가 자신들이 사라와 지그프리트가 딸기밭에서 키스하는 것을 보았다고 발표했기 때문이다. 사라는 방을 뛰쳐나와서 베란다로 간다. 거기에서 그녀는 자신보다 나이가 많은 사촌 샤로타(Charlotta)에게 자신이 얼마나 이삭을 사랑하는지에 대해, 하지만 (오직 어둠 속에서만 키스할) 그가 또한 자신에게는 너무나 불가사의한 남자라는 것, 그래서 "너무나 점잖고", 예민하고, "너무나 이지적이고", 그리고 너무나 도덕적으로 냉담하다고 울면서 고백한다.

이제 여기에서 나는, 앞에서 하겠다고 했기 때문에, 간결하지만 분명한 쏟아진 산딸기의 중심 장면을 생애주기의 한 단계와 관련시켜야만 하겠다. 그것은 청년기이다. 이 시기에는 놀기 좋아하고 희롱기(戲弄氣)가 있는 이성간의 피상적인 연애(intimacies)들이 다양한 모습으로 나타나는데, 이것들은 - 우정, 육욕적인(erotic) 생활, 그리고 일 등에서 - 친밀감(Intimacy)의 특질을 가지도록 성숙해야만 한다. 이 시기와 관련된 위험은 자기-몰입(Self-Absorption)과 배타성(Exclusion)의 형태를 띠는데, 이 점은 다음과 같은 사실로 즉시 증명될 수 있을 것이다. 즉, 이삭으로 하여금 여자를 멀리하고 경멸하게 하면서도 계속 이 단계의 강점인 사랑(Love)을 갈구하는 채로 있도록 한 것은 바로 그가 지그프리트에게 사라를 빼앗겼을 때였다. 돌이켜보면, 이삭의 삶에는 또 다른 상징적 암시가 있다. 즉, 성서에서 사라는 이삭의 어머니이며, 또 우리는 이삭이 자신의 어머니를 매우 젊은 여자로 알고 있었다는 것을 깨닫게 된다. 사라의 이름이 젊었을 때 사실은 나이들어 있었거나, 혹은 그가 자신의 젊은 어머니를 역시 다른 남자에게 빼앗겼었다는 사실을 넌지시 암시하는 것이 아닌가? 아침식사 장면이 아마도 이 점을 가장 적나라하게 확인시켜 주는 것 같다. 왜냐하면, 여섯 명의 형제와 누이들이 이삭의 어린 시절에 태어났기 때문이다. 그것은 또한 대가족, 그리고, 여름에는, 확대 가족 속에서의 비정(非情)한 정치성(politics)을 보여 주고 있는 것 같다. 아주머니가 질서와 존경 그리고 예절을 지키라고 요구하자, 각각의 젊은이들은 자기들 나름대로의 방식으로 생존을 위한 투쟁을 한다. 그리고 이삭 나름대로의 자율성을 지키려는 방식이 고립(isolation)이라는 결과를 낳았다는 사실이, 그리고 또한 그의 아버지도 그랬다는 사실이 더욱 더 고통스럽게도 분명해진다. 어쨌든, 그 둘은 함께 고기를 잡으러 갔다.

교훈적으로 말하자면, 이 어린 시절의 장면은 이삭이, 다른 사람과 비교해서, 어떤 구체화된 강점(strength)을 획득해 감으로써 자신의 어린 시절의 위기를 해결해 가는 방식을 조금씩 스케치할 수 있게 해 준다. 이 강점들은 나중에 그가 자신의 문화적 환경 안에서 전문적인 경력을 쌓아 갈 수 있도록 많은 도움을 주지만, 또한 그것 때문에 그는 일찍부터 가지게 된 특정한 강박적 자기-억제(self-restriction)라는 대가를 치러야 했다. 만약 그 날 영광의 면류관을 써야만 하는 것이 그가 한평생 중점적으로 해 온 노력이라면, 어린 시절과 그 이후의 모든 해결되지 못한 위기들 또한 영광을 받아야만 한다.

우리는 지금까지 아론 아저씨를 거의 잊고 있었다. 그는 두 번째 어린 시절을 맞고 있고, 뭔가 비밀스런 제주(祭酒)가 **그의** 특별한 날을 준비하고 있다. 그리고 쌍둥이들이 그것의 증인이 되었고, 또 그것을 발표하였다. 비록 아론은 거의 귀를 먹었지만, 마치 이삭이 그 날 늦게 그렇게 될 것인 것처럼, 여러 사람들이 기운차게 그를 위해 노래를 불렀다. 우리는 이 익숙한 의식화(儀

式化)를 통해 앞으로 있을 예식(禮式)의 보다 더 반어적(反語的) 측면을 예습하게 된다. 아론 아저씨처럼 되는 것이 훨씬 더 실존적인 문제를 - 그리고 악몽(惡夢)을 덜어 줄 수 있을까? 한편으로는, 그 어리석은 쌍둥이는 우리에게 또 다른 그리고 보다 더 비중 있는 대연자(代演者)의 등장, 즉 두 번째 사라의 등장을 맞을 준비를 하게 해 준다.

동행자

이삭 보리 박사가 자신의 몽상(夢想)에 압도된 채로 딸기밭에 앉아 있다가 공허함과 슬픔을 강하게 느끼면서 아주 천천히 현실로 돌아오려고 할 때, 가장 현실적이고 햇볕에 탄 금발의 젊은 여자 하나가 마치 나무에서 뛰어내리는 것처럼 그를 완전히 깨운다. 현재 스웨덴의 귀공자 클럽(jeunesse d'oree)의 회원임이 분명한 그녀는 반바지를 입고 있고 불을 부치지 않은 파이프를 입에 물고 있다. 그녀는, "이거 선생님의 오두막인가요?"라고 질문하고는 이윽고 집 옆에 세워 둔 "고물 자동차"가 그의 것인지 묻는다. 하지만 충격을 받는 대신에, 그는 재미있어 한다. 왜냐하면, 그 젊은 여성은 다시 태어난 사라처럼 보이기 때문이다 (그리고 영화에서 실제로 같은 여배우가 이번에는 시중드는 사내아이 식의 머리 모양을 하고 연기를 한다). 그리고 그녀의 이름은 사라이다. 그녀는 이태리(Italy)로 가는 길이고, 다른 해안까지 편승(便乘)하기를 원한다. 그는 허락을 하고, 되돌아오는 마리안느에게 젊은 여자와 함께 가기로 했다고 자애로운 기분으로 말한다. 그들이 차로 다가가자, 덩치가 큰 두 젊은 남자도 같은 일행인 것이 밝혀진다. 즉, 그 남자들도 사라와 함께 이태리로 가는 길이다. 하지만 보리 박사는 그들 역시 같이 태워 주기로 작정한다. 사실상, 그와 젊은 사라 사이에는 이상한 유대(紐帶)가 존재하는데, 이제 백미러에 환영(幻影)으로 비치는 그녀는 그날의 여행 동안 그를 다시 젊어지게 하는 역할을 한다.

그들은 생애주기에서 몇 단계에 속해 있는가? 이 세 젊은이는 자신이 새롭게 눈뜬 충실성(Fidelity)에 뭔가 가치 있는 것을 추구하는 오늘날의 젊은이를 대표한다. 즉, 그들은 자신의 정체성(Identity)을 정립하기 위해 열심히 노력하고 있다. 두 젊은 남자 중 하나는 의사가 되기를 원하며 무신론적 합리주의자를 자처하고 있다. 또 다른 남자는 성직자가 될 의향이 있으며 신의 존재에 대해 설명한다. 그들은 둘 다 사라를 사랑한다. 적어도 사라는 그렇다고 이야기한다. 당연히 두 사람 사이에 앉아 있는 그녀는 적당히 냉소적이고 적당히 진실된 매력적인 모습으로 보리 박사에게 다음과 같이 말한다. 즉, 그녀는 그들이 서로서로 경쟁하면서 지치게 만드는 반면에 자신은 아직도 숫처녀라고 말한다. 그래서 지금 그들은 자동차를 얻어 타면서 이태리로 여행하고 있는데, 그 당시의 북쪽 지방의 젊은이들은 남쪽의 태양이 자신들의 정체성 혼미(Identity Confusion)를 녹여 줄 것으로 기대하고 있었다.

또 다른 놀라운 출현에 대해 묘사하기 전에, 이 연쇄에 내재되어 있는 도식(scheme) - 보리 박사가 자신의 과거의 자기(self)와 상대역과 더불어 우연히 만나게 될 지경에 와있는 도식을 살펴보도록 하자. 우리는 그의 예민한 위기를 노년에서는 자연스럽게 나타나는 갈등이라고 "자리매김"했고, 마리안느의 갈등은 중년에 나타나는 것으로 자리매김했다. 우리는 이미 영화의 처음에 나타나는 꿈에서 자신의 충족되지 않은 중심 단계로 되돌아갔다는 점 또한 제시하였다. 각각의 연쇄적인 만남(encounter)에서 그는 이전의 생애 단계를 상징하는 사람들을 만나고 (마치 그 젊은이들이 정체성 위기를 나타내듯이), 또 이 만남들은 그에 상응하는 자신의 생애 단계로 그가 꿈이나 몽상을 통해 되돌아가는 데 도움을 준다.

보리 박사는, 사라를 백미러로 보면서, 아주 마음이 편안한 것처럼 보이고, 거의 명상적인 것처럼 보이기도 한다. 그러나 별안간, 비정상적인 두려움을 느끼며 모든 주의를 앞으로 쏟는다. 왜냐하면, 새까만 작은 차가 길을 잘못 들어서 정면으로 다가오고 있는 것이 보였기 때문이다. 그는 차가 길옆으로 벗어나도록 안전하게 운전하고, 그 차는 도랑에 빠져 전복된다 (우리는 장의차가 부서진 것을 상기하게 된다). 기절한 것 같은 멍한 순간이 지난 후, 그들이 본 것은 기적과도 같이 아무 부상도 입지 않은 중년 부부인데, 이들은 말다툼을 하고 있었던 것으로 밝혀지고, 또 이내 말다툼을 계속하기 시작한다. 보리 박사가 의사로서 보기에, 남편은 다리를 절고 있는데, 그는 "이미 여러 해 동안 다리를 절었다"고 설명한다. 그리고 (그가 말할 때 그의 부인도) 신체적인 불구만이 아니라고 말한다. 역시 보리 박사의 차의 동승자가 되자마자 (그들은 접는 의자를 펴서 앉았다), 그들은 계속 습관적인 비난을 열심히 주고 받는다. 이 장광설은 지금까지 견디어 온 "죽음의 공포

(death scare)"에 의해 더 심해진 것 같지만, 분명히 그것의 원인은 아니다. 자신을 알만(Alman)이라고 소개한 그 남자는 부인이 자신을 모욕하는 것이 부인에게는 좋은 심리치료가 될 것이라고 주장한다. 반면에 부인은 남편은 가톨릭교도인데, 아마도 그 사고를 신의 처벌로 받아들일 것이라고 말한다. 따라서, 그 두 봉사하는(ministering) 직업은 이념적인 이중 주제(double theme), 즉 풍부한 풍자와 애매한 두려움이라는 주제로 계속 이어진다. 남편은 부인이, 그녀는 성공하지 못한 여배우인 것이 분명한데, 암에 걸린 양 행동한다고 비난하기조차 한다. 남편은, "그녀는 히스테리를 가지고 있고, 나는 가톨릭 교회의 교리를 가지고 있습니다."라고 말한다. 별안간 부인이 남편의 얼굴을 때린다. 마리안느는, 지금은 그녀가 차를 운전하고 있는데, 차를 세우고, "어린애들을 위하여" 차에서 내리라고 조용히 명령한다 (우리는 그 어린이들이 이미 태어났거나 또는 아직 태어나지 않은 어린이들을 의미한다는 것을 감지한다). 그래서, 보리 박사의 기록에 의하면, 그들은 "이 이상한 결혼을 쫓아 버렸다."

차에는 성인기의 불안정성(precariousness)을 충분히 대표하는 인물들로 꽉 차 있다는 것을 관객들은 깨달을 것이다. 즉, 이 차에는 아직은 찾지 못한 자신들의 성인으로서의 정체성을 찾을 수 있으리라고 여겨지는 곳을 찾아가는 뒷좌석의 젊은이들, 이제 막 자기 자신과 상대방을 잃어버릴 지경에 와 있는 중년의 부부, 그리고 너무 지나치게 규정된 성인기의 상실을 막으려는 시도를 통해 이제 막 상대방을 발견하기 시작하는 늙은 남자와 젊은 여자에 이르기까지 다양한 사람들이 있다. 여기에서는 마리안느가 주인공이다. 즉, 그녀는 이제 배려하려는 결단을 강하게 느끼면서, 주저하지 않고 자기-몰입적이고 절망적으로 적대적인 성인들이 벌이는 어릿광대 노름을 파괴적인 비윤리적 행위라고 규정하고 종식시켜 버린다. 왜냐하면, 가장 기본적인 도덕률(道德律)이 '자신에게 싫은 것을 남에게 하지 말아라' 라는 것이라면, 성인기의 윤리율(倫理律)은 '마치 자신이 성장하는 데 도움이 되는 것처럼 다른 사람의 성장을 도우라' 는 것이기 때문이다.

이제 차가 "이상한 결혼"의 구경거리에서 해방되면서 - 보리 박사는, 그 자신의 성인기에서 그것에 상응하는 부분이 이상하다는 것을 아직 직면하지 못했기 때문에, 이 결혼에 대해 너무나 생소한 느낌이 들 것이다 - 그와 다른 모든 사람들은, 마치 차와 함께 그들도 연료를 재공급받을 필요가 있는 것처럼, 공허하고 기진맥진해진 것 같다. 그래서 먼저 기름을 넣고는 점심을 먹는다.

정 오

하루 동안의 여행에 의해 상징되는 변환(transformation)을 통해 보리 박사는 어떤 구원을 받았는가? 알다시피, 사라는 과거에도 그리고 지금도 그와 함께 있다. 그리고 자기-몰입을 했지만, 그는 분명히 좋은 의사였다. 주유소는 우연히 남부 스웨덴의 가장 중앙부에 위치해 있는데, 그 곳은 그가 도시에서 연구자와 교수 생활을 하기 전에 15년 동안 의사로 일한 곳이었다. 덩치가 큰 금발의 주유소 주인은 금방 그를 알아본다. 알고 보니, 그 주인과 그의 모든 형제들을 보리 박사가 낳게 해 주었던 것이다. 그는 "그녀의 빨간 드레스에 담겨 있는 큰 딸기처럼 환하게 미소짓는" 부인을 부르면서, 이제 곧 태어날 아기(물론 아들)의 이름을 이삭이라고 지을 것이라고 말한다. (그렇다면, 아직 친손자도 없는 이삭이 단골손님의 대부가 될 것인가?) 주인은, "세상에는 돈을 받으면 절대로 안 되는 것이 있습니다."라면서, 기름값을 받지 않는다. 그리고 이삭은, 슬픈 눈짓을 하며, 갑자기 혼잣말을 한다 - "이곳에 계속 머물러 있었어야 했는데." 그는 그 때 적어도 자신이 - 중재(仲裁)를 해 줌으로써 사회적 그리고 실존적 의무를 면제받는 전문가의 일원으로서 - 충분한 자격을 갖추고 있고 또 정말로 필요한 봉사를 줄 수 있는 사람들과 접촉을 하면서 살았어야만 했다는 사실을 깨달았다. 또한 돈이나 명예를 얻기 위해 한 일들을 통해 환자나 학생들로부터 얼마나 많은 사랑을 받을 수 있는지 그는 냉혹하게 깨달은 것 같다. 얼마나 많은 노인들이, 그런 사실조차 모른 채, 단지 노인이 되었다는 것에 대해 슬퍼하고만 있는가?

그리고는 또다시 목가적인 장면, 즉 바이테른 호수(Lake Vaettern)가 내려다보이는 테라스에서의 점심 식사 장면이 이어진다. 식탁 너머로, 그들은 이제 서로 얼굴을 마주보며 앉아 있고, 의식(意識)을 확장시켜 주는 포도주의 도움을 통해 이삭과 마리안느는 한 여름의 예식(禮式)의 부분이 되어 간다. 장래의 목사인 안데르스(Anders)가 느닷없이 종교적 시를 낭송한다. 과학적 합리주의자인 빅터(Victor)는 그것에 대해 저항한다. 그들은 신에 대해 논쟁하지 않겠다고 서로에게 맹세한다. 그는 생물학적 죽음을

"당당히 직면하는 것"을 옹호한다. 마침내, 빅터가 보리 박사의 의견을 묻는다. 그러나 그는 묵상에 잠긴다. 그리고 마리안느가 시가에 불을 부쳐 그에게 주자 (그는 그녀가 담배를 피우지 못 하게 했다), 이삭은 의견을 말하는 대신 다음과 같은 시를 암송한다. "항상 찾아헤메던 나의 친구들은 어디에 있는가?/ 동틀녘은 외로움과 근심의 시간이려니.../ 황혼이 올 때에도..." 그는 안데르스에게 그 다음이 무엇인지 도움을 청한다. 그러나 마리안느가 다음과 같이 계속한다. "황혼이 올 때에도, 나는 아직 그리워하네." 그러자 사라가 감동으로 눈물지으며 ("전혀 그럴 만한 이유 없이"), "선생님은 종교적이시군요, 그렇지요, 교수님,"이라고 말하자, 이삭은 다음과 같이 계속한다. "나는 주의 영광과 권능의 자취를 본다네./ 낟알의 귀와 꽃의 향기를 통하여," 그리고 마리안느가 결론을 짓는다 – "공중의 모든 신호와 숨결 속에는/ 주의 사랑이 있네."

　시와 배경, 그리고 음조(音調)는 모든 인간의 통합성(Integrity)은 결국 종교적일 것이라는 (명백히 드러나든지 아니든지 간에) 느낌, 즉 다시 말하면, 그 신비스러운 궁극적 타자(Ultimate Other)를 향한 내적 추구, 또는 그것과 교감을 하려는 욕구라는 느낌을 확인시켜 주는 것 같다. 왜냐하면, "타자(Other)"가 없는 "나(I)"는 있을 수 없고, 서로 함께 하는 "타자"가 없는 "우리(We)"는 있을 수 없기 때문이다. 거기에서 사실상 생애주기가 최초로 시작되는 순간인데, 이때 어머니는 우리가 그녀를 인식하기 시작할 때 빛나는 눈동자로 우리를 인정한다. 그리고 이것은 사도 바울(St. Paul)의 약속에 의하면, 노년의 희망이다.

이 시는, 물론, 이 날이 지날 때까지 보리 박사와 함께 할 것이다. 하지만 우선, 그는 태어나서 제일 처음 대하는 타자(Other)를 직면해야만 한다. 이 타자는 희망(Hope)의 바로 그 근원을 변덕스럽게도 조화되지 않는 것으로 만드는, 그래서 인간의 운명을 좌우하는 타자이다. 오랜 침묵을 지킨 후, 이삭은 벌떡 일어나면서 자신은 근처에 살고 있는 나이 든 어머니를 만날 것이라고 공표한다. 마리안느는 그와 동행하기를 원한다. 그녀는 보리 박사의 팔짱을 끼고, 그는 그녀의 손을 쓰다듬는다.

햇볕이 잘 드는 호숫가에서부터, 그들은 "남자처럼 높은" 담으로 에워싸인 집으로 걸어간다. 안에서, 레이스로 장식된 모자를 쓰고 검은 드레스를 입은 그의 어머니는 "어울리지 않는 책상"에서 위를 날카롭게 쳐다보고 있다. 그녀의 소외된 삶은 포옹을 받아들이면서 의심스러운 눈초리로 마리안느가 부인이냐고 묻고, 만약 그렇다면, "그녀가 우리를 너무나 괴롭혔기" 때문에, 어머니가 방을 나갈 것이라고 했을 때 분명해진다. 소개를 받자, 그녀는 마리안느가 애가 없다는 것을 안다. 그리고 자신은 자녀가 열이었지만, 모두 죽고 지금은 이삭 하나만 남았다고 말한다. 이발트(Evald)를 제외하고는, 20명의 손자 가운데 한 명도 그녀를 방문하지 않는다. 그리고 그녀는 또한 15명의 증손자가 있는데, 그들 가운데 한 명도 본 적이 없다. "나는 물론 성가신 사람이고....그리고 또 다른 결점이 있지. 즉 죽지도 않는다." 그들은 그녀의 돈을 기다리고 있다....그녀는 장난감으로 가득 찬 큰 상자를 가져다 달라고 하면서, 자신은 "장난감 하나 하나가 누구의 것인지 기억하려고 노력했다."고 말한다. 그녀는 장남감을 하나씩 꺼내면서 장남감 주인의 이름을 말하고, 그에 대해 한가롭게 이야기한다. 그리고는 갑자기, 이삭이 처음에 자신의 책상에서 한 독백을 고통스럽게 되풀이하면서, 그녀는 다음과 같이 결론짓는다. "이야기해 보았자 별로 소용도 없지. 여기가 춥지 않니?," 그리고는 창문을 통해 어두워지는 하늘을 바라보면서, "나는 항상 춥게 느껴진단다....특히 배 있는 데가 춥단다." 그녀는 상자에서 마지막 장난감을 꺼낸다. 그것은 그녀의 아버지의 오래 된 금시계이다. 멀리서 북소리가 들린다. 시계판에는 바늘이 없다! 이삭은 자신의 꿈과 영구차와 "나의 죽은 자기(self)"를 떠올린다. 하지만 그의 어머니는 따스한 기억, 즉 어린 사라가 항상 얼마나 사촌인 지그브리트(Sigbritt)의 갓난애를 잘 돌보아 주었는지 기억하면서 끝을 맺는다. 지금은 그 갓난애도 50세가 되어간다! 그녀는 그 시계를 그에게 주고 싶어한다 – "고칠 수 있겠지?" (다시 한 번, 어머니는 이 사라처럼 일찍이 어머니다웠는가?)

작별의 키스를 하면서, 이삭은 어머니의 얼굴이 "매우 차지만 믿을 수 없을 정도로 부드럽고, 움푹 패인 주름살이 가득하다"는 것을 깨닫는다. 이 모든 것을 아무 말없이 두려움 속에서 지켜 본 마리안느는 무릎을 굽히며 인사를 한다. 일단 밖으로 나오자 그녀는 또다시 이삭의 팔을 잡는다. 이삭은 지금 "솔직하고 주의 깊은 눈을 가진 이 조용하고 독립적인 여자에게 감사하는 마음으로 충만"하다. 아마도 그는 이발트가, 자신의 아들이고 어머니의 손자이기는 하지만, 마리안느와의 결혼을 통하여 외할아버지의 시계가 – 그 시계는 이 여행을 떠나게 만든 꿈에 불가해하게 나타났는데 – 상징하는 운명을 뒤엎었을지도 모른다고 느낀다. 바로 이 희망이 이삭에게 더욱 심하게 "자존심을 상하게 하는," 또 다른 꿈에서 자신을 직면할 수 있는 용기를 주었을 것이다.

그 사이에 우리는 노년의 절망감(Despair)과 혐오감(Disgust)은 대를 이어 전달되며, 거기에서 조건은 (그리고 꽤 "편안한" 조건조차도) 새롭게 되는 것을 가차없이 방해한다는 것을 배웠다.

마지막 시험

마리안느가 운전대를 잡자 (이제는 그녀가 책임을 지고 있는가?), 다른 사람들은 모두 휴식을 취하고 있다. 젊은 남자들은 또 다른 주제에 대해 화가 나서 시무룩해 있고, 젊은 사라는 두 사람 모두에게 싫증을 느낀다. 이삭은 잠을 자면서 굉장히 많은 꿈을 꾼다. 그는 후에 그 꿈들을 모두 기록하면서, 그렇게 많이 꾸었다는 것에 놀라며, 꿈을 "부정적이거나 또는 긍정적인 방향으로 욕구를 충족시키는 것"으로 보는 정신분석학적 이론에 자신이 별로 열정이 없다는 것에 대해 미심쩍어 하면서 변명조의 기록을 남긴다. 그는 또한 기억과 꿈에 대해 어슴푸레하게 알 듯 모를 듯한 이 새로운 경험이 혹시 노망(senility)의 징조가 아닌지, 또는 "다가오는 죽음의 전조"가 아닌지 염려한다. 특별한 꿈을 여기에 연쇄적으로 요약하면서, 나는 오직 중년의 시나리오 작가가 너무나 신기하게도 이해한 노년기의 그 동기, 즉 자신의 삶에 대한 통합된 느낌을 얻기 위해 모든 절망(Despair)을 경험하고, 또 사실상 그것을 긍정하려는 동기를 계속 지적할 수 있을 뿐이다. 왜냐하면, 생애주기는, 전체적으로 보면, 아마도 드러냄(revelation)이 아닌가? (그리고 꿈도 또한 "자기를 드러내는(self-revealing)" 것이 아닌가?)

아침의 몽상이 계속되는 가운데 딸기밭으로 되돌아간 이삭은 다시 젊은 시절의 원래 사라와 대면하는데, 그녀는 연민의 눈물을 흘리면서 거울을 그의 얼굴에 갖다 대며 그로 하여금 "저물어 가는 해질녘의 늙고 추한" 자신의 모습을 보도록 강요한다. 사라도 역시 또 다른 타자(Other), 즉 그 자신의 여성적 자기(self)인가? 왜냐하면, 그녀는 자신이 지금까지 그에게 그 자신을 정확하게 직면하도록 하지 않음으로써 본의 아니게 잔인했다고 말하기 때문이다. 지금 그녀는 그의 형과 결혼할 것이라고 발표한다 – "이 모든 것이 게임에 불과해." 그는 미소를, 얼굴 전체를 쭈그러 뜨리는 듯한 잊지 못할 미소를 짓는다. 그리고 그녀는 명예교수인 그가 왜 그것이 고통스러운지를 알아야만 한다고 날카롭게 말한다. 하지만 그녀는 그가 그럴 것이라는 확신이 없다. 그녀는 거울을 던져 버린다.

지그브리트의 어린애가 울고 있다. 그녀는 서둘러 그에게 가야만 한다. "나를 떠나지 마오,"라고 이삭은 사정한다. 그녀는 그가 말을 더듬기 때문에, 그가 하는 말을 이해할 수 없다고 말한다. 하지만 그것은 어쨌든 "정말로 중요한" 것은 아니다.

저녁노을이 어두어지면서 날씨가 매우 불길해지고 거칠어진다. 검은새들이 맹렬한 기세로 외마디 소리를 지르고 있다. 눈물이 뺨 위로 흘러내리는 사라는 나무 그늘 휴게소에서 자장가를 부르며 어린애를 달랜다 – "곧 새 날이 올 거란다." 어린애는 조용해지지만, 이삭은 "허파에서 피가 날 때까지" 울부짖고 싶다.

바람이 잠잠해지고, 집은 다시 홍겹게 법석대는 것처럼 보인다. 사라가 피아노를 치고, 지그프리트(Sigfrid)는 듣는다. 그들은 촛불을 켠 저녁 식탁에 앉아서 "무슨 일"을 축하하고 있다. 이삭은 손으로 문틀을 누르면서 유리문을 통해 보고 있는데, 거기에 못이 있다. 그것이 그의 손을 찔러 반점(斑點)과 같은 상처를 냈다. 마치 십자가에 못 박힌 예수와의 이 동일시가 지나치게 방종스러운(self-indulgent) 제스처라는 듯이, 장면과 달빛이 이제는 매우 차고 매정하게 바뀐다. 많은 사람들 중에서 하필이면 알만(Alman)씨가 격식에 치우쳐 거북스럽게 정중한 모습으로 나타나서는 교수가 집으로 온다고 주장한다. 그런데 그 집은 일종의 실험실로 변한다. 자신의 종합 진료 과목 시험을 치르곤 했던 바로 그 강의실에 들어가서, 그는 이제 그 자신이 말없이 적대적인 청중들 앞에서 시험을 치러야만 하는데, 그 청중 속에는 젊은 동승자들도 포함되어 있다. 표본을 조사하라는 문제를 받지만, 그는 단지 현미경에 반영되는 자신의 눈만을 볼 수 있을 뿐이다. 칠판에 있는 의사의 첫번째 의무를 설명하는 불가해한 공식을 읽으라는 문제를 받지만, 그는 그것을 이해할 수가 없다. 알만이 침착하고 정중한 어조로 말한다 – "**의사의 첫번째 의무는 용서를 비는 것이다.**" 그렇다. 물론, 그도 그것을 알고 있었다. 이삭이 웃는다. 하지만 그것은 움츠러드는 절망으로 변한다. 알만은 계속한다 – "**너는 죄를 짓는 죄를 범했다.**" (그것도 죄인가?) 이제 그 노인은, 전형적으로, 힘이 없다고 주장한다. 결국, 그는 심장이 나쁘다! 또 다른 심판이 계속된다 – "**나의 보고서에는 너의 심장에 관한 것이 없다.**" 마침내, 이삭은 여자 환자를 진찰하게 된다. 그녀는 알만씨의 부인처럼 생겼다 (그리고 우리는 알만 부부의 결혼 생활과 그 자신의 결혼 생활에 내재되어 있는 유사성을 떠올리게 된다). "그녀는 죽었다."고 그는 진단한다. 그 환자는 거칠게 웃는다. 세 번째 심판이 계속된다 – "그는 언제 여자가 살아 있는지 모른다." 심문관은 그의 죄를 "무관심(indifference), 이기심(selfishness), 그리고 배려의 부족(lack of consideration)"으로 요약한다. 그는 부인으로부터 그렇다고 비난받으면서 서 있다. 보리 박사도 이제는 안다. 그리고 그는 부인을 대면해야만 한다. 하지만 그녀는 이미 여러 해 전에 죽었지 않은가? 따라오라고 심문관이 명령한다.

심문관은 그를 밖으로 데리고 나가서 원시림으로 인도한다. 달은 마치 "죽은 눈처럼" 빛난다. 썩어 가는 잎들로 덮혀 있는 땅은 늪과 같아서 발바닥에 물이 스며들어 오고, 뱀이 우글거린다. 그들은 이제 불타버린 오두막에 기대어 있는 집수리용 사다리 옆에 선다. 이삭은 강하고 음란한 자신의 아내 카린(Karin)이 숲속의 개간지(開墾地)에서 정나미가 떨어지지만 씩씩하고 야성적인 남자로부터 유혹을 받는 것을 본다. 그리고 그녀는 "다리를 벌리고, 그 사이로 남자를 받아들인다." 심문관은 그 날짜가 정확히 "1917년 5월 1일 화요일"이라고 말한다. 5월제(May Day). 이삭은 지금 최악의 것을 보기는 하지만 듣지는 않았다. 왜냐하면, 그 후 그들이 앉아서 이야기할 때, 그녀는 이 사실을 고백하면 이삭이 뭐라고 말할지에 대해 슬프게 그러나 신랄하게 예측했기 때문이다. 그는, 마치 "자신이 신(神)인 것처럼" 그녀가 안됐다고 느낄 것이고, 넌더리가 나도록 우아하게 말할 것이다 – "당신은 나에게 용서를 빌 필요가 없어요. 나는 용서할 것이 아무것도 없으니까."

(그러나 그는 용서를 비는 것에 대해서는 생각하지 않을 것이다.)

심문관은, 단지 자신을 드러내는 것(self-revelation)을 통해 뭔가 우월성을 얻으려는 어떤 시도도 경멸하면서, 마지막 말을 한다 — "모든 것이 해부되었다. 위대한 수술 작품이다." 죄의 대가? "물론, 외로움(loneliness)이다." "관용(寬容)은 없습니까?"라고 북 치는 사람이 묻는다. 다른 사람이 모른다고 대답한다.

덧없게도, 이삭은 한 번 더 사라에게 호소하지만, 그녀는 한 번 더 구체화시킨다 — "만약 당신이 내 곁에 있어 주기만 했다면.... 나를 기다려 주세요." 그는 어린애처럼 울고 싶지만, 할 수가 없다. 그 도피 수단도 역시 가 버렸다.

꿈의 메시지는 분명하다. 즉, 이삭은, 어떻게 연구하고, 어떻게 고치고, 그리고 어떻게 생명을 보존하는지 배웠지만, 여자의 감정에는 생동감 있게 반응하지 않았고 (자신의 감정에도 마찬가지이지만), 그래서 그는 살아가면서 만난 여자들이, 비록 그녀들이 그를 사랑했음에도 불구하고, 다른 남자들에게로 떠나는 것을 지켜보아야만 했다. 그는, 성인기에 대한 프로이트(Freud)의 이론을 빌리자면, 일하는 것은 배웠지만, 사랑하는 것을 배우지는 못했다. 이 시점에서, 사실상, 정신분석학적 해석이 불가피한 것처럼 보인다. 왜냐하면, 왜 그는 한 번 더 사라에게 — 그녀는, "당신이 내 곁에 있어 주기만 했다면"이라고 말하면서 젊은 어머니를 상징하는데 — 의존하는가? 그가 성인으로 살아가면서 무의식적으로 공모해 온 것이 분명한 이 유혹의 장면의 배후에는 유아기의 외상(infantile trauma)이 있다고 단언할 수 있다. 그것은 프로이트가 원초적 장면(primal scene)이라고 부르는 것인데, 이것은 어린이가 부모의 성교 장면을 목격하거나 상상하는 것을 의미한다. 이것 때문에 소년은 오이디푸스(Oedipus) 감정을 갖게 되고, 자신의 이드(Id)로부터 - 뱀이 많은 늪 -, 또 자신을 배반하는 부모로부터 소원(疏遠)하게 된다. 집수리용 사다리는 무엇을 의미하는가? 그것이 실존적 혹은 성적(性的) 상징인가? 그것이 생애주기를, 즉 여기에서 불타 버렸기 때문에 손상된 사다리의 가로장 하나 하나가 생애주기의 각각의 단계를 상징할 수는 없는가?

새 생명

보리 박사는 깨어나자 차가 조용히 서 있고, 자신은 마리안느와 단 둘이 있다는 것을 깨닫는다. "아이들"은 숲속에 있다. 그리고 그는 꿈이 자신에게 알려 주려고 하는 것을 자신의 생각대로 그녀에게 이야기한다. 즉, 비록 살아 있지만, 자신은 죽었다는 것을 의미한다고 생각된다는 것을. 그녀는 음울하게 그를 응시한다. 그리고 한 번 더 세대간에 유사한 불길한 조짐을 느끼면서, 그녀는 이발트(Evald)도 아주 똑같은 말을 하곤 했다고 말한다. 이삭이 묻는다 - "나에 대해?", "예, 제 생각에는 그래요." 그러나 그녀는 그 말을 반대로 수정한다 - "아니에요, 자기 자신에 대해서요." 38세밖에 안 된 남자가! 이제 이삭은 "모든 것"을 다 이야기해 달라고 조른다.

그래서 마리안느는 이발트와 나눈 잊혀지지 않는 이야기, 즉 이삭이 도와 줄 수 있는지 알아보기 위해 그녀가 방문하게 된 바로 그 이야기를 하기 시작한다. 그녀는 이발트와 함께 차를 타고 바닷가로 나갔다. 거기에 주차를 한 후, 그녀는 자신이 임신을 했다고 말했다. 그녀의 말을 통해, 이발트와 그녀 어느 누구도 적극적으로 피임을 하지 않았다는 것이 분명하다. 그녀는 아기를 가지려고 했다. 이발트는 마치 덫에 걸린 것처럼 반응했다. 그는 빗속으로 걸어나갔다. 그녀가 뒤따라 나가자, 그는 자신에게 "내가 원하는 것보다 하루라도 더 존재하도록" 강요할 그 어떤 발달도 동의할 수 없다고 거절하였다 - 갓 태어난 인간에 대해 책임을 지는 것은 말할 것도 없다. 그는 자신이 지옥과 다름없는 결혼에서 수태(受胎)된 바라지 않았던 아이였다고 말했다. 그리고 자신이 보리 박사의 아들인지조차도 확신할 수 없다고 말했다. 마침내 그는, "지겹게도 살기 원하고, 존재하기 원하고, 생명을 창조하기 원한다"고 그녀를 저주했다. 조용히 듣고 난 후, 이삭은 단지 마리안느에게 담배 피고 싶지 않느냐고 물을 수 있을 뿐이었다.

그녀는 이제 우리가 이삭의 어머니, 이삭 자신, 그리고 그의 아들에 대해 알게 된 것에 대해 한 마디로 "죽음 그 자체보다 더 두려운 것"으로 요약한다. 그녀가 "다른 어느 누구보다 더 사랑하는" 사람일지라도 이 어린이를 자신으로부터 빼앗을 수는 없다고 말한다. 이삭은 갑자기 "전례 없이 떨리는" 것을 느낀다. 아마도 그는 그의 처음 꿈이 전하려고 했던 내용을 깨달은 것 같다. 그는 묻는다 - "내가 뭘 도와 줄까?"

나는 더 이상 덧붙일 것이 없다. 이야기를 끝맺은 후, 이론을 살펴보기로 하자.

축전(祝典)

이제 위대한 50주년은 오랫동안 기억되어야만 한다. "아이들"
이 달려와서, "다정하며 놀리는 눈길을 보내며" 그에게 큰 들꽃다
발을 준다. 그들은 머리 숙여 인사하고, 그는 너무나 현명하고 존
경할 만하며, 모든 처방을 틀림없이 암기하고 있다고 노래한다.
몇 시간 동안 더 축제를 가진 후, 그들은 룬트(Lund)에 있는 이발
트의 집에 도착한다. 거기서 아그다(Agda)의 환영을 받는데, 그들
이 차로, 그녀 생각에는, "편안하게 쉬면서" 운전하고 오는 동안
에 그녀는 이 모든 것을 다 준비하느라고 숨이 넘어갈 지경이다.
연미복을 입고 있는 매우 잘 생긴 이발트는 마리안느에게 호텔로
가고 싶은지 묻는다. 하지만 그녀는 "하룻밤 더" 있을 거라고 쾌
활하게 대답한다. 그녀는 이발트와 함께 공식 만찬회에 가려고
한다. 보리 박사는 아그다의 도움을 받아 가장 좋은 옷을 입는다.
축제? 보리 박사는 다음과 같이 노트에 기록한다.

> 트럼펫의 팡파르, 종소리, 야외 대포의 축포, 수많은 군중,
> 대학교에서부터 성당까지 거대한 행진, 흰 드레스에 화환을 든
> 소녀들, 왕족(王族), 노년, 지혜, 아름다운 음악, 거대한 둥근
> 천장에 메아리쳐 울려 퍼지는 품위 있는 라틴어. 학생과 그들의
> 여자친구들, 밝고 훌륭한 드레스의 여자들....[6]

진정으로 지금까지의 그의 모든 것, 즉 의사, 교수, 스웨덴 사
람, 루터교 신자, 애국자, 존경할 만한 노인, 이 모든 것에 대한

---

6) Bergman, op. cit., p. 278.

더할 나위 없는 의식(儀式)이다. 그러나 이 이상하고 상징적인 의식은 지금 "지나간 꿈과 같이 의미 없는" 것처럼 보인다. 그럼에도 불구하고, 그는 작은 사라에게 손을 흔들면서, 곧추 서서 양순하게 대열을 따라 행진한다. 고딕(Gothic)식의 벽감(niche)과 성자와 그리스도의 십자가상이 있는 성당에서의 예비 의식은 끝이 없다. 그리고 보리 박사와 나이 든 두 합동 수상자는 그 식을 완전히 마칠 때까지 앉아 있는 데 노인들 특유의 불편함을 느끼고 있다. 마침내, 그는 당당히 일어섰고, 그에게는 유명한 룬트의 박사모(博士帽)가 씌워졌다. 보석 왕관과 가시 왕관의 원형적 비교가 불가피한 것처럼 보인다. 하지만 보리 박사는 거기에 서서 그 장면을 보면서, "이 예기치 못한 혼란스러운 일련의 사건에는 주목할 만한 인과성(因果性)이 있다고 보기" 시작한다. 영어 자막은 "비상한 논리...."에 관해 뭔가를 이야기하고 있다. 용어야 어떻든 간에, 이것들은 총괄적 단순성(grand simplicity)이 계시되는 듯한 느낌을 나타내고 있다.

사람이 많이 붐비는 이 마지막 예식에서의 트럼펫, 벨 그리고 대포에 비추어 보면, 우리는 잠깐 멈추고 우리의 이론적인 색조를 변경해야만 한다. 왜냐하면, 보리 박사는 더 이상 같은 차를 타고 있는 상호간에 의미 있는 작은 집단의 일원이 아니고, 자신의 분야에서 세운 "불멸의 업적"에 존경을 표하기 위해 검은 예복을 입고 위엄 있게 행진하는 일단의 사람들의 일원이기 때문이다. 우리는 그런 예식에서 성인기에서의 승리와 치명적인 위험 두 가지 숙명(heritage)을 모두 인식해야만 한다. 여기에서 지혜는 바로 이 승리와 위험을 초월한다. 의심의 여지 없이, 다소 시끄럽고 활기 있는 스웨덴식의 이 수여식 모습은 인류의 역사에서 가장 자애로운 것 가운데 하나고, 그런 입장에서 함마슐드(Dag Hammarskjold, 스웨덴의 정치가로서 유엔 사무총장을 역임했으며, 1961년에 노벨 평화상을 수상함; 역자주)를 생각해 볼 수 있을 것이다 - 사실상, 그는 그 성당에 묻혀 있다.

그렇지만, 종교적, 군사적, 국가적 그리고 학문적 상징이 조합을 이루고 있는 점에서, 그것은 지금까지 우리 인류가 내가 사이비-종(pseudo-species)이라고 부르는 여러 허구의 종들로 나뉘어져 있다는 것을 우리에게 의심의 여지 없이 상기시켜 준다. 이 사이비-종은 자신들의 역사관과 창조관에 충분히 나타나 있는 것처럼 자신들만이 인간의 가장 이상적인 모델이라는 이미지를 가지고 있는 국가적, 이념적 또는 종교적 집합체를 의미하는데, 왜냐하면, 이 집합체의 생존을 위해 다른 사람들을 죽일 뿐만 아니라 자신도 죽을 준비가 되어 있기 때문이다. 그런 공유(共有)된 정체성은, 좁건 넓건 간에, 우월한 업적과의 조합을 통해, 중년에 이르러 죽음이라는 절대적 사실로부터 자신을 지킬 수 있게 해 주는 공동(共同)의 현실적 실체감을 위해 필요한 것처럼 보인다. 그렇기 때문에 이것은 또한 청소년기와 노년기 사이에서 힌두인들(Hindus)이 말하는 "세상의 유지(maintenance of the world)"를 위해 성숙한 힘과 재능을 완전히 적용할 수 있도록 해 준다.

그러나 이것은 성인기는 항상 이 사이비-종 의식(意識)에 사로잡혀 있다는 것을 의미하고 (물론 우리는 이 현상을 우리 자신에서보다는 외국 사람들에게서 더 분명히 볼 수 있다), 따라서 우리는 어느 정도는 모든 인간성을 성숙시킬 수 있는 잠재력이 결핍된 채 사이비-성인(pseudo-adulthood)으로 남아 있다는 것을 의미한다. 동시에, 우리는 수천 년 동안 항상 더 포괄적인 정체성을 형성할 수 있는 더욱 더 큰 단위로 이끌어 온 인류의 보편적인 목표를 인정해야만 한다. 내가 보기에, 마르크스(Karl Marx)는 통합을 확장시킴으로써 그러한 성숙으로 나아가는 역사적 경향성(傾向性)을 믿었다. 그는 역사를 발생방법(Entstehungart)이라고 불렀는데, 이 말은 모든 인간성이 발휘된 성인으로 발달시킨다는 의미이다. 그는 아마도 인류는, 이 궁극적인 가능성에 직면했을 때, 또한 나라와 이념, 그리고 제국(帝國)과 시장을 보호하기 위해 궁극적인 무기를 발명할 것이라는 점을 예상할 수는 없었을 것이다.

한편으로는, 우리는 스웨덴 의사이며 교수인 그의 특정한 성격 유형이라고 인정해도 좋을 것이다. 그렇다면 분명히 그는, 어느 곳에서든지 노년의 운명을 나타내는 통합의 순간에, 개인적 사회적 조건 때문에 통합적인 계시(revelation)를 선호하는 풍족한 중산층의 일원일 것이다. 그리고 이 통합적인 계시는 존재의 구조 바로 그 자체에 의해 제공되는 것이다. 그러한 조건이 부족한 곳에서는, 가난하거나 부유하거나, 자유방임적이거나 전제(專制)적이거나에 관계 없이, 우리의 비판과 저항은 그것에서 비롯되는 비참함(misery)에 대한 연구에 의해 그 방향과 목표가 정해져야만 한다. 다른 모든 위대한 드라마와 마찬가지로, 영화 『산딸기』는 그 안에 암암리에 사회 비평의 역할을 하고 있다는 것이 장점이다. 즉, 우리는 이 영화에서 이삭과 그의 아들의 고립(isolation)을 통해 소유욕과 봉건 제도의 결과에 대한 암시를 볼 수도 있다 (높은 담으로 둘러싸인 보리 박사의 어머니 집을 보라).

저 녁

　보리 박사의 계시의 순간은 억제되고 그래서 더욱 더 보편적인, 나이 든 의사가 예식의 정점에서 마음 속에 그린 "놀랄 만한 인과성"이 그의 운명과 가장 밀접하게 관련이 있는 것들 속에서 이미 작용하고 있다는 징조로 이어진다. 보리 박사는 축하연에는 참석하지 않는다. 왜냐하면, 그에게는 이미 그 날이 끝났기 때문이다. 그는 택시를 타고 집으로 와서, 아그다가 그의 침대를 준비하고 그가 가장 좋아하는 바로 그 방식대로 물건들을 정리해 놓은 것을 발견한다 (아그다는 성당에서 보리 박사를 소유하고 있는 듯한 긍지를 가지고 그를 바라보았다).

　폭풍 후의 이 평온함 속에서 그는 아그다와 화해하려고 한다. 그는, 지금은 매우 오래 전인 것처럼 느껴지는, 그 날 아침에 자신이 한 행동에 대해 사과까지 한다. 그녀는 다시 한 번 그에게 어디가 편치 않느냐고 묻는다. 그는 꿈꾸는 듯이 참으로 그녀를 깜짝 놀라게 했을 것이 분명한 말로 대답한다. 왜냐하면, 그가 "용서를 빈다"는 것은 정말로 이례적인 일이기 때문이다. 그는 보다 친근한 사이에서 서로 상대방을 부를 때 사용하는 당신(du)이란 단어를 쓰기까지 한다(이 용어는 영어에서 친근한 사람끼리 이름(first name)을 부르는 것과 같은 의미이다). 하지만 그녀는 "친밀함을 나타내는 표현을 삼가해 달라"고 청하면서, 방문을 약간 열어둔 채 떠난다. 아마도 그녀는 아직도 자신의 자율성을 갖기를 희망하는 듯하다. 그러나 이 모든 것이 우정이 약간 가미된 그들의 정상적인 관계라는 인상을 준다.

그 때, 그는 정원에서 기타 반주에 맞춰 부르는 매우 젊고 발랄한 이중창 소리를 듣는다. 차양을 올리자, 그는 "애들"이 그에게 세레나데를 부르는 것을 본다. 젊은 사라는 어떤 여성 집사(deaconess)가 함부르크(Hamburg)까지 그들을 태워다 주기로 했다고 말한다. 마침내 젊은 사라는, 정원의 담에 의지하여, 밑을 바라보는 그의 얼굴을 올려다보며 쾌활한 여성적 직감을 가지고 말한다 - "안녕히 계세요, 이삭 아버지. 제가 오늘도, 내일도, 그리고 영원토록 사랑한 사람은 진정으로 당신인 것을 아세요?" 그리고 그들은 가 버린다.

그는 로비에서 이발트와 마리안느가 속삭이는 소리를 듣는다. 이발트는 밤인사를 하러 왔다. 알고 보니, 마리안느는 구두 뒤축이 떨어져서 무도회가 시작되기 전에 집에 돌아와야만 **했었다**. 이삭은 그에게 앉으라고 권한다. 아들 내외 사이가 앞으로 어떻게 될 것인가?

> 이발트: 떠나지 말고 같이 살자고 그녀에게 부탁했어요.
> 이　삭: 그래 앞으로 어떻게....내 말은....
> 이발트: 그녀가 없으면 살 수 없어요.
> 이　삭: 혼자 살 수 없다는 뜻이냐?
> 이발트: 그녀가 없으면 살 수 없어요. 정말 그런 생각이 들어요.
> 이　삭: 이해한다.
> 이발트: 그녀가 원하는 대로 되겠지요. [7]

그리고는 이삭이 문득 깨닫고 보니 꾸어 준 돈에 관해 이야기

---

7) Ibid., p. 283.

하고 있다. 이발트는 그 돈을 갚을 것이라고 단언한다. 이삭은, "그런 뜻으로 말한 것이 아니다."라고 말하지만, 이발트는 꼭 갚을 것이라고 주장한다. 그러나 이제는 적어도 "빚"은 단순한 돈 문제에 불과하다.

마리안느가 옷 스치는 소리가 나는 흰 드레스를 입고 나타난다. 그녀는 그에게 자신이 신고 있는 구두가 마음에 드는지 묻는다. 한 장면을 오래 잡는 영화 기법으로 그 장면을 찍었기 때문에, 그들은 서로에게 고마움을 나누면서 충분히 대면한다. 그리고 말한다 - "나는 당신을 좋아합니다."

아들 내외가 떠난다. 그는 심장이 쿵쿵 뛰는 소리와 오래 된 시계가 째깍째깍 거리며 가는 소리를 듣는다. 탑에 있는 시계가 11번 울린다. 비가 오기 시작한다. 잠잘 준비를 하면서, 그는 한 번 더 딸기밭으로 되돌아간다. 여름이다. 모든 사람이 다 거기에 모여 있다. 사라가 "자기(darling)"라고 부르면서, 또 딸기가 하나도 남지 않았다고 말하면서, 그에게 달려온다. 아주머니는 그에게 아버지를 찾아오도록 한다. 이삭이 말한다 - "벌써 아버지를 찾아보았지만, 아버지(Father)도 어머니(Mother)도 찾을 수 없다." 그러나 그녀는 그의 손을 잡아 이끈다. 아래 쪽 해변가의 "검은 바닷물의 반대편에서", 그는 한 "신사"가 고기 잡는 것을 본다. 그리고 더 나아가 둑 위에서, 그의 어머니가 밝은 여름 드레스를 입은 채 책을 읽고 있다. 이삭이 불러도 그들은 들을 수 없다. 하지만, 그들은 그를 알아보고 미소를 지으며, 아버지는 손을 흔들고, 어머니는 고개를 끄덕인다. 진정한 원초적 장면(primal scene)이다. 그는 소리치려고 하지만, 그의 고함이 "목표한 곳에 도달하지 않았다." 그렇지만 그는, "오히려 속이 편하게" 느꼈다.

보리 박사는 시작에, 즉 그의 맨처음 유아기에 도착했다. 이제 우리는 최초의 희망(Hope)에서부터 손상되지 않은 전체 발달 단계의 강점을 따라서 생애주기를 재구성할 수 있는데, 이 단계들을 나이 든 보리 박사는 다른 모든 노인들과 마찬가지로 지금까지 살아 왔거나 또는 지금 슬퍼하는 것을 배우고 있다. 그의 두 번째 유년기가 얼마나 어린이답게 순진하고 솔직할지(childlike) 또는 얼마나 어린이답게 철없고 유치할지는(childish) 결정이 안 된 채로 남아 있다.

생애주기의 개념에 관한 비망록

지금까지 베르히만의 영화 장면들의 주석으로만 사용했던 삶의 단계들에 대한 간결한 공식을 이제는 상세하게 그리고 체계적으로 설명해야만 하겠다. 나는 이 장면들을, 이제는 반대로, 체크무늬 도표의 형태로 제시되는 생애주기의 개념을 예시하는 한 방법으로 사용할 것이다. 왜냐하면, 만약 연속적인 삶의 단계들에 대해 공식화하도록 나를 이끌어 준 원칙을 한 번 더 적는다면, 그것은 전체 개념의 본질을 반영하기 위한 것이기 때문이다. 나는 다른 기회에 그 개념을 측정할 수 있고 또 검증할 수 있는 현상으로 세분하는 시도에 대해 논의하게 되기를 바란다. 여기에서는,

전체 삶의 과정에 대한 어떤 개념도 또는 삶의 어느 시기에 대한 개념도, 비록 그 구조와 용어는 주어진 시대와 분야에서 가장 발달된 방법론을 이용한다 할지라도, 매우 근본적인 면에서 본질적으로 어느 정도는 정서적인 면과 이념적인 면이 매우 복잡하게 얽히게 되는 경향이 있다는 사실에 대해 몇 가지 설명을 하도록 하자.

첫째, 앞에서 묘사한 예식(禮式)은 모든 성인의 세계관에 공통적인 특정한 기본적 특질이 존재한다는 것을 충분히 입증한다. 제퍼슨 강의(Jefferson Lectures)에서,[8] 나는 성인이라는 느낌의 가장 단순한 시간적 공간적 측면을 대략적으로 설명했는데, 이 느낌은 각기 다른 언어가 성인의 조건에 대해 이야기하는 방식에 따라 쉽게 한정된다. 성인이 된다는 것은, 어떤 언어나 어떤 비전(vision)에서도, 높게 서 있다는 독특한 특질을 가지고 있는데, 너무나 의기 양양하지만 또 너무나 불안정하기 때문에 자신이 서 있는 곳에 대해 알고 있는지, 또 새로운 또는 어쨌든 항상 다시 새로워지는 인간 유형에 대한 비전의 중앙에서 자신이 어떤 지위를 차지하고 있는지에 대해 입증하고 주장해야 할 보편적인 필요가 있다.

우리는 『산딸기』를 세밀히 검토하고, 엎드린 모습으로 관에 누워서 그를 밑으로 끌어내리려는 자신의 또 다른 자기(self)를 두려움으로 가득찬 채 바라보는 맨 처음의 꿈으로부터 머리를 높이

---

8) Erik H. Erikson, *Dimensions of a New Identity* (Jefferson Lectures, 1973; New York, 1974).

쳐들고 특별한 의미가 있는 실크 박사모를 수여 받지만 명상에 잠겨 명확하게 해 주는 빛(clarifying light)을 향해 더 높이 응시하는 성당에서의 마지막 순간에 이르기까지의 보리 박사의 위치와 관점의 변화를 설명할 수 있었다. 그 예식은, "성장하는" 것과 특정한 종국적 "쇠퇴"의 복잡한 과정 사이에서, 그들이 함께 성장한 사람들과 그들과 세상 내에서의 지위를 공유하고 있는 사람들을 의식(儀式)적으로 승인하려는 성인들의 집합적 욕구를 더욱 잘 예시해 주고 있다 - 그들이 이것을 대열을 지어 행진하는 것으로 상징하든지, 손에 손을 맞잡고 춤을 추는 것으로 상징하든지, 길게 열을 지어 앉아서 연설이나 음악을 감동적으로 듣고 있는 것으로 상징하든지 관계 없이 말이다. 또한 그들이 "위대하다"고 부르는 사람들에 의해 상징되는 고상한 원칙의 이름으로 그들이 함께 지향(志向)하고 있는 것을 확인하기 위해 또는 지양(止揚)해야만 하기 위해, 그들이 교대로 허리 숙여 절하든지 함께 무릎을 꿇든지 또는 엎드리든지 간에 관계 없이 말이다. 그리고 가장 위대한 사람들은 대개 현상유지(status quo)에 대해 의문을 품고 새로운 것을 창조함으로써 영원히 이름을 남긴 그런 보기 드문 사람들인 것이다.

성인기의 본질에 도달하기 위해, 우리는 무엇보다 먼저 직립성(直立性)을 유지해 주는 척추 때문에 똑바로 서 있는 인간의 자세를 살펴볼 필요가 있다고 나는 제안하였다. 그런 후에, 우리는 말초적인 것, 즉 포옹하고 만들고 파괴하는 팔의 힘 (그리고 연장과 군사력의 힘)과 마술적인 손의 맛, 뒤에 남겨진 것으로부터 멀리 움직일 수 있으며 또 극복되고 합류되고 정복되고 괴멸되어야 할 것을 향해 나아갈 수 있는 다리의 힘 등을 살펴볼 수 있다. 친구가 사람이 무엇인지에 대해 물었을 때 한 나바호 인디언 주술사가 최근에 이렇게 대답했다. 십자가 모양을 가리키며, 그는 창조의 대본(大本)과 위대한 영(靈, Great Spirit) 사이의 (수직적) 연결이 개인과 다른 모든 사람들과의 (수평적) 연결과 만나는 곳에서 사람은 가장 인간답다고 말했다.

성인기에 대한 주어진 비전을 – 그것이 신화적으로 제시되든, 이념적으로 제시되는, 또는 사실 일상적인 대화에서 쓰는 용어로 제시되든지 관계 없이 – 조망해 볼 수 있는 입장을 만들어 주는 가장 단순한 공간적-시간적 측면에 대해서는 이만큼 하도록 하자. 이 입장은, 거꾸로, 하강(downfall) 또는 상승(ascent), 혼돈(chaos) 또는 운명(destiny), 타락(fall) 또는 구원(salvation), 또는 단순한 행운 또는 불운에 대한 어떤 개념과도 연합된 기분과 같은 세상에 대한 기분(氣分)으로 둘러싸인다. 따라서 우리는 모든 것을 포용하는 종교적인 그리고 이념적인 세상에 대한 비전(world vision)의 마술적 힘에 대한 준비를 하게 된다. 이 세상에 대한 비전은, 거꾸로, 인식할 수 있는 최고의 이성(Reason)과 모든 창조에 공유된 "어리석은" 피조성(creatureliness) 사이에서, 육체적 존재와 효능의 여러 핵심적 영역, 즉 머리, 마음, 예지(豫知, Sapientissimus는 보리 박사가 박사모를 수여받을 때 우리가 듣는 연설의 하나이다), 영감(靈感)의 활기와 음식과 술의 의식화(儀式化)된 섭취, 기질적 열정과 마음에서 우러난 충성심, 또는 성애적 합일과 출산을 위한 합일을 위한 생식기(生殖器)의 발기력과 자궁의 관대함(generosity) 등이 보다 높은 추구의 대상으로 승화되거나 또는 회피해야 할 대상으로 밑에 남겨진다.

둘째, 공식화된 세계관은 또한, 보다 길고 영원하기조차 한 시간적 조망 속에서, 이 중년기까지 성장해 온 선행(先行)주기와 쇠퇴와 죽음의 마지막 시기에 관한 다양한 조망과 더불어, 삶의 과정에 대한 이미지, 이상(理想)적인 혹은 나쁜 성인기에 대한 이미지를 포함한다. 지속적인 어린이다움과 다가오는 천국(Kingdom)과의 관계에 대해 기독교 복음이 보기 드물게 강조하는 것은 어린이는, 만약 살아남는다면, 어른의 특성을 본뜨도록 키워야 한다는 오래된 태도에 반대하는 예언자적인 선포라고 보아야만 할 것이다. 왜냐하면, 모든 세계관은, 인간이란 종(種)은 (다른 극단적인 분화 외에도) 성장하고 또 역사의 주어진 한 시기에 주어진 한 장소에서 주어진 한 집단으로 구체화되는 길게 연장된 유년기라는 시기를 거쳐야만 한다는 사실에서 비롯되는, 없앨 수 없는 애매함과 모순과 조화를 이루어야만 하기 때문이다. 다른 종들은 자신이 어디에 속해 있는지 "안다." 그리고 그들의 본능적 에너지는 본능적인 생존의 유형에 맞추어져 있다. 인간의 본능성(instinctuality)은 엄청나게 다양한 사회적 환경에 적응할 수 있는 사랑과 미움이라는 추동(drive) 장치를 사용하는데, 이 사회적 환경 안에서 과학 기술 문명의 복잡함과 관습의 유형에 대해 배운다. 그런 까닭으로, 인간의 본능성은 과도한 추동 에너지와 엄격한 금지 사이에, 또 무정부적 방종과 운명적 억압 및 자기-억제 사이에 존재하는 갈등이 내재된 언어라는 특징이 있다. 자기 본위적인 자만(自慢)과 자기 부정적인 비하(卑下), 무자비한 권력 추구와 애정이 깃든 포기(抛棄), 그것을 위해 죽고 죽일 가치가 있는 신념에 대한 탐구, 감정이입(感情移入)하고 이해하려는 소망 등과 같은 이러한 인간의 극단성을 억제하기 위해 모든 것을 포괄하는 세계관을 마련하려고 노력하는 것은 역시 세계적인 종교들이다.

제퍼슨 강의에서 이미 내가 밝힌 것처럼, 인간의 노력에는 양극점이 있는 것 같다. 하나는 "나는 살고 남은 죽여라(survive and kill)"라고 느껴지는 필요성인데, 여기에서는 여러 인종들(human subspecies)의 영토적인 생존과 문화적 정체성 모두가 자신들과 다른 모든 사람들에 대한 방어적 또는 공격적 배제(排除)에 달려 있는 것 같다. 다른 하나는 "나는 죽고 남과 하나가 되어라(die and become)"라는 가르침인데, 여기에서는 반대로 자기-희생에까지 이르는 금욕적인 자기-부정이 보다 더 포괄적인 사람이 되는 유일한 수단인 것처럼 보인다. 우리는 절대 지배력(empire) 쪽과 기독교 교리(creed) 쪽에서 번갈아 가며 이 인간적 딜레마에서 발생하는 신념 체계를 대비하여 강조하고, 화해하고 또는 반박하고, 배제하려는 시도(試圖)의 장구하고도 폭력적인 역사를 알고 있다.

만약 우리가 어른들이 성인기에 대한 어떤 공식에 도달해야 하고 또 그것의 전조(前兆)에 대한 어떤 객관적인 조망을 얻어야 하는 필요성을 이해하기 원한다면, 우리는 그런 근본적인 것들에서부터 시작해야만 한다. 그래서, 인간의 생애를 크게 단계로 나눈 예, 즉 힌두인들의 아스라마스(*asramas*)는 "세상을 유지"하기 위

9) Sudhir Kakar (1968). The Human Life Cycle: The Traditional Hindu View and the

해 "가사(家事)"를 돌보는 긴 중간의 시기가 있다는 것을 명확히 인식하고 있는데,[9] 이 시기는 잘 규정된 도제(apprenticeship)의 시기에 이어서 오고, 또 개인적인 생애주기를 초월해서 재생(再生)의 주기로 들어가는 노년기가 이 시기에 뒤따라 나타난다. 하지만 이 도식은 아동기에 대해서는 이야기하지 않는다. 그리고 셰익스피어(Shakespeare)가 나눈 7단계에는, 가냘프게 울어대는 갓난애와 한숨짓는 연인(戀人) 사이에, 오직 투덜대는 학생이 있을 뿐이다.

그러나 여러 시대를 통하여 어린이를 변덕스러운 운명과 어른들에 의해 존재하고 발달하는 피조물로 취급한 매우 다양한 역사는 말할 것도 없고, 우리는 인본주의적이고 과학적으로 문명화된 인류가, 아동기와 청년기에도 – 신체적, 정서적, 인지적, 사회적 측면에서 – 발달의 단계가 있다는 것을 인식하고 도표로 만드는 데 얼마나 오래 걸렸는지 고려해 보아야 한다. 의심의 여지 없이, 자신의 어린 시절을 기억하려고 하지 않을 뿐만 아니라, 잘 정의된 관점을 가지고 세상 속에서 안전하고 인정된 지위를 가지고 있다는 어른의 확신을 뒤집어엎을 발달의 가능성이 어린이에게 있다는 사실을 인정하지 않으려는 뿌리 깊은 어른의 저항이 – 프로이트가 이것을 처음 발견하고 설명하였음 – 있었다. 오직 어린이를 중요시하는 시대(century of a child)가 되어서야 우리는 비로소 아동기에 대해 연구했다. 하지만 또한 언젠가는 다가올 성인의 세기에는 성인을 연구하게 될 잠재적 가망성이 있다. 우리는 아직도 한 인간으로서 그리고 계속되는 삶 속에서 한 관찰자로서

Psychology of Erik H. Erikson. *Philosophy East and West*, XVIII, 3.

자신의 지위를 규정해야만 하는 성인의 과제에 자연히 포함되어 있는 상대성으로부터 야기되는 큰 문제에 직면해 있다.

셋째, 생애주기에 관한 우리의 구체화된 개념을 추구해 가면서, 전반적인 입장이나 기분에 관한 문제는 관찰하고 있는 내용에 내재되어 있는 애매성과 모순성에서 또는 공식에 대한 우리의 선택에 대한 논쟁에서 계속 남아 있다. 내가, 예를 들면, 정신분석자로서 삶의 각각의 단계에는 특정한 특질들 사이에 - 이 특질들로부터, 좋은 조건하에서는, 새로운 "덕성(virtue)", 즉 없어서는 안 될 강점(strength)이 나오는데 - 상호작용이 있다고 가정하는 심리-사회적 도식을 설명할 때, 되풀이되는 많은 문제들이 발생한다. 임상적 해석의 기초 위에서 내가 이 설명을 하고, 결국 정신병리학자의 운명론 혹은 치료적 이상주의자(理想主義者)의 낙관론 가운데 하나에 빠지는가? 혹은, 내가 일상 생활에서는 도저히 따라갈 수 없는 은밀한 도덕적 또는 심미적 요구를 하면서 인본주의적 이상(理想)을 추구하고 있는가? 나의 견해가 특정한 시대나 특정한 계층에만 한정되고, 그리고 주어진 사회적 환경의 요구에 동조하거나 혹은 반대로 자기-실현에 탐닉하라고 제안하는 것인가? 지나치게 특권을 누리는 계층이 이 도식을 감수하거나, 또는 특권을 누리지 못하는 계층이 그것을 감내할 수 있을까? 그들이 이 도식을 원해야만 하는가? 그리고, 보다 근본적으로는, 이 도식에서 가정(假定)된 노력은 의식(意識)적인가 또는 무의식적인가?

이런 의문들은, 물론, 당연한 것이고, 또 우리들이 사용한 방법이 무엇이든 간에 그런 의문들에 대해 자문하는 것은 지극히 이성(理性)적인 것이다. 왜냐하면, 그런 의문들은 부당하게 도외시된 측면을 드러내기 때문이다. 그러나 우리는 또한 그것들 안에는 성인기 그 자체에 자연히 포함되어 있는 애매성과 모순성을 뭔가 독단적인 방식으로 해결하려는 시도가 되풀이해서 (종종 주기적으로) 나타난다는 사실을 인식해야만 한다. 왜냐하면, 꽤 방법론적이고 또 훈련을 잘 받은 사람들에게서조차도, 성인의 가치에 대해 질문을 받으면, 한때 가지고 있었던 입장을 다시 주장하거나 혹은 거부하거나에 관계 없이, 청년 시절의 전제(專制)적인 성향을 되살리는 경향이 있기 때문이다. 그리고 여기에서 지금 문제가 되는 것은 직업적 정체성과 이론에서 표현된 신념 체계에 관한 것이기 때문이다. 그리고 또 시대를 풍미하는 경향이 있다. 예를 들면, 나의 도식에 대해 비판적으로 또는 무비판적으로 언급할 경우, "부정적인 면"의 목록, 즉 고립(Isolation), 침체(Stagnation), 절망(Despair) 등은 종종 부주의하게도 생략된다. 그렇기 때문에 나는 마치 일련의 이상(理想)적인 성취, 즉 사랑(Love), 배려(Care), 지혜(Wisdom) 등을 바람직한 "성취"라고 가정하고, 이것들을 달성하기 위해 적합한 처방이 발견될 것이고 또 발견되어야만 한다고 말한 것처럼 보인다.

여기에서, 내가 제시한 공식의 기원을 이 분야의 역사 속에서 간단하게나마 다시 설명하지 않을 수 없다. 임상적으로뿐만 아니라, 아동 지도(child guidance)나 아동 발달 분야에서 일해 온 우리들 가운데 많은 사람들이 정신분석의 소위 **발생적**(genetic) 견해와 **발달적**(developmental) 견해 사이의 상보성(相補性)을 보여 주는 것이 우리 세대의 임무라는 것을 깨달았다. 발생학적 접근은 주요한 정서적 장애가 초기의 외상적 사건에 고착되어 있는 방식을 재구성하는데, 이 외상적 사건은 현재를 퇴행적으로 끌어당기는 경향이 있다. 또 이 접근은 사람의 생애주기의 "유사 이전의(pre-historic)" 부분을 드러내기 때문에, 갈등의 무의식적 역동성(dynamics)을 체계적인 검사를 통해 밝혀 내려고 한다.

발달적 접근은, 이와는 다르게, 어린이에 대한 직접적 관찰을 기초로 한다. 이 접근은, 발생적 연구의 인도(引導)에 따라, 삶의 초기의 단계와 후기의 모든 단계에서의 완전한 발달적 잠재성에 대한 우리의 지식을 가능하게 해 주는데, 후기의 단계들에서는 장애가 충분히 드러나고, 이 장애는 초기의 단계들과 분명히 관련되어 있다. 더군다나 인간에 대한 포괄적인 심리학을 발달시키거나 공헌하기 위해, 정신분석은 개개인의 자아가 생애주기를 결합시키는 방식을 설명할 뿐만 아니라 또한 세대간의 주기를 개개인의 주기와 연결시키는 법칙과 이 두 주기에 작용하는 사회적 과정을 설명해야 하는 임무를 회피하거나 게을리할 수 없다.

나의 용어들은, 심리-사회적 단계에 대한 최초의 공식이 유년기의 심리-성적 단계와 모든 연령에서 나타나는 주요한 정신병리적 증후군과 이 단계와의 운명적 관계에 대한 프로이트의 독창적 발견에 그 토대를 두고 있기 때문에, 이 본래의 임무를 반영하고 있다. 단계의 원칙이 성인기와 노년기까지 확장되었지만, 각 단계의 부조화한(dystonic) 측면은 주요한 심리장애와 계속 관련되어 있다. 비록 보리 박사를 사례의 하나로 볼 생각은 없지만, 베르히만 감독의 놀랄 만한 임상적 직관은 그의 주인공이 가지고 있는 약간의 핵심적 정서 장애들을 설명할 수 있도록 해 준다. 그리고 이 정서 장애들 때문에, (뭔가 불행한 심인성 요인이 있다면) 보리 박사는 누군가의 내담자가 될 수도 있는데, 이 위치는 그 교수가 너무나 질색하는 것이다. 잠시 동안 진단적 용어로 말한다면, 만약 노년기에서의 그의 강박적 성격이 우울증과 편집증과 접하고 있다면, 그것은 분명히 리비도 발달 단계 가운데 항문-요도기(肛門-尿道期)에서 뭔가 "고전적(classical)" 근원을 찾을 수 있는데, 이 단계에서는 보유-배출 양식(retentive-eliminative mode)이 강조되고, 결과적으로 지나친 결벽성(潔癖性)과 가치의 문제에서 상호 배타적 범주에 대한 철저한 집착성(執着性)을 보이게 된다. 그럼에도 불구하고, 만약 우리가 관찰을 통해 각각의 단계에서 무엇이 잘못될 수 있는지 알 뿐만 아니라, 또한 각각의 단계를 잘 거치기 위해서는 무엇이 준비되어야 하는지 알게 된다면, 무엇이 수여식에 이르는 모든 세월 동안 그런 사람을 유지시켜 주었는지 보다 잘 알 수 있다.

하지만 발달적 도식을 소개하면서 하필이면 왜 지혜나 희망과 같은 진부한 용어를 사용하는가? 그리고 이것들은 인간 발달의 중심이라고 프로이트가 이미 보여 준 무의식적 갈등과는 어떤 관계가 있을 수 있는가? 예를 들면, 희망은 무의식적인가? 그 대답은 희망은 가장 중요한 자아의 적응적 특질이고, 의식(意識)에 고루 미치지만, 의식과 무의식적 힘의 상호작용에 영향을 미치고 또 그것으로부터 다시 나타나는 것이라는 것이다. 누군가가 자신을, 또는 다른 사람에 의해, 희망이 충만하다고 평가하는지, 그리고 때때로 혹은 지속적인 표시를 통해 그것을 최대한으로 이용하려고 하는지의 여부는 성격과 사회적 역할에 달려 있다. 또 다른 것은, 비록 항상 눈에 보이는 것은 아니지만, 두루 스며 있고 또 가장 옮기 쉬운 희망의 기본적 특질인데, 이것은 (가장 심한 퇴행에서 나타나는 이것을 잃었을 때의 모습처럼) 최초의 버림받은 경험과 친밀한 경험으로부터 생긴다. 그리고 희망은, 생애를 통하여, 무의식적 과정의 영향력과 또한 운명 -그리고 믿음(faith) - 에 의한 확증에 의지하고 있는 것이 분명하다.

넷째, 비록 보리 박사가 자신의 노년의 조건에 대해 한 처음의 진술이 통합(Integrity) 대 절망감(Despair)과 혐오감(Disgust) 사이의 투쟁에 지배되는 마음의 상태를 뛰어나게 묘사하고 있는 것처럼 보인다고 우리가 말하고, 또 이 갈등으로부터 좋은 개인적 그리고 문화적 조건하에서 특정한 지혜(Wisdom)가 생긴다고 말하지만, 그렇다고 해서 통합이 절망감이나 혐오감을 누르고 완전한 승리를 얻었다는 것을 가정하는 것은 결코 아니다. 오히려 역동적인 균형에서 단지 통합 쪽이 더 우세하다는 것을 의미하는 데 불과하다. "대(對, versus)"는 아주 흥미있는 단어다. 왜냐하면, 그것은 "반대로(vice versa)"에서의 표현처럼 서로에게 품고 있는 적대감을 의미할 수 있기 때문이다. 발달적으로 보면, 그것은 변증법적 역동성을 제안하는 것인데, 그 역동성 안에서 최종적인 강점은 경쟁하는 특질들 둘 가운데 하나가 없다면 생길 수 없다. 그렇지만, 성장을 확신하기 위해서는 동조적인(syntonic) 쪽, 즉 보다 더 적응적인 목적을 가지고 있는 쪽이 부조화적인(dystonic) 쪽을 흡수해야만 한다.

만약 희망(Hope)이, 기본적 신뢰(Primal Trust) 대 기본적 불신

(Primal Mistrust)에서 생기는, 최초의 그리고 근본적인 강점이라면, 유아(幼兒)는 구별해서 믿는 것을 배우기 위해 상당한 정도의 불신을 분명히 경험하여야만 한다. 또한 전반적인 희망에는, 절망(hopelessness)에 빠지려는 (의식적인 그리고 무의식적인) 끈질긴 유혹과의 투쟁이 없다면, 확신도 효능성도 결코 있을 수 없다. 보리 박사의 처음의 조건은, 만약 그것이 실존적인 절망과 반복되는 겉치레에 대한 (물론, 자신의 것도 포함해서) 혐오심에 대해 대답할 수 없다면, 통합감(sense of integrity)이 얼마나 설득력이 없을 수 있는지 잘 보여 주고 있다.

그러나 여기에서 여러 다양한 "감(感, sense of)"에 대해 이야기하면서, 우리는 단지 그것들의 보다 의식적인 측면에 대해서만 언급하고 있는데, 반면에 통합(Integrity)은, 다른 모든 강점들과 마찬가지로, 확실히 이전 삶의 전체 과정 속에서 정제(精製)된 것들의 저장소로서의 전의식(preconscious)과 무의식 깊은 곳에 그 기반이 있는 것이 틀림없다. 그리고 또한 절망(Despair)과 혐오심(Disgust)조차도 이전의 단계에 스며 있던 두려움, 불안, 그리고 공포가 노년기에 이르러 가장 늦게 표현되는 데 불과한 것이다. 절망은 통합에 이르는 대안적 방법을 쓰기에는 시간이 너무 늦지는 않았다 할지라도 얼마 남지 않았다는 것을 말해 준다. 이것이 바로 노인들이 자신들의 기억을 "조작(doctor)"하려는 이유이다.

합리화된 비통함과 혐오심은 절망을 위장시켜 줄 수 있는데, 정신병리가 심한 경우에는 이것은 우울, 건강염려증 그리고 편집증적 증오와 같은 노망증후군으로 악화될 수 있다. 왜냐하면, 자기(self)의 한계를 초월하기 위해 우리가 어떤 기회를 가질 것인지는 우리에게 허락된 오직 하나밖에 없는 유일한 생애주기를 (비록 종종 비극적이라 할지라도) 우리가 얼마나 충실하게 살았는지에 달려 있는 것 같기 때문이다. 마찬가지로, 한 문명과 그의 신념 체계는 전체 생애주기에 주는 의미에 따라 평가될 수 있다. 왜냐하면, 그런 의미는 (또는 의미의 결여는) 미래의 세대의 시작에 틀림없이 영향을 미치기 때문이다.

이 모든 것은 내가 다음과 같은 공식에 도달했을 때 가정된 것이다. 즉, 지혜(Wisdom)는, 그것이 체계적으로 혹은 맹목적으로 표현되든지, 달변으로 혹은 말없이 표현되든지 어떤 방법으로 표현되든지 간에, 죽음 그 자체에 직면하여 삶 그 자체에 대해 가지는 초연하지만 적극적인 관심인데, 그것은 육체적 정신적 기능이 저하됨에도 불구하고 경험의 통합을 유지하고 전달한다.[10] 영화를 통해 이 마지막 단계를 최초의 단계와 대비시켜 살펴보면, 생애주기에 대한 도표식 도식을 가장 쉽게 이해할 수 있을 것이다. 나는 최초의 그리고 가장 기본적인 강점인 희망(Hope)은 기본적 신뢰(Primal Trust)와 기본적 불신(Primal Mistrust) 사이의 최초의 갈등에서 생긴다고 가정하였다. 나의 공식에 의하면, 희망은 존재의 시작을 특징짓는 애매한 충동과 분노에도 불구하고 기본적 소망의 획득 가능성 대한 지속적인 신념이다.[11] 그렇기 때문에 희망은

---

10) 이 정의의 영어 원문은 다음과 같다(역자주): *Wisdom is the detached and yet active concern with life itself in the face of death itself, and that it maintains and conveys the integrity of experience, in spite of the decline of bodily and mental functions.*

11) 이 정의의 영어 원문은 다음과 같다(역자주): *Hope is the enduring belief in the attainability of primal wishes, in spite of the dark urges and rages which mark the beginning of existence.*

연속적인 생애 단계의 상호작용

	1	2	3	4	5	6	7	8
H. 노년기								통합성 대 절망 및 혐오: 지혜
G. 중년기							생산성 대 자기-몰입: 배려	
F. 청년기						친밀성 대 고립: 사랑		
E. 청소년기					정체성 대 정체성 혼란: 충직성			
D. 학령기				근면성 대 열등감: 유능감				
C. 소년기			주도성 대 죄의식: 목적					
B. 유년기		자율성 대 수치 및 의심: 의지						
A. 유년기	신뢰 대 불신: 희망							

성인이 되면서 믿음으로 변하는 것의 개체 발생적 기초이다. 그
것은 어린 시절에 자녀를 돌보아 주는 방식에 스며 있는 부모 자
신의 믿음에 의해 조장된다. 영화의 마지막 장면들이, 상호간의
서로 얼굴을 마주 대하며 인정과 신뢰를 나누는 것을 강조하면
서, 갓 태어난 어린이의 눈이 어머니의 역할을 하는 사람의 눈과
최초로 마주치는 것과 관련이 있을 수 있고, 또한 흐릿한 유리창
너머에 있는 것에 대한 사도 바울(St. Paul)의 금언과도 역시 관련
이 있을 수 있다.

　만약 가가의 단계와 위기를 도표에 나타낸다면, 희망은 아래쪽
의 왼편 모통이에 "속하고", 지혜는 위쪽의 오른편에 속한다. 그
리고 희망의 수직면과 지혜의 수평면은 위쪽의 왼편에서 만난다.
따라서 모든 초기의 갈등들은 마지막 수준에까지 도달하고, 또
마지막 수준에서 다시 새로워진다고 볼 수 있다. 물론 이것은 그
사이에 있는 각각의 수준에서도 마찬가지이지만, 항상 각 단계를
주도하는 갈등을 중심으로 새로워지는 것이다. A8에서 기본적 신
뢰와 지혜가 만나고, 또 기본적 불신과 절망 역시 이곳에서 만난
다. 하지만 여기에서 쉽게 이데올로기가 될 수 있는 또 다른 이론
적 문제가 생긴다. 즉, 우리는 지금 믿음의 욕구(need for faith)가
단지, 초기에는 어린애처럼 유치하고 마지막에는 환상에 불과한,
기본적 신뢰에 대한 평생에 걸친 고착에 "불과할 뿐이다"라고 주
장하는 것인가? 또는 기본적 신뢰는 "단지" 생애의 마지막에서
느끼는 평화와 대대로 삶이 새로워지기 위해 필요한 믿음을 가질
수 있는 능력의 개체발생적 기초에 지나지 않는 것인가?

다섯째, 우리가 본 것처럼, 이 영화는 보리 박사의 여정에서 나타나는 현재의 배역들과 그의 지난 세월의 중요한 인물들과 연결시켜 주고, 따라서 그것은 우리에게 도표의 맨윗 선에 있는 빈 공간을 채울 수 있는 기회를 준다.

하지만 여기서 이런 도표를 사용할 수 있게 해 주는 점성적(漸成的, epigenetic) 원칙에 대해 설명하도록 하자.

  (a) 기본적 특질들의 각각의 조합은, 육체적, 인지적, 정서적, 그리고 사회적 발달로 인해 위기를 느끼게 될 때, 보다 우위(優位)의 단계로 넘어간다. 이 우위의 단계들은 대각선을 구성한다.

  (b) 각각의 우위의 단계는, "그 단계 나름의" 성숙의 위기에까지 (수직적으로) 전진해야만 하는 선행 단계가(대각선 아래쪽에) 있다.

  (c) 각각의 위기는(이미 언급한 것처럼), 계속되는 위기가 출현할 때마다(대각선의 위쪽에), 그 당시에 우세한 갈등의 새로운 수준까지 전진해야만 한다.

보리 박사의 경우에서 보면, 그 자신의 최종적 갈등이, 여행중에 그가(현실적으로 또 공상적으로) 직면하는 젊은 사람들을 통해 상징화되면서, 어떻게 이전의 모든 갈등들을 드러냈는지 분명하게 알 수 있다. 우리가 이미 알고 있는 사실을 가지고 맨 윗선을 오른쪽에서부터 왼쪽으로 채워 나가 본다면, 그 자신도 후회하고 있는 해결되지 못한 생산성(Generativity) 대 침체(Stagnation)의 위기(H8)는 마리안느와의 대면을 통해 다시 새로워진다. 마리안느 자신은 이와 동일한 위기를 그 연령에서만 고유하게 나타나는 형태로 겪고 있는 중이고(H7), 남편 이발트에게 그 자신의 수준에서 그것을 직면하라고 강요하고 있는 중이다. 보리 박사의 해결되지 못한 친밀감 위기(Intimacy Crisis)는(H6) "사고"를 낸 부부와 알만 (Alman) 부부로 상징화되고, 또 그의 꿈과 몽환에서 두드러지게 나타난다.

이것들은 엄격한 의미에서는 성인기의 단계들이고, 우리가 이전에 이미 성숙한 강점들을 "세상의 유지"를 위해 헌신적으로 사용할 준비가 되었을 때 처음 나타난다. 이제 이것들은 성숙한 사랑 안에서 결합되어야만 한다. 성숙한 사랑은 친밀감(Intimacy) 대 고립(Isolation)의 위기로부터, 그리고 배려(Care)라는 특성 안에서 생긴다. 그리고 또한 배려는 생산성(Generativity) 대 자기-몰입(Self-Absorption)의 위기에서 생긴다. 그래서 나는 사랑을 다음과 같이 정의한다. 즉, 사랑(Love)은 분리된 기능에 내재해 있는 적대감을 극복하면서 영원히 상호 헌신하는 것이다.[12] 사랑은 개인들 간의 모든 친밀한 관계에 배어 있으며, 따라서 윤리적인 관심의 기반이 된다. 또한, 배려는 사랑, 필요 또는 우연에 의해 생산된 것들에 대한 폭넓은 관심이고, 그것은 되돌이킬 수 없는 의무에서 야기되는 양가감정을 극복한다.[13] 하지만 이 영화의 배역 중 어느 누구도, 또 실생활에서 어느 누구도 한 단계에만 "속하는" 경우는 거의 없다. 사실상 모든 사람들은 적어도 두 단계 사이에서 왔다 갔다 하고, 이 두 단계보다 더 높은 단계가 결정적인 영향을 미치기 시작할 때가 되어야만 확실하게 상위의 단계로 이동하는 것을

---

12) 이 정의의 영어 원문은 다음과 같다(역자주): *Love is mutuality of devotion forever subduing the antagonisms inherent in divided function.*

13) 이 정의의 영어 원문은 다음과 같다(역자주): *Care is the widening concern for what has been generated by love, necessity, or accident; it overcomes the ambivalence arising from irreversible obligation.*

볼 수 있다. 그러므로 만약에 발달적인 측면에서 보면 마지막 단계에 있다고 말할 수 있는 보리 박사가 그 이전의 두 단계에서의 갈등을 새롭게 겪는다면, 그는 죽음을 직면해서도 또는 노쇠해서도 마찬가지일 것이다. 그리고 만약 생산성에 대한 마리안느의 갈등이 아직도 친밀감을 위한 갈등에 눌린다면, 그녀도 또한 나이가 들어가는 것에 대해 – 특히 남편이 나이 들어가는 것에 대해 – 그리고 위협적인 골화(骨化)에 대해 조심해야 한다.

도표에서 왼쪽으로 조금 더 나아가서 이 영화에서 더 이전의 삶의 단계를 대표하는 인물들에 이르면, 우리는 세 명의 젊은이를 만나게 된다. 우리가 이미 본 것처럼 젊은이들은 아직도 정체성의 확립을 위한 갈등의 와중에 있고, 분명히 어느 정도의 정체성 혼미(Identity Confusion)를 겪고 있는데, 이들은 각자가 다른 사람의 비일관성을 지적함으로써(그리고 정신적으로 큰 타격을 줄 정도로 강조하면서) 이 혼미를 해결하려고 노력하고 있다. 하지만 젊은 사라는 누구를 "사랑"한다는 것은 진정한 사랑(Love)으로 성숙하여야만 하고, 또 단순한 "정교(intimacies)"는 친밀감(Intimacy)이 배어 있는 느낌과 친밀감을 성취할 능력을 갖추도록 성숙해야만 한다는 것을 보여 주면서 이들에게 다가오는 단계를 잊지 않도록 해 주고 있다. 아직도 보리 박사의 정체성 위기(H5)를 일깨워 주고 있는 것이 점심식사 시간의 열변과, 또한 사라를 잃지 않음으로써 억제되지만 않았다면 자신의 정체성의 보다 중요한 부분이 되었을지도 모르는 감정과 생각을 장난기 있게 그리고 일면 충동적으로까지 드러내는 데서 전면에 나타난다. 사라는 첫번째 애인으로서 여성적 타자(female Other)와 여성적 자기(female

Self), 즉 그 같은 사람이 너무나 여성적이라고 생각하기 때문에 자신의 일부라고 인정하지 않는 자기를 동시에 나타내고 있는 듯하다. 여기에서 충직성(Fidelity)을 정의하기로 하자. 충직성은 피할 수 없는 가치 체계의 모순과 혼란에도 불구하고 자유스럽게 서약한 것에 지속적으로 충성할 수 있는 능력이다.[14] 충직성은 정체성의 초석이고, 또한 그것은 이념들(ideologies)을 확인하고 동료들(companions)을 긍정하는 데서 영감을 얻는다.

도표의 우측 상단에 있는 12칸은 널리 퍼져 있는 또 다른 오해를 생각나게 한다. 임상적, 역사적, 자서전적 이유와 마찬가지로 이론적 이유 때문에,[15] 정체성(Identity)이라는 개념이 나의 저술에서 강조되어 왔고, 또 결과적으로 나의 도식에서 정체성이 목적론적 목표를 가지고 있고 성장의 끝이라는 가정 위에서 폭넓게 수용되기도 하고 거부되기도 하였다. 물론 정체성 위기(Identity Crisis)는 대략적으로 보아도 역시 중추적인 것이다. 그러나 보리 박사의 경우는 초기의 어떤 부분적인 억지(抑止), 특히 친밀성(Intimacy)으로부터의 움츠림 때문에 정체성이 직업이나 시민으로서의 역할 또는 어떤 성격적인 제한에 지나치게 경도(傾倒)된 상태로 자신의 정체성을 형성하면 어떻게 되는지를 통렬하게 보여주고 있다. 지나치게 공식화된 정체성을 "달성"하는 것은 따라서 이후의 선택을 다양하게 할 수 있도록 도와 주는 적당한 정도의

---

14) 이 정의의 원문은 다음과 같다(역자주): *Fidelity is the ability to sustain loyalties freely pledged in spite of the inevitable contradictions and confusions of value systems.*

15) Erikson, E.H. (1970). Autobiographic Notes on the Identity Crisis. *Daedalus*, Fall. Revised in *Life History and the Historical Moment* (New York, 1975).

정체성 혼란(Identity Confusion)을 겪을 기회를 너무나 일찍 희생시키게 되는 결과를 낳을 수도 있다.

이와 관련해서, 지금까지의 도식과 관련이 있는 모든 심리-사회적 강점(strength)은 소극적인 순응(adjustment)보다 적극적인 적응(adaptation)을 가정하고 있다는 점이 강조되어야만 한다. 즉, 그것들은 환경적인 기회를 선별적으로 활용할 경우에서도 환경을 변화시킨다. 따라서 "세상의 유지"는 단지 단순한 노역(勞役, servitude)이나 응종(應從, compliance)에 영향받을 수 있는 것이 결코 아니다. 오히려 그것은 사회적 발달과 심리적 발달이, 그리고 보다 큰 제도와 작은 제도가 지속적으로 상호 촉진해야 한다는 것을 의미한다. 또 그것은, 그런 상호 촉진이 불가능한 경우에는 사회적 관습과 제도가 급격하게 변해야 한다는 것을 의미하는 것이다. 바로 이런 이유 때문에, 생애주기에 대한 연구는 전기(biograpy)와 역사에 대한 연구 그리고 사회적 경제적 조건에 대한 연구로 이어지게 된다. 이 점이 의미하는 것은, 만일 개인이 사회의 의식(儀式)에서와 마찬가지로 나날의 의식(儀式)에서 여기에서 제안된 긍정(affirmation)과 확인(confirmation)을 발견하지 못한다면, 개인과 세대 간의 주기 모두가 사회적 변화의 구체적 필요를 지적하는 병리적 증상을 보일 것이라는 것이다. 어쨌든, 우리는 빅터(Victor), 안더스(Anders), 그리고 젊은 사라(Sara)에게서 이념적 논쟁이 벌어질 어떤 조짐을 감지할 수 있는데, 이 조짐은 원칙적으로 소란스러운 유예 기간(moratorium)이나 혁명적이거나 반동적인 잠재력을 변화시키는 어떤 이념적 운동에서 느낄 수 있다. 이 영화의 젊은 이상주의자들의 실제적인 사회적 개입은, 비록 보다 나이 많은 세대가 자신을 존중하기 위해 어떻게 하는지에 대해 뭔가 경외심(敬畏心)과 냉소(冷笑)가 혼합된 감정을 가지고 바라보고 있기는 하지만, 아직 시작되지는 않은 것 같다. 마리안느(Marianne)의 경우에도, 두 의사에 의해 상징되는 세대간의 고립과 전문적인 봉사와의 혼합물과 진정으로 맞닥뜨린 후, 나는 그녀가 지역사회에서 활동적으로 일할 것이라고 자신 있게 예측할 수 있다.

여섯째, 결론적으로, 생애주기와 그 안에서의 성인기와 노년기의 위치에 대해 말할 때, 만약 다음과 같은 세 가지 주기를 언급하지 않는다면 어느 개념도 충분치 못할 것이다.

(1) 연이어 새롭게 나타나는 모든 강점들은 개인의 주기를 완성하는 데 필요하다. 그러나 물론, 지금까지 살펴본 것처럼, 어떤 주기도 두려움과 불안을 조장하는 발달의 억제와 고립의 특징들이 미치는 다양한 영향력을 피할 수는 없다.

(2) 개인의 생애주기를 실현하는 것은 - 이것은 물론 최후의 순간에 가서야 명료하게 깨닫게 된다는 식의 간단한 문제는 아니다 - 계속 이어지는 세대주기에 지속적으로 해결책을 제시하고 책임지는 삶을 살아감으로써 순리대로 진행되는 삶의 과정 속에 주어진 것을 실현하는 것이다.

(3) 세대주기는 매우 복잡하게 얽히고설켜 있지만, 한편 진화해가는 사회 구조를 유지하는 데 필수적이다. 이 사회 구조는 생애 단계들이 새롭게 나타나는 것을 조장해 주어야 하는데, 만일 그렇지 못하면, 사회적이고 정치적인 병리(pathology)가 나타나게 된다.[16]

---

16) 우리들의 삶 속에서 매일매일 나타나는 의식화(ritualization, 儀式化)에 대해 설명하면서, 다른 곳에서 나는 전체 사회 구조의 핵심적인 요인들과 관련해서 어떻게 각각

이 글에서 제시한 것처럼 과거를 돌이켜 보는 방식에 의해 소년기(childhood)의 단계들에 대해서도 몇 가지 공식을 생각하면서 결론을 맺도록 하자. 보리 박사는 여행 중에 스웨덴의 시골을 지나가면서(그리고 도표에서 왼쪽으로 더 움직이면서), 그는 자신의 이전의 부모와 맞닥뜨리게 되는데, 이 부모는 분명히 그가 성적으로 그리고 가정적으로 서서히 친밀감을 잃어 가고 있을 당시 가장 만족스럽게 "세상의 유지"를 위해 노력한 개인적 개입을 상징하고 있다. 그의 부모는 그가 소년기와 청년기에 발달시켰던 강점을 성인기에 재생시켜 주고 있다. 즉, 목적성(Purposefulness)과 유능감(Competence)이 재생되었는데, 이것은 또한 그의 충직성(Fidelity)의 중심이 되었다.

여기에서 이 공식을 다시 한 번 살펴보자. 기본적으로 목적성은, 유아적인 공상의 좌절이나 그 공상으로 야기되는 죄책감과 처벌에 의해 억눌리지 않은 채, 가치화된 목표를 재미있게 상상하고 정열적으로 추구하는 용기이다.[17] 그것은 행동의 이상(理想)을 마련해 주고, 소년 시절의 환경에서의 모델에 의해 형성된다. 또한, 유능감은, 유아적인 열등감에 의해 손상되지 않은 채, 과제를 달

의 단계들이 존재하고 유지되는지에 대해 탐색하였다. 예를 들면, 생애의 맨 처음 단계의 갈등(기본적 신뢰 대 기본적 불신)이 전생애를 통해서 어떻게 신념 체계로 새롭게 나타나는지, 또 두 번째 갈등(자율성 대 수치심과 의심)이 어떻게 법 체계로 나타나는지에 대해 다루었다. 보다 자세한 내용을 위해서는 다음 책을 참조하시오. *Erikson, E.H.(1966). The Ontogeny of Ritualization in Man, in Philosophical Transaction of the Royal Society of London*, Series B, No. 772, Vol. 251.

17) 이 정의의 원문은 다음과 같다(역자주): *Purposefulness is the courage playfully to imagine and energetically to pursue valued goals, uninhibited by the defeat of infantile fantasies, by the guilt they aroused, and by thepunishment they elicited.*

성하면서 지능을 자유롭게 발휘하는 것이다.[18] 이것은 협조적으로 기술을 발전시키는 데 참여하는 것의 기초가 되고, 또한 도구와 기술(技術)의 논리에 의존한다. 그러나 만약 초기의 것, 즉 유능감이 근면성(Industry) 대 열등감(Inferiority) 사이의 유아적 투쟁에서 발생하거나, 또는 목적(Purpose)이 주도성(Initiative) 대 죄의식(Guilt) 사이의 투쟁에서 발생한다면, 이 본래의 갈등은 보리박사의 몽환이나 꿈에서 나타난다. 이미 우리가 알고 있는 것처럼, 그의 시험에 관한 꿈은 전문 직업인으로서의 삶 때문에 자신의 뿌리 깊은 부적절감에 둔감할 수 있었고(여기서는 한 여자가 그리고 암시적으로 그 자신이 "죽었는지" 혹은 "살았는지" 구별하지 못하는 것으로 표현되어 있다), 또 그의 뿌리 깊은 "죄의식에 대한 죄책감(guilty of guilt)"을 회피할 수 있게 해 주었다는 사실에 직면하게 해 주었다.

어린 시절의 환경에 대한 생생한 몽환은 보다 더 어린 시절의 단계(B2)로 이끌었는데, 이 단계에서 한 사람의 의지(Will)의 기초가 자율성(Autonomy)과 수치심(Shame)의 느낌 사이에서의 갈등으로부터 나타나면서 뭔가 지속되는 특징을 얻게 된다. 수치심도 죄의식과 마찬가지로 인간성에 깊게 뿌리박고 있고, 모든 문화에서 어린이의 발달에 특수한 선택과 제한을 가하기 위해 사용된다. 의지는, 억제되지 않는 고집과 통제되는 것에 대한 분노로 야기되는 예전의 수치심과 자기-회의의 경험에도 불구하고, 자기-통

---

18) 이 정의의 원문은 다음과 같다: *Competence is the free exercise of dexterity and intelligence in the completion asks, unimpaired by infantile inferiority.*

제와 자유로운 선택을 하려는 꺾이지 않는 결단이다.[19] 우리가 본 영화에서 어린 시절에 대해 가장 잘 나타낸 장면은 어떻게 모든 어린이와 청년들이 요구가 많고 잔소리 심한 아주머니를 견뎌 내는 것을 배우는지 실감나고 재미있게 보여 주는 부분이다. 이 아주머니는 물론 몽환에서 너무나 자애로운 사람으로 나타나지만, 잠재적으로는 그러한 환경의 잔인하고 도덕적인 측면을 나타내고 있다는 데 의심의 여지가 없다. 이러한 암시는, 정신병리와 성격학의 이론과 잘 일치하는데, 이삭이 다른 어느 누구보다도 자기 환경의 도덕주의에 굴복하여 결국 자신의 자발성과 장난기(playfulness)를 제한하는 지경에까지 이르게 되었다는 것이다. 또한 이것은 사실상 그가 성인이 되어서 나타내는 강박적인 성격을 형성하였다.

그러나 그 당시 이미 젊은 어머니의 역할을 하고 있었던 사라가 이삭을 부모와 그가 서로 상대방을 인정하는 미소를 나누는 해변가로 인도했을 때 – 비록 현재로는 그 역할이 완전히 끝나지는 않았지만 – 그녀는 첫번째 단계의 신뢰(trust)를 회복시키는 것처럼 보인다. 이 신뢰가 없었다면, 이삭은 현재의 그가 되지 못했을 것이고 또 그 같은 꿈을 꿀 수도 없었을 것이다.

이 글의 처음 부분에서는 훌륭한 이야기에는 생생한 설명을 위해 도표가 필요하지 않다는 사실이, 그리고 두 번째 부분에서는 도표를 특히 그렇게 많은 빈 공간이 있는 도표를 설명하기 위해

---

19) 이 정의의 원문은 다음과 같다(역자주): *Will is the unbroken determination to exercise free choice as well as self-control, in spite of early experiences of shame and self-doubt caused by uncontrolled willfulness and of rage over being controlled.*

서는 훌륭한 이야기가 이용될 수도 있다는 사실이 분명해졌기를 바란다. 어쨌든 나는 이 조합이 생애주기에 내재되어 있는 점성적 가치를 자세하게 보여 주는 다른 개념을 설명하는 데도 사용되기를 기대한다.

제2부
효율적인 노년기

- 스키너 -

제4장
스키너와의 대화

프로이트의 이론과 무의식에 관하여

대담자 : 박사님, 심리학에 영향을 끼친 다른 견해들에 대한 선생님의 고견을 들으면서 대담을 시작하도록 하겠습니다. 예를 들면, 많은 사람들이 정신분석학의 창시자인 프로이트(Sigmund Freud)의 생각을 탐구하면서 심리학을 접하게 되었습니다. 개인의 발달에 관해 프로이트가 이야기한 것은 과연 무엇이라고 생각하시며, 또 이 생각들에 대해 선생님께서는 어떻게 느끼시는지요? 선생님께서는 이 점에 대해 이미 이전에 다른 글에서 광범위하게 다루신 것으로 알고 있습니다만.[1]

스키너 : 프로이트의 정신적 기제는 제가 보기에는 별로 의미가 없습니다. 프로이트가 여러 가지 매우 중요한 공헌을 한 것은 사실입니다. 결정론자로서, 예전에는 우연이라고 믿어졌던 것들이 실제로는 법칙에 의한 것이라는 점을 많은 사람들에게 확신시켰고, 이 점에 대해서는 그가 옳다고 생각합니다. 그러나 그가 인과적으로 관련이 있다고 생각한 사건들 사이의 간격을 채우면서, 그는 유기체의 내부에서 진행되는 정신적 사건들의 정교한 체계를 구성하거나 혹은 단편들을 짜 맞추었습니다. 이런 사실은 그가 성인의 행동을 어렸을 때 경험한 사건과 관련지어서 설명할 때 더욱 분명하게 드러납니다. 아무런 인과적 효과가 없는 것이 분명하다고 여겨진 50년의 세월이 지난 후, 어느 날 갑자기 50년 전 어린아이였을 때 경험한 한 사건과 관련이 있는 것처럼 보이는 어떤 일이 생긴다는 것이지요. 저 역시 그런 종류의 연결이 있다고 믿습니다. 하지만 프로이트식의 이론은 실제로 일어난 것을 잘 설명하고 있지도 않고, 또 과거의 사건을 현재의 행동에 연결시켜 주지도 않는다고 생각합니다. 어린이는 생물적 실체로서 그에게 일어난 사건들에 영향을 받고 변화됩니다. 하지만 우리 자신의 과거의 어린이가 어쨌든 성인으로서의 우리 속에 계속 내재하고 있다는 생각은 현재의 행동을 설명하는 데 별로 도움이 되지 않는 일종의 물활론(物活論)에 지나지 않습니다. 예를 들어 형제간의 경쟁을 생각해 봅시다. 한 성인이, 그가 어렸을 때 형제나

---

1) Skinner, B. F. Critique of Psychoanalytic Concepts and Theories, in H. Feigel and M. Scriven (eds.), *The Foundations of Science and the Concepts of Psychology and Psychoanalysis.* Minneapolis: University of Minnesota Press, 1956, 77-87.

누이를 때렸을 경우 아버지로부터 심한 처벌을 받았고, 그 처벌로 인한 불안 때문에 다른 사람들과 개방적이고 자유스러운 관계를 맺기가 불가능하다고 가정해 봅시다. 이 어린 시절 경험의 산물이 현재 절실히 느껴지는 일종의 불안으로 전환되었고, 현재의 행동장애는 그 절실히 느껴지는 경험에서 기인한 것이라고 말할 수도 있습니다. 그럴 경우, 정신적 사건이 종국적인 사건들을 연결시켜 준다고 가정하는 것이지요. 그러나 이런 설명은 그것들을 적합하게 나타내는 것이 아닙니다. 억압된 소망과 두려움은 어린이로서의 한 사람에게 일어나는 것을 나타내는 유용한 방법이 아닐 뿐만 아니라, 저는 성인의 행동을 설명하기 위해 그런 종류의 것을 가정할 필요조차 느끼지 않습니다. 프로이트는 현재의 행동과 과거에 일어난 사건, 특히 아주 어린 시절의 사건 사이에 중요한 인과관계(因果關係)가 있다는 것을 보여 주었다고 생각합니다. 하지만 저는 그가 그 둘을 연결시키는 데 유용한 개념 체계를 고안해 냈다고는 생각하지 않습니다.

대담자 : 그렇지만, 프롬(Erich Fromm)은 프로이트 학파에서는 그들 나름대로 유용할 것이라고 여기는 경험적인 방법을 사용하고 있다는 점을 강조하고 있습니다.[2] 여기에는 중요한 정의(定意)상의 문제가 있는 것 같습니다. 선생님께서도 "경험적(empirical)"이라는 용어를 자주 사용하시는 걸로 알고 있습니다. 하지만 선생님께서는 정신분석학자들이 의미하는 것과는 뭔가 확실히 다른 의미로 그 용어를 사용하십니다. 인과관계에서 그들이 "관찰

---

2) Evans, R. I. (1966). *Dialogue with Erich Fromm*. New York: Harper & Row.

(observe)"한다고 생각하는 것은 선생님께서 순수하게 관찰할 수 있는 사건을 기술(記述)하면서 사용하시는 것과는 꽤 다르다고 생각됩니다.

스키너 : 그렇습니다. 감정이나 정서, 회상이나 기억 등의 관점에서 인과관계에 대해 말하는 것에 대해서는 할 말이 정말 많이 있습니다. 그런 식으로 말한다면, 어떤 것에서도 인과관계가 있다고 말할 수 있습니다. 하지만 저의 관심은 생물학의 한 분야인 행동의 과학(science of behavior)에 있습니다. 그것은 관찰할 수 있는 사건을 다루는 것이지, 프로이트 학파에서 자신들이 유기체에서 관찰한다고 느끼는 가상(假想)적이거나 형이상학적인 기제를 다루는 것이 아닙니다. 제가 보기에는, 프로이트식의 설명은 원시적인 물활론의 한 변형에 불과합니다.

대담자 : 프로이트의 이론은 의식(conscious)과 무의식(unconscious)을 분명하게 구별합니다. 이것에 관해서는 어떻게 느끼십니까?

스키너 : 어떤 것이 의식적인지 무의식적인지의 여부는 저에게는 별로 의미가 없습니다. 행동의 인과성은 자각(自覺, awareness)에 달려있지 않습니다. 자각은 우리에게 부과되는 그 무엇입니다. 다시 말하면, 우리가 이런 것들에 대해 이야기해야만 한다고 주장하기 때문에, 우리는 우리가 하는 행동과 왜 우리가 그것을 하는지 그 이유에 대해 알게 됩니다. 사회는, "너는 왜 그런 행동을 하지?" 또는 "다음에는 무엇을 하려고 하지?"라고 묻습니다.

그리고 어린이는 주위를 둘러보고 대답을 하기 위해 뭔가 이야기 할 거리를 찾는 것을 배우게 됩니다. 이런 방식으로 그는 자의식적(self-conscious)인 사람이 되어 가는 것이지요. 흥미있는 점은 우리가 자신을 관찰하게끔 만드는 것은 사회라는 것입니다. 그렇지 않으면 우리는 그렇게 행동할 이유가 없습니다. 비사회적(nonsocial) 환경에서는 자각을 일으키게 할 것이 하나도 없습니다. 자각은 모든 다른 행동과 마찬가지로 환경의 한 부분에 대한 반응일 뿐입니다. 하지만 공교롭게도 그것은 실은 유기체 그 자체 속에 내포되어 있는 환경의 한 부분입니다.

동기 및 정서에 관하여

대담자 : 프로이트의 동기 이론을 조금 더 살펴보면, 무의식에 대한 강조 외에도, 그의 이론은 오늘날의 대부분의 다른 이론과 마찬가지로 생리학적인 동질정체(同質停滯, homeostasis) 또는 균형(balance)이라는 개념을 따르는 경향이 있습니다. 이 이론들에 의하면, 동기는 유기체를 발분시키고(arouse), 방향을 지우고, 유지하는 모든 조건을 포함합니다. 선생님께서는 **행동주의적 입장**에서 동기에 대해 이런 식으로 접근하는 것에 대해서 어떻게 생각하십니까?

스키너 : 여기에는 두 가지 논제가 있는 것 같습니다. 하나는 행동 자체의 차원에 관한 것입니다. 저는 그 자체 또는 다른 유용

한 준거틀(frame of reference)에 관련해서 공간에서의 유기체의 운동(movement)으로 행동을 정의하기를 좋아합니다. 때때로 우리는, 말을 하는 경우에서처럼, 근육의 패턴을 직접 관찰할 수 없는 경우에는 행동의 산물을 다루기도 합니다. 이것은 매우 구체적인 방식으로 행동을 정의하는 것입니다. 그리고 대부분의 사람들은 "순응(adjustment)", "적응(adaptation)", "동질정체적 발달" 등과 같은 보다 일반적인 기술(記述)에 의존합니다. 이것들은 행동을 명백하게 기술하는 것을 회피하는 방식들일 뿐만 아니라, 그 이유 때문에 위험한 것입니다. 그러나 만약 단지 한 사람이 균형 속에 있는 반면에 다른 사람은 그렇지 못하다는 사실을 설명하려고 한다면, 우리는 다른 준거틀을 가지고도 얼마든지 설명할 수 있습니다. 한 사람이 자신의 상황에 성공적으로 대처한다거나 또는 그의 조건이 오랜 기간에 걸쳐서 좋아진다고 말하는 경우, 우리는 어떤 행위(action)도 구체화시키지 않습니다. 반면에, 유기체가 적응을 하도록 이끌어 주는 변인들을 찾아 내기 원한다면, 우리는 행동과 그의 원인에 대해 보다 구체적일 필요가 있습니다. 단지, "오, 유기체 안에 있는 모든 조건들이 통합적으로 행동을 일으킨다."는 식으로 이야기하는 것만으로는 충분하지 않습니다. 만약 우리가 조작할 수 있는 원인을 찾아 내기 원한다면, 우리는 먼저 그것을 분리해야만 하고, 그런 후에 그것을 조작하고 결과가 어떻게 일어나는지 스스로 살펴보아야만 합니다. 저는 한 반응이 방출될 확률을 다루는 것을 더 좋아합니다. 하지만 그런 확률을 다루기가 불가능하기 때문에, 한 반응이 만들어지는 비율(rate)을 관찰합니다. 저는 통제할 수 있고 보여 줄 수 있는 조건의 함수로서 그 비율을 찾아 내는 것을 좋아합니다. 만약 반응 비율을 통제할 수 없다면, 그리고 만약 반응을 찾아 낼 수 없다면, 우리는 어쩔 도리가 없습니다. 물론 추측할 수는 있습니다. 하지만 동기 분야는 그렇게 어려운 분야가 아닙니다. 만약 우리가 동물이나 사람이 특정한 행동을 하는 빈도를 관찰할 수 있는 상황만 가질 수 있다면, 그 빈도가 함수인 변인들을 모두 찾아 낼 수 있습니다. 그리고 변인들을 찾아 낼 경우, 그것을 완전히 설명할 수 있습니다.

대담자 : 동기에 대해 다소 다른 접근 방식으로서, 선생님의 동료이신 머레이(Henry Murray)는 구체적인 욕구들을 열거하였습니다.[3] 또 다른 동료인 맥클레랜드(David McClelland)는, 이런 욕구들 가운데 하나인 성취 욕구를 연구하면서, 어린이가 받은 어렸을 때의 독립성 훈련의 수준은 후에 나타나는 성취 욕구의 강도에 직접적인 상관이 있을 것이라고 가정하고 있습니다.[4] 다양한 욕구들을 가정하고 한 사람의 어린 시절의 생활 패턴을 어른 시절의 생활에서의 상대적인 강도를 설명하는 수단으로 삼는 데 대해서는 어떻게 생각하십니까?

스키너 : 저는 여러 욕구를 일렬로 가정해야 하는 이유를 전혀 모르겠어요. 사람들은 실험 연구에서 우리가 종종 생물학적 강화물, 예를 들면 배고픔, 목마름, 또는 성(性)과 관련이 있는 강화물

---

3) Murray, H. A. (1938). *Explorations in Personality.* New York: Oxford University Press.
4) McClelland, D. (1964). Psychoanalysis and Religious Mysticism, in *The Roots of Consciousness.* New York: D. Van Nostrand Company.

을 사용한다고 불평합니다. 그리고는 욕구를 감소시키는 것처럼 보이지 않는 비생물적 강화물을 우리가 어떻게 다루는지 묻곤 합니다. 하지만 음식물은 강화물이 아닙니다. 왜냐하면, 그것은 욕구를 감소시키기 때문입니다. 먹는 것은 생물학적 조건을 변화시키지만, 음식물은 바로 그렇기 때문에 강화물이 아닙니다. 제가 보기에는, 만약 어린애가 딸랑이 소리에 강화된다면, 행동을 설명하는 데 있어서 그 소리는 마치 어린애의 입에 있는 음식물과 마찬가지로 강화물로서 유용합니다. 그런 종류의 구별은 별 문제가 없습니다. 그러나 성취와 관련해서는, 사람들은 일반적으로 강화 조건의 엄청난 중요성을 간과하는 경향이 있습니다. 중요한 것은 우리가 뭔가를 얻는다는 것이 아닙니다. 중요한 것은 그것을 얻는 바로 그 순간에 우리가 하고 있는 행동입니다. 저는 적합한 강화계획에 의해 강화를 줌으로써 비둘기도 높은 수준의 성취를 이루도록 만들 수 있습니다. 하지만 그런 욕구를 가지도록 명령하는 것을 통해서는 그렇게 만들 수 없습니다. 저는 욕구를 어떻게 명령하는지조차 모릅니다. 마치 우리가 열쇠를 구멍에 꽂고 돌려서 문을 열듯이 그렇게 욕구가 작동하게 만드는 방법은 없습니다. 우리가 할 수 있는 것은 한 사람을 배가 더 고프게 만드는 것입니다. 그러면 음식을 교묘하게 강화물로 사용할 수 있고, 따라서 그는 거의 배가 고프지 않을 경우에도 매우 열심히 일을 할 것입니다. 만약 사람들이 다양한 방식으로 생산적이고 활동적이기 원한다면, 중요한 것은 강화의 수반성(隨伴性, contingency)을 분석하는 것이지, 만족되는 욕구를 분석하는 것이 아닙니다.

대담자 : 동기에 관한 논의를 더 지속해 보도록 하지요. 선생님께서는 욕구(need)라는 개념보다 정서(emotion)라는 개념이 더 유용하다고 생각하십니까?

스키너 : 그렇지 않습니다. 만약 정서가 행동을 설명한다고 여겨지는 내적 상태를 말한다면, 그것도 욕구와 마찬가지입니다. 우리가, 마치 음식 박탈에서처럼, 정서에서도 구체적이고 현재 행해지고 있는 내적인 활동과 관련 있는 생리적 과정을 발견할 수 있다는 점은 의심의 여지가 없습니다. 분노를 느끼는 사람이 누군가에게 언어적으로 혹은 신체적으로 해를 끼치는 것은 상당히 강화적일 것입니다. 하지만 분노를 그 순간에 존재하는 자율적 반응의 독특한 패턴으로 정의한다면, 그것은 결코 도움이 되지 못할 것입니다. 왜냐하면, 이 반응은 수많은 다른 것에도, 또 우리가 전혀 정서라고 부르지 않는 것에서조차, 보편적으로 일어나기 때문입니다. 격렬한 운동을 한 후의 내적 조건을 폴리그라프(polygraph, 고동, 혈압, 땀 등의 생리적 반응을 종합적으로 기록하는 장치 ; 역자주)로 기록해 보면, 그것은 매우 정서적으로 보입니다. 하지만 그것이 어떤 정서에 꼭 관련되어 있을 필요는 없는 것입니다. 제 입장에서 보면, 정서는 특정한 종류의 결과에 의해 규정되는 특정한 종류의 행동을 할 확률의 문제일 뿐입니다. 분노는 단지 공격의 확률이 높은 것이고, 두려움은 도망갈 확률이 높은 것이며, 또 사랑은 사랑받는 상대방을 긍정적으로 강화할 확률이 높은 것뿐입니다. 서로 사랑하는 두 사람은 지속적으로 상대방을 강화하고, 그 상호 효과는 매우 강력할 수 있습니다. 이

상호 효과는 사람의 행동을 분석하는 데 중요한 요인입니다. 생리학은, 만약 유기체의 이런 다양한 측면을 명료화할 수 있으면, 보다 더 의미 있게 될 것이라는 점은 의심의 여지가 없습니다. 현재로서는 행동을 설명하려는 생리학의 시도가 모호하기 때문에, 제가 보기에는 별로 유용한 것 같지 않습니다.

행동의 내적 외적 통제에 관하여

대담자 : 박사님, 전에 선생님께서는 자신이 결정론자라고 말씀하셨습니다. 프로이트 식의 생물학적 결정론에서 보다 환경적-사회적-문화적 결정론으로 넘어가는 오늘날의 심리학의 추세와 더불어, 다른 한편에서는 자기-책임성(self-responsiblity)이라는 개념에 관한 관심이 높아가고 있는 듯 합니다. 이것은 부분적으로는 사회에 관한 이 환경적-사회적-문화적 이론들의 효과에 관한 반동(反動)인지도 모르겠습니다. 그리고 이론들 자체는 개인의 나쁜 행동에 대한 합리화나 변명의 도구가 되어 갑니다. 예를 들면, 브로드웨이(Broadway)의 뮤지컬 『웨스트 사이드 스토리』(*West Side Story*)에 나오는 "지휘관 크럽키의 노래(Officer Krupke Song)"에서 풍자되는 것처럼, 비행청소년들은, "우리는 우리의 행동에 책임이 없다네, 다만 사회적 조건의 책임이라네."라고 노래합니다. 이 주제에 관해서 선생님은 어떤 입장을 취하고 계십니까?

스키너 : 저는 유기체의 자기-책임성에 관해 논하지 않습니다.

그러나 대담자께서 한 구분은 실제로는 혐오적 통제(aversive control)에서 정적 강화(positive reinforcement)로의 전환을 의미하는 것이고, 그것은 매우 중요한 주제입니다. 예를 들면, 만약 우리가 주정뱅이를 비난하고 창피를 주어서 알코올 중독을 통제하려 한다면, 생각컨대 그는 자신을 통제함으로써 비난을 회피하는 것을 배우게 될 것입니다. 그러나 만약 우리가, "여기서 잠깐 생각해 봅시다. 이것은 실제로는 의학적인 문제입니다. 당신은 지금 병을 앓고 있습니다."라고 말한다면, 그는 아마도 처벌을 피하기 위한 변명으로 이것을 이용할 것입니다. 나쁜 행동을 하는 사람들을 처벌하는 것에 대한 대안(代案)은 사람들이 자연적으로 선하게 되는 세상을 만드는 것입니다. 개인적 책임은 처벌적 통제를 믿는 사람들조차도, 그들이 혐오적 조건하에서도 좋은 행동을 하는 사람을 존경한다 할지라도, 이해하지 못하는 것입니다. 이 점에 대해서는 저의 동료인 맥클레랜드(David McClelland)가 「정신분석과 종교적 신비주의(Psychoanalysis and Religious Mysticism)」라는 논문에서 이미 분명히 밝히고 있습니다. 그는 프로이트가 종교개혁(Protestant Reformation)과 동시에 유대인의 하시디즘(Hasidism, 18세기 폴란드에서 일어난 유태교의 한 파로서 신비적 경향이 강함; 역자 주)의 신비주의적 전통과 매우 가깝다는 것을 지적하고 있습니다. 그는 프로이트와 기독교-유대교의 신비주의자는 둘 다 엄격한 훈련을 통한 통제라는 정통파적 관행에서 벗어나고 있으며, 또 내적 통제를 지향하고 있다는 점을 분명히 밝히고 있습니다. 초기의 기독교인과 유대교인들은, 쿰란 공동체(Kumran community)와 수도원에서, 자신들을 통제하기 위해 외부 권위에

복종하는 생활을 했습니다. 사해문서(Dead Sea Scrolls)를 보면, 베네딕회(Benedictine)나 다른 수도원의 명령처럼, 복종은 너무나 지당한 일이었습니다. 우리는 처벌하는 권위 밑에 자신을 놓고, 그리고는 만약 우리가 올바르게 행동하지 않는다면, 우리는 당연히 처벌받는다는 의미에서 우리의 행동에 책임이 있는 것입니다. 그것이 "책임 있는(responsible)"이라는 단어가 의미하는 모든 것입니다. 하지만 그것은 혐오적인 기술(技術)을 통한 통제를 사용하지 않는 사회에서는 의미가 없습니다. 하시딕 운동이나 프로이트에서, 내적 통제가 외적, 권위주의적, 정통적(orthodox) 통제를 대체한 것이 아니라, 부적(negative) 강화에서 정적 강화로 전환된 것일 뿐입니다. 사람은 자신이 해야만 하는 행동을 하기보다는 오히려 자신이 하고 싶은 행동을 합니다. 동일한 목표가 달성됩니다. 즉, 동일한 행동을 합니다. 그것은 내적 통제가 아니라 오히려 다른 종류의 외적 통제일 뿐입니다.

　개인적 책임이라는 개념 자체가 적절하지 못합니다. 왜냐하면, 거기에도 역시 통제가 존재하기 때문입니다. 마치 몇몇 심리학자나 정신의학자들이 우리가 그렇게 할 수 있다고 믿는 것처럼, 비행자(非行者)에게 스스로 책임을 지도록 만드는 경우에도, 우리는 오직 사회가 어떤 방식으로든 필수적인 통제를 마음에 주입시킬 경우에만 성공할 수 있을 뿐입니다. 이 점이 제가 로저스(Carl Rogers)와 논쟁하는 부분인데, 그는 어쨌든 내담자 그 자신의 내부에서 문제를 해결할 수 있는 통제적 힘을 발견할 수 있다고 주장합니다. 그의 방법은 기독교-유대교와 같은 그런 전통에서 성장한 내담자에게는 효과가 있습니다. 왜냐하면, 그 전통은 내담자에게 좋은 행동을 할 이유를 마련해 주기 때문입니다. 그러나 만약 한 내담자가 갑자기, "아, 그렇군요! 이제야 알았습니다. 제 상관을 죽여야만 하겠습니다."라고 외친다면, 그가 상담실을 그대로 나가게 내버려 두지 않을 것입니다. 우리는 그에게 정말로 자신의 문제를 해결할 수 있는 방안을 발견했다고 말하지는 않을 것입니다. 모든 해결책은 어떤 통제로부터 오는 것입니다. 만약 그의 문제가 지나치게 엄격한 혐오적 통제로부터 야기되었다면, 우리의 목표는 그것으로부터 그를 자유롭게 하는 것입니다. 하지만 어떤 그 무엇으로 그를 변화시킬 수는 없습니다. 우리는 그를 절대적으로 자유롭게 만들지는 않습니다.

대담자 : 그렇다면 선생님께서 정적 강화를 강조하시는 것은 혐오적 통제로부터 정적 통제를 지향하는 이미 존재하는 역사적-문화적 경향을 반영하는 것이라고 말할 수도 있겠군요.

스키너 : 예, 그렇습니다. 하지만 그렇다고 말하면서도 약간은 당황스럽습니다. 왜냐하면, 저는 역사적인 관점에서의 논쟁을 믿지 않습니다. 하지만, 비록 역사적인 증거로부터 예측하는 것을 좋아하지는 않지만, 무엇이 이루어지고 있는지 관찰하는 것은 흥미있다고 생각합니다. 문명은 혐오적 통제로부터 정적 통제로 발전해 오고 있습니다. 오늘날에는 세계적으로 불과 몇몇 곳이긴 하지만, 아직도 노예 제도가 시행되고 있는데, 이곳에서는 노동이 채찍에 의해 강요당하고 있습니다. 임금(賃金)의 지급으로 신체적인 처벌을 대체했습니다. 그리고 다른 강화물을 찾으려고 노력하고 있기조차 합니다. 우리는 사람들이 일 자체를 사랑하기

때문에 생산적으로 일하도록 하는 것을 좋아하는 것은 틀림없습니다. 오래된 동업 조합 체계(craft system)를 하나의 예로 회상하기도 합니다. 때때로 학교에서 학생들에게 다시 채찍을 들기 시작해야 한다고 주장하는 소리를 듣곤 합니다. 하지만 이것은 단지 아주 최근까지 교육은 드러내 놓고 혐오적이었다는 사실을 상기시켜 줄 뿐입니다. 이집트인, 그리스인 그리고 로마인 모두 학생들을 때렸고, 사실상 공부에 대한 라틴어의 표현은 매맞기 위해 손을 내미는 것을 의미합니다. 영국에서도 회초리가 아직도 사용되지만, 처벌에서 벗어나자는 운동이 있고, 또 공부를 하는 긍정적 이유를 찾자는 노력을 하고 있습니다. 종교에서도 마찬가지입니다. 지옥불(hell-fire)과 천벌에 대해 점차로 덜 강조하고 있습니다. 사람은 긍정적인 이유들 때문에, 신에 대한 사랑 때문에, 그리고 이웃에 대한 사랑 때문에 선하게 되는 것입니다. 정치나 행정에서도 유사한 경향이 일고 있습니다. 30년대의 유명한 판례에서, 농업법은, 토지를 경작하는 것을 불법으로 하는 대신에, 농부들이 토지를 경작하지 않아도 임금을 지불하도록 판시하였습니다. 이것은 강압적인 위협을 피하기 위한 노력의 일환입니다. 그것은 중요한 경향이었고, 사람들은 일반적으로 처벌받는 것을 좋아하지 않기 때문에 지지되었습니다. 그리고 보다 친밀한 수준에서는 우리는, 사람들이 잘못된 행동에 대해 비난을 받거나 처벌을 받는 것을 두려워하기 때문이라기보다는 오히려 그들의 개방적이고 긍정적인 행동이 매우 강화적이기 때문에, 그들이 서로 잘 지내기를 바랍니다. 저는 이 경향이 지속될 것이라고 예상할 정도로 역사적 결정론자는 아닙니다만, 그렇게 되기를 바랍니다.

처벌적인 사회는 그 안에서 생활하는 사람들로부터 지지(支持)를 받지 못합니다. 반면에, 좋은 것으로 가득 찬 사회는 강해지는 경향이 있습니다.

처벌, 부적 강화 및 혐오적 통제에 관하여

대담자 : 스키너 박사님, 실험적 연구에서 선생님께서는 **처벌, 부적 강화**, 그리고 **혐오적 통제** 등의 개념을 구분하셨습니다. 이 구분에 대해 말씀해 주시겠습니까?

스키너 : 처벌은 혐오적인 사건이 반응에 수반되게 만드는 것이고, 부적 강화는 조건 자극이든 무조건 자극이든 간에 혐오적 자극을 제거하거나 이동시키는 것이 강화적인 것을 말하는 것으로 구분할 수 있습니다. 그리고 혐오적 통제는 행동을 야기시키는 한 방법입니다. 어린이가 공부하도록 하기 위해 처벌한다고 말하는 경우, 우리는 "처벌한다"는 용어를 잘못 사용하고 있는 것입니다. 그 경우, 우리는 사실은 어린이가 공부를 함으로써 도피할 수 있는 조건을 조정하는 것입니다. 하지만 어린이가 나쁜 행동을 하지 못하도록 처벌하는 경우, 우리는 실제로는 행동을 억제하려는 것입니다. 이전의 제 연구에서 보면, 처벌은 우리가 예상했던 것처럼 그렇게 행동을 효과적으로 억제하지 않습니다. 처벌은 단지 반응하고 있는 현재의 경향을 감소시킬 뿐입니다. 처벌을 받지 않게 되자마자, 예전의 행동이 다시 나타납니다. 물론

항상 이런 것은 아닙니다. 왜냐하면, 극단적으로 심한 처벌은, 적어도 우리가 결정할 수 있는 한에서는, 영원히 행동을 하지 못하게 만들 수도 있기 때문입니다. 그러나 놀라운 것은, 만약 보편적인 처벌적 사건을 행동에 수반하도록 만들기만 하면, 그 행동은 처벌이 끝난 후 다시 회복될 것이고, 또 유기체는, 비록 예전에 심하게 처벌받았다 할지라도, 지속적으로 행동할 것이라는 점입니다. 저는 일반적으로 혐오적 통제의 부작용 때문에 그것을 싫어합니다. 부정적인 부수 효과를 가지고 있는 모든 종류의 감정이 야기됩니다. 만약 어떤 학생을 처벌을 피하기 위해 공부를 하도록 만든다면, 그는 곧 다른 방법으로 회피할 것입니다. 다시 말하면, 그는 수업을 빼먹고 농땡이를 부리거나, 무단 결석을 하거나, 또는 낙제생이 될 것입니다. 아니면 반발을 하겠지요. 학교에서 학생들을 통제하기 위해 사용하는 기술(技術)들을 살펴보기만 하면, 학생들이 학교 기물을 파괴하는 이유도 쉽게 설명할 수 있습니다. 학생들의 또 다른 일반적인 반응은 활동하지 않고 나태한 것(inactivity), 즉 무감각(apathy)해지거나 완강하게 아무것도 하지 않는 것입니다. 이것들은 혐오적 자극의 피할 수 없는 부작용입니다. 정적 강화에서는 이와 비견할 만한 부작용이 생기지 않습니다. 이 점이 정적 강화가 더 좋은 이유입니다. 만약에 우리가 정적 강화에 대해서 알고 있는 것만큼 부적 강화에 대해서 안다면, 그것도 행동을 조성(shaping)하는 데 효과적일 수 있다는 것을 발견하게 될지도 모르겠습니다. 그러나 현재로서는 그것은 별로 효과적이지 못합니다. 그래서 저는 그것에 대해 반대합니다.

대담자 : 그러나 우리 문화 전반에 걸쳐서 아직도 혐오적 통제가 일상 생활에서 널리 쓰이고 있는 것 같습니다. 법, 규제, 규칙, 임금 지급 방식, 그리고 학교에서 성적을 매기는 방법에 이르기까지 널리 사용되고 있습니다. 우리가 보다 긍정적으로 통제하는 체계로 전환하는 것을 좋아한다고 가정해 보도록 하지요. 현재의 체계를 점차로 보다 정적 강화에 기초한 체계로 전환시킬 수 있는 방법이 무엇인지요?

스키너 : 한 틀에서 다른 틀로 바꿀 때는 항상 과도기적인 문제들이 있고, 또 보통 그 문제들은 매우 골치 아픈 것들입니다. 이미 대담자께서 말씀하신 예를 이용한다면, 비행청소년은 단순히 자신은 미쳤고 혼란스러우며, 따라서 용서받아야 된다고 강변합니다. 또 그것은 자신의 잘못이 아니라고 강변합니다. 만약 우리가 비행청소년을 단지 처벌로 통제하려고 한다면, 우리는 그것에 집착해야만 하고, 비행청소년에게 죄가 있다고 말하게 됩니다. 그는 무책임하고, 그에게 잘못이 있으며, 따라서 그는 처벌을 받아야만 합니다. 그 상황을 처리하기 위해 다른 방법을 시도한다는 것은 우리의 통제가 나쁠 수도 있는 과도기를 가진다는 것을 의미합니다. 비행청소년이 우리의 새로운 방식을 처벌을 회피하는 쉬운 방식으로 이용하게 되는 것이 바로 이 때입니다. 하지만 그가 이 변화하는 상황을 악용했다고 해서 비난할 수는 없습니다. 왜냐하면, 그것은 사람이라면 당연히 그렇게 하리라고 충분히 예상할 수 있는 행동이기 때문입니다.

대담자 : 바람직하지 않은 행동을 다루면서 소거(消去, extinction)

를 이용하는 것은 어떻습니까?

스키너 : 글쎄요. 소거도 바람직하지 않은 행동을 없애는 한 방법이지요. 그러나 그것을 효과적으로 이용하기 위해서는 어떤 강화적 결과도 우리가 제거하려고 하는 행동에 수반되지 않는다는 것이 확실해야만 합니다. 일반적으로, 그것은 별로 효과가 없습니다. 시간이 오래 걸리고, 또 행동을 제거하는 동안에는 그 행동을 참아야만 합니다. 저는 오히려 양립할 수 없는 행동을 강화하는 방법을 더 좋아합니다. 최근에 실수 없이 변별(discrimination)하는 것과 관련해서 아주 흥미있는 연구가 이루어졌습니다. 이연구에서는 틀린 반응의 강화를 피하고 또 옳은 반응을 일으키는 자극을 강화물로 이용하였습니다. 그 연구는 대담자께서 지금 제시하고 계신 방향이 전도가 밝다는 것을 보여 주고 있습니다. 그분야는 아직까지는 별로 발전하지 못했습니다. 왜냐하면, 최근에 와서야 처벌을 대체할 대안을 찾기 시작했기 때문입니다. 처벌은, 만약 우리가 강하기만 하다면, 쉬운 방법입니다. 만약 교사가 학생보다 더 강하다면, 그는 처벌에 의존할 수 있고 또 처벌을 면할 수도 있습니다.

공산주의 사회의 유인 체계에 관하여

대담자 : 사회의 통제 체계에 관해 논하면 으레 공산주의 사회는 실제로 어떤 통제 체계를 사용하고 있는지 의문이 생깁니다.

예를 들면 소련은 어떻습니까?

　스키너 : 소련에서 제가 본 것 때문에 크게 놀라지는 않습니다. 그리고 이론적으로 보면, 그들은 틀렸다고 생각합니다. 저는 그들 자신도 자신들의 이론에 따르지 않는다고 생각합니다. 마르크스(Karl Marx)의 원칙, 즉 "필요에 따라 가진다."는 원칙은 물론 성서에 기초를 둔 것입니다. 그 원칙을 주창한 것은 마르크스가 아니라 성어거스틴(St. Augustine)입니다. 하지만 그 원칙은 핵심적인 사항을 간과하고 있습니다. 왜냐하면, 중요한 점은 사람이 자신에게 필요한 것을 얻는 그 순간에 무슨 행동을 하고 있느냐 하는 것입니다. 그것이 바로 강화를 받는 행동이 되기 때문입니다. 어떤 사람도 배고픈 사람에게 동정심을 느낄 수 있고, 단지 불쌍하기 때문에 그에게 음식을 줄 수 있습니다. 그것은 좋은 일입니다. 거기에는 저도 이의가 없습니다. 저도 생산적으로 일하게 만들기 위해 사람을 굶기는 것은 찬성하지 않습니다. 빅토리아(Victoria) 여왕 시대의 영국에서는, 공장의 생산성을 유지하기 위해서는 노동자들을 거의 굶어죽을 지경으로 만들어야 한다는 이론이 주창되기도 했습니다. 그리고 그 당시에는 그것이 필요했을지도 모르겠습니다. 왜냐하면, 그 당시에는 노동이 매우 혐오적이었기 때문입니다. 하지만 제 생각에는 러시아식의 원칙 또한 포기된 것 같습니다. 후르시쵸프(Khrushchev)는 당시 상원의원이었던 험프리(Humphrey)에게 "정신나간" 중국 사람들이 아직도 모든 사람이 필요에 따라 가져야 한다고 믿고 있다고 말했다고 전해지고 있습니다. 그렇지만 후르시쵸프는 러시아 인민들에게

1980년까지는 의식주가 모두 무상으로 지급될 것이라고 약속했습니다. 만약 그가 정말로 무상으로 지급된다는 것을 의미했다면, 다시 말하면 생산적인 노동에 수반되지 않고 이것들이 지급된다면, 그렇다면 사람들은 노동을 할 이유가 없을 것입니다. 저는 한때 이 점에 대해 영국에서 열린 한 환영회에서 만난 러시아 경제학자와 논쟁한 적이 있습니다. 저는 다음과 같이 물었습니다 – "만약 그렇게 된다면, 사람들이 일을 해야 하는 이유는 무엇입니까?" 그는 매우 독선적인 입장을 취하면서 말했습니다 – "오, 그들은 공동의 선(common good)을 위해 일할 겁니다." 그러나 마르크스 자신도 알고 있었던 것처럼, 어느 한 특정한 순간에 일을 하는 것과 훗날의 공동 선에 참여하는 것 사이에는 크나큰 간격이 있습니다. 러시아 사람들에게는 뭔가 유인(誘因) 체계가 필요합니다. 일반적으로 러시아의 노동자들은 미국의 노동자보다 덜 생산적이고, 또 이것은 단지 러시아에는 자본이 적다는 것만으로는 설명할 수 없습니다.

대담자 : 이 유인 체계(incentive system)가 모두 꼭 정적인 강화의 성질을 띨 필요는 없지 않습니까? 선생님께서 지금 말씀하신 것을 제가 이해하기에는, 어느 정도 혐오적인 요소가 있어도 좋다는 것 같습니다만.

스키너: 물론입니다. 많은 사람들이, 그리고 많은 교과서에서도 그렇지만, 임금을 주급(週給)으로 주는 것을 계획된 정적 강화의 예로 인용하고 있습니다. 그러나 실제로는 이것은 틀린 것입니다. 만약 우리가 한 사람에게 오직 금요일 오후 5시에만 강화를

한다면, 그는 5시 5분 전에서 5시까지 5분 동안만 일을 할 것입니다. 그가 월요일에도 일하는 이유는, 만약 그렇지 않으면 해고당하기 때문입니다. 그렇게 되면, 그는 금요일 오후에 돈을 받을 수 없게 됩니다. 시급(時給), 일급(日給), 주급으로 임금을 주는 방법에는 효과적이기 위해 어떤 종류이든 감독이 꼭 있어야만 합니다. 노동자를 해고시킬 권한을 가지고 있고, 따라서 주기적인 임금으로 지금까지 살아 온 생활 수준을 더 이상 유지할 수 없게 만들 수 있는 고용주가 주위에 있어야 합니다. 사람들은 실제적으로 주급이 강화물이기 때문에 열심히 일해야 한다고 느끼는 것은 아닙니다. 오히려 그들은 일하지 않으면 강화물의 공급이 중단될 것이기 때문에 일을 합니다. 그것은 건강하지 못한 체계입니다. 제가 비교적 자세히 연구해 온 또 다른 강화 계획, 즉 고정비율(fixed-ratio) 강화 계획이 있습니다. 이것은 성과급 체계에서 이용되는 것인데, 이 체계에서는 노동자는 자신이 일한 성과에 따라서 임금을 받습니다. 이것은 감독을 필요로 하지 않을 뿐만 아니라, 또한 이 종류의 강화에서는 유기체는 사실상 강화가 시작되기 훨씬 전부터 일을 시작합니다. 왜냐하면 강화를 받을 수 있는 정도에 도달하기 위해서는 그는 일찍 시작해야만 하기 때문입니다. 실제적으로 이 계획은 너무나 효과적이기 때문에 대부분의 노동조합은 그것에 반대하고 있는 실정입니다. 이 계획은 사람을 완전히 지쳐서 나가떨어지게 만들 수도 있습니다. 19세기 영국의 가내공업은 이 계획을 근거로 움직였습니다. 가정주부는 어린애를 재우고는 재봉틀에 앉아서 몇 켤레의 양말을 짰습니다. 이 양말 12켤레당 1페니 정도의 돈을 받는 그런 식이었습니다. 그것은 가공할 만한 체계이었습니다. 그러나 그렇게 하면 생산적이 됩니다. 그 점에 대해서는 의심할 여지가 없습니다.

유인 체계는 두 강화 계획의 혼합물입니다.[5] 만족스러운 기초를 마련하는 데 충분한 주기적 임금이 있어서 비율강화 계획만이 적용되지 않는 경우도 있습니다. 부분적으로는 봉급을 받고 부분적으로는 수수료(commission)를 받는 영업사원의 경우가 이 체계들이 혼합되어 사용되는 예입니다. 그가 받는 봉급이 수수료를 받아야만 하는 절박함을 덜어 주기 때문에, 그는 자신을 강요하지 않고도 어느 정도 품위 있는 생활을 할 수 있습니다. 그는 옆에서 왔다갔다하는 감독자를 필요로 하지도 않습니다. 왜냐하면 수수료가 비율강화 계획으로 되어 있기 때문에 그는 일을 계속하게 됩니다. 봉급과 수수료가 적당하게 혼합되면 감독자 없이도 생산적으로 일하게 될 뿐만 아니라, 또한 비율강화 계획으로 성과급을 줄 때처럼 지나치게 노력하는 것도 막을 수 있습니다. 이것은 실험실에서 이루어진 행동 과정을 경제학에 응용하는 한 예에 불과합니다. 실험실에서 연구하는 것은 물론 극단적으로 기술적인 것이고, 또 때로는 복잡하기도 합니다. 하지만 실험실에서 도출된 원리는 노동자나 학생, 그리고 자신의 행동에 의해 강화를 받는 모든 사람들의 거의 모든 수준의 행동을 야기하는 체계

---

5) 스키너가 말하고 있는 것을 정리해 보자. 넓은 의미에서 특정 행동이 일어날 확률을 증가시키는 수단으로 사용되는 강화 계획에는 두 가지가 있다. 하나는 비율(ratio)강화 계획이고, 또 하나는 간격(interval)강화 계획이다. 비율강화 계획으로 강화가 주어질 경우, 유기체가 강화를 받기 전에 일정한 수의 반응을 해야만 하는 것으로 성과급으로 노동자의 임금을 지급하는 것과 비슷한 것이다. 간격강화 계획은 시간과 날짜에 따라 강화를 주는 것인데, 예를 들면 실험에서 매 몇 분마다 강화를 주거나 노동자에게 주급을 주는 것과 유사한 것이다.

에 적용될 수 있는 것입니다.

정적 강화의 영향력에 관하여

대담자 : 미국과 소련에서 적용되는 체계의 차이를 더 살펴보면서, 선생님께서는 생산적인 노동을 위한 유인물은 거두어들이고 형식적인 이념적 근거를 넘어서는 아무런 정적 강화를 주지 않을 경우 소련에는 문제가 생길 것이라고 보십니까?

스키너 : 소련에는 이미 문제가 있다고 생각합니다. 러시아인들은 이미 교육자에게 사람들이 지속적으로 생산적으로 일하는 데 필요한 태도를 심어 주는 책임을 부과하고 있습니다. 그러나 이것은 효과를 볼 수 없습니다. "공동의 선"이라고 부르는 뭔가 추상적으로 언어화된 강화물을 위해, 또는 사회적으로 유용한 행동을 하고 있다는 느낌을 위해 사람들이 창조적이고 적극적이고 지속적인 방식으로 일을 계속하게 만드는 것은 엄청난 공학적 기술을 필요로 하는 작업입니다. 현재 소련은 그런 공학적 기술 체계를 가지고 있지 않습니다. 반면에, 우리 것은 완벽하지는 않지만 그래도 적어도 그들 것보다는 낫습니다. 우리의 임금 체계의 결점은 노동자들 편에서 보면 바라지 않는 다양한 행동을 하도록 만든다는 것입니다. 현대적인 생산 라인에서 일하는 사람들 중 즐겁게 일하는 사람은 거의 없습니다. 그러나 만약 근무 시간이 상당히 감축되고 임금이 충분히 오르기만 한다면, 그들은 적어도

근무 시간 이외의 삶을 즐길 수는 있습니다. 공장에 음악을 틀어 놓는 것만으로는 결코 충분하지 않습니다. 각 개인에게 뭔가 성취감을 주는 사회적 효과를 내도록 만들 수 있습니다. 이것들은 지금까지는 모두 가능성에 불과하지만, 시도해 보아야만 합니다. 다소 생경한 예는 소위 변동비율 강화를 사용하는 것인데, 이것은 모든 도박 장치의 핵심입니다. 노동자들에게 일상적인 봉급 외에 생산한 것에 기초해서 복권을 주고 주말에 추첨을 하는 것이지요. 사람들은 적어도 가끔 딸 수만 있다면 즐거운 마음으로 기꺼이 돈과 시간과 정력을 도박에 투자하는 것입니다. 만약 그렇다면, 같은 강화 계획을 산업 조직에서도 당연히 응용해야 되지 않겠습니까?

대담자 : 산업체에서 사용할 수 있는 노동자에 대한 일종의 "도박 모형(gambling model)" 강화이군요.

스키너 : 그 강화 계획에서 문제가 될 것은 아무것도 없습니다. 모든 과학적 업적도 변동비율 강화 계획에 따라 보상받는 것입니다. 물론 사냥, 낚시, 탐험, 탐사 등도 모두 마찬가지입니다. 이런 활동에서, 우리는 언제 강화를 받을지 전혀 예상할 수 없습니다. 하지만 강화는 계속 나타납니다. 연구에 몰두하는 과학자는 병적인 상습 도박자와 마찬가지로 자신이 하는 일에 홀려 있습니다. 다만, 아무도 그를 만류하지 않을 뿐이지요. 그는 그 강화 계획을 통해 뭔가를 얻습니다. 사회도 그렇습니다.

대담자 : 도박은 대부분의 사람들에게 뭔가 매혹적인 독특한

점이 있는 것 같습니다. 라스베가스(Las Vegas)에서는 "승산의 게임(game of chance)"에 작용하고 있는 간헐적인 변동강화 계획이 대부분의 사람들에게 실제로 얼마나 강력한지를 흥미있게 관찰할 수 있습니다.

스키너 : 그렇습니다. 여러 개의 기계를 계속 돌아다니면서 한꺼번에 여러 개의 게임을 동시에 하는 사람들을 봅니다. 산업계에서도 그와 같이 지속적으로 유지되는 노력을 끌어 낼 수 있는 방식을 이용해도 좋을 것입니다. 사실상, 그 기계들은 도박자의 주머니를 더 빨리 털 수 있는 방식으로 변경될 수도 있습니다. 저는 더 좋은 도박 기계를 고안할 수도 있습니다. 물론 사업의 관점에서 보아 더 좋다는 의미입니다. 하지만 물론 그런 기계를 고안하지는 않습니다.

프로이트의 방어기제에 관하여

대담자 : 다른 분야로 넘어가겠습니다. 프로이트는 혐오적인, 적어도 심리적으로는, 결과와 자아에 위협적인 상황을 회피하기 위해 사람들이 사용하는 특정한 종류의 행동들을 설명하기 위해 일군의 방어기제(defense mechanism)를 밝혀 냈습니다. 선생님께서도 물론 그의 방어기제를 검토해 보셨겠지요? 방어기제를 또한 혐오적 통제의 예로 간주해도 되겠는지요?

스키너 : 예, 그렇습니다. 저도 프로이트의 기제들을 분석해 보

았습니다.[6] 그리고 어떤 점에서는, 저는 그것들을 모두 혐오적 통제라고 보았습니다. 그들은 이런저런 종류의 바람직하지 않은 결과를 회피하는 방법들을 보여 주고 있고, 그런 면에서 분석해 보면, 그것들은 교정(correction)의 수단을 제시하고 있기도 합니다. 사람들이 우리가 원하는 행동을 하도록 부추기는 대신에, 만약 우리가 원하지 않는 행동을 처벌한다면, 사람들은 처벌적인 결과를 회피하는 방법을 발견해야만 합니다. 하지만 이것은 효율적인 방식이 아닙니다. 그것들은 신경증이라고 불릴 수도 있습니다. 사회는 효과적인 행동을 부추기는 편이 더 좋습니다. 게으른 학생을 단지 게으르다는 것 때문에 처벌하고, 무지한 학생을 단지 무지하다고 처벌하고, 또 고집이 센 학생을 단지 고집이 세다는 것 때문에 처벌할 경우, 학생들이 스스로 처벌을 회피하는 방법을 찾아 내도록 방치하는 것입니다. 그가 하는 행동은 거의 대부분 우연에 의한 것입니다. 반면에, 우리는 그의 행동을 강화해서 그가 게으르지 않고 정력적으로 일하게 만들 수 있습니다. 그리고 그의 무지에서 벗어나도록 이끌 수 있는 지시를 주는 프로그램을 만들 수도 있습니다. 또 우리는 그들이 자신의 이기적인 관심에서 벗어나서 사회의 명령에 따라 행동하도록 유도할 수 있습니다. 우리는 바람직한 행동을 하게 함으로써 게으름, 무지, 고집 등의 문제를 해결합니다. 행동을 긍정적으로 조성(shaping)하는 것이 훨씬 더 성공적인 방법입니다.

---

6) Skinner, B. F. (1954). Critique of Psychoanalytic Concepts and Theories. The *Scientific Monthly*, Vol. 797, 300-305.

행동 치료에 관하여

대담자 : 반응과 환경적인 조작을 이처럼 긍정적으로 조성하는 방식이 심리 치료에 체계적으로 응용되고 있지 않습니까? 물론 어떤 사람들은 이 방법이 환자의 "사적인 세계(private world)"를 무시하고 치료자와 자신의 환경과의 상호작용을 기계적이고 피상적인 수준에 머물게 하여 문제의 기저에 깊이 깔려 있는 "심리적 역동성"을 무시한다고 말하기도 합니다. 이런 비판에 대해 어떻게 생각하십니까?

스키너 : 제 생각에 우리는 실제로 아무것도 잃는 것이 없습니다. 정신병 환자는 그의 행동 때문에 정신병적인 것입니다. 우리는 그의 감정 때문에 수용하는 것이 아닙니다. 행동은 그의 감정의 결과라고 말할 수도 있겠지요. 그러나 감정도 역시 뭔가의 결과임에는 틀림없습니다. 조금 더 길게 보면, 우리는 환경적인 요인을 발견하게 됩니다. 저는 순전히 내적인 병이 있다는 가능성을 배제하는 것은 아닙니다. 하지만 그런 의미에서의 병이란 제가 관심을 기울이지 않는다고 비판을 받을 만큼 그렇게 풍부한 경험은 아닙니다. 정신병적인 사람이 품위 있게 사는 세상을 만드는 것에 대해 저는 전혀 하찮거나 품위 없이 여긴다거나 또는 천하다고 여기지 않습니다. 사실상, 그것은 매우 단순화된 세상일 것입니다. 많은 정신병 환자들은 분명히 아픈 사람들이거나 또는 손상받은 유기체를 가지고 있습니다. 또 그들은 일상적인 환경에 결코 성공적으로 되돌아올 수 없습니다. 그러나 단순한

환경의 통제하에서 그들은 보다 행복하고 보다 생산적으로 살아갈 수 있습니다.

대담자 : 선생님께서 제안하시는 것은 비단 심리 치료에만 응용할 수 있는 것은 아니고 수용된 환자에게도 응용할 수 있을 것입니다. 실제로 정신병원 내에서 환자들을 대상으로 다양한 강화 계획을 이용하여 그들이 보다 효율적으로 기능하고 더 많은 자신에 대해 더 많은 책임을 느끼게 하는 연구들이 이루어지기도 했습니다.[7] 선생님께서는 그런 연구들이 더욱 더 결실을 맺을 것이라고 생각하십니까?

스키너 : 물론 연구들이 올바른 방향으로 이루어지고 있다고 확신합니다.

대담자 : 어떻게 하면 이 연구들이 가장 효과적으로 이루어질까요?

스키너 : 두 가지 가능성이 있습니다. 하나는 현재 수용 시설에 만연되어 있는 열악한 수반성(contingency)을 제거하는 것입니다. 예를 들면, 수용 시설에서는 말썽쟁이들이 오히려 간호사들의 관심을 끌면서 강화를 받고 있습니다. 그 대안으로는 이 점을 보다 명확히 하고 또 이 점을 분명히 감안한 세상을 만드는 것입니다. 그것은 자연스러운 환경은 아닐 것입니다. 하지만 이들도 자연스러운 케이스들은 아닙니다. 우리는 그런 사람들이 최소한도의 보

---

7) Ayllon, T. (1963). Intensive Treatment of Psychotic Behavior by Stimulus Satiation and Food Reinforcement. *Behavior Research and Therapy*, Vol. 1, 53-61.

호를 받으면서 상당히 효과적으로 매일매일의 생활을 영위해 나갈 수 있는 상황을 만들 수 있습니다. 자기 스스로 단정치 못한 사람을 계속 깨끗하고 단정하게 만드는 것은 경비가 많이 드는 일이고, 모든 사람들이 다 괴로움을 받습니다. 정신과 환자들을 돌보는 데 사용할 수 있는 돈은 그리 많지 않습니다. 만약 우리가 환경을 재조직하여 그들의 행동이 간호사들의 지속적인 보살핌 없이도 효과적이게 만든다면, 현재 이용할 수 있는 시설을 가지고도 그들에게 보다 나은 생활을 하도록 해 줄 수 있습니다. 제 생각에는, 이것이 그들의 존엄성과 고귀함을 더 **함양시키는** 것입니다. 그들이 다소 인위적인 방식으로 통제되는 것은 사실입니다. 하지만 그렇게 해서 그들의 생활이 상당히 적절하게 이루어질 수만 있다면, 저는 그것이 성공이라고 생각합니다.

대담자 : 그와 유사한 방법이 정신지체아에게도 적용되고 있습니다. 이 분야에 응용하는 것에 대해서도 같은 생각을 가지고 계십니까?

스키너 : 그렇습니다. 저와 동료 몇 명이 지능이 대개 50 정도 되는(그것이 무엇을 의미하든지 간에) 수용소에 수용되어 있는 정신지체아들과 실험을 하고 있습니다. 그들은 단순화된 환경에 잘 반응하고 있고, 저는 그들을 돌보고 있는 수용소들이 그런 방식으로 재조직될 수 있다고 확신합니다. 현재 지체아들은, 비록 간호사들이 선의를 가지고 있다고 해도, 혐오적 방법으로 통제되는 경향이 있습니다. 그런 방식으로는 어느 누구에게도 실제로 도움이 되지 못합니다. 수용되어 있는 지체아들은, 보통의 세상에서

활동하기에는 약간 부족한 수준의 지능을 가지고 있는데, 그들이 하루 종일 꽤 행복하게 생활할 수 있을 뿐만 아니라 또한 생산적으로 살 수 있는 환경에서 생활할 수 있습니다. 이들은 특정한 종류의 행동을 수행할 수 있을 뿐만 아니라 실제로 돈도 벌고 있습니다. 그들은 실제로 자신들의 노력으로 감당할 수 있는 행복한 상황을 즐길 수 있습니다.

대담자 : 정신지체에 대한 현재의 생각이 지체아들이 실제로 가지고 있는 훈련에 대한 잠재력을 과소 평가하고 있다고 선생님께서는 생각하고 계시는지요?

스키너 : 그 점에 대해서는 전혀 의심의 여지가 없습니다. 이것은 모든 유기체에 대해서도 마찬가지입니다. 저는 비둘기를 통해 연구하려고 했지만, 결국 그 비둘기에게 아무것도 가르칠 수 없었던 한 심리학자를 알고 있습니다. 지난 20여 년 동안, 비둘기는 지금까지 어느 비둘기도 하지 못한 일들을 했습니다. 비둘기가 개량된 것이 아닙니다. 단지 그들이 살고 있는 수반성이 개선된 것입니다. 정신지체아도 정상적인 환경에는 적응을 하지 못하고 또 잘 살아갈 수도 없습니다. 그러나 그들을 위해 고안된 환경에서는 아주 적절한 행동을 할 수 있습니다.

월덴 투(Walden Two) - 이상향에 관하여

대담자 : 선생님의 반응을 들으면 재미있을 또 다른 광범위한

분야가 있습니다. 이것은 문학 작품의 해석과 창조적 저술에서 심리학의 역할이 무엇인지에 관한 선생님의 고견을 듣는 것입니다. 지금까지 이 분야는 프로이트식의 이론에 지배당하고 있는 것 같습니다. 선생님께서는 행동을 실험적으로 분석하는 훈련을 받는 것이 창조적 저술가가 되는 데 도움이 된다고 생각하시는지요?

스키너 : 저는 과거에 문학의 주제뿐만 아니라 역사나 전기(傳記)의 주제에 대해 프로이트식으로 해석하는 데 흥미를 갖곤 하였습니다. 하지만 더 이상 분석을 심각하게 생각하지 않게 되었습니다. 왜냐하면 그것들은 정형화된(stereotyped) 형태를 따랐고, 저는 그것에 대해 매우 싫증이 났습니다. 지금 대담자께서는 두 가지 질문을 하셨습니다. 저술가는 자신의 생산성을 극대화하기 위해 또는 작품의 질을 높이기 위해 언어 행동에 관한 지식을 이용할 수 있는가? 이 질문에 대해 저는 "그렇다"고 확신합니다. 또 다른 질문은 독자가 거의 확실히 책을 읽고, 또 그가 읽은 것에 의해 영향을 받을 수 있도록 책을 디자인할 수 있는지의 여부에 관한 것입니다. 저는 그 질문에 대한 대답도 역시 "그렇다"고 생각합니다. 저는 언어적 생산물(verbal output)을 극대화하기 위해 특별한 단계를 밟습니다. 이 말은 양을 극대화한다는 의미가 아닙니다. 그것은 제가 가장 효과적으로 저술할 수 있는 조건을 만든다는 것을 의미합니다. 말하자면, 저는 활동 중에도 언어적 행동을 포착하고, 그것이 나타나자마자 기록을 해 둡니다. 그런 후에 시간이 날 때, 다시 그것에 관해 작업을 합니다. 그러나 이것

은 여기서 다루기에는 적절하지 않은 기술적으로 세세한 것들이 포함되어 있습니다. 독자의 측면에서 생각해 보면, 독자들이 계속 책을 읽게 하기 위해 강화를 주는 구절이 계획적으로 주어질 수도 있습니다.

대담자 : 이것은 또한 전자 매체에서도 그렇지 않습니까? 사실상, 텔레비전이나 라디오에서 내보내는 상당량의 광고도 또한 효과적으로 강화물을 배치하겠다는 희망의 산물들이지요.

스키너 : 지금까지의 것들이 가능한 최선의 것들이 아니기를 바랄 뿐입니다. 왜냐하면 대체로 그것들은 따분한 것들이기 때문입니다. 저는 아마 그것들보다 더 좋은 광고 문안을 쓸 수 있을 것입니다. 하지만 저는 도박꾼보다 더 광고인들을 도와 주고 싶은 생각은 없습니다.

대담자 : 환경을 통제할 수 있다는 가능성에 대한 생각은 그것이 전체 문화에 스며들 수 있기 때문에 상당한 두려움을 야기하는 것 같습니다. 그리고 그것이 선생님의 매우 성공적인 소설인 『월덴 투』(Walden Two)의 출간에 이어서 야기된 논쟁의 핵심인 것 같습니다. 그와 같은 "계획된 이상향(planned utopia)"은 인본주의자에게는 특히 괴로운 것처럼 보입니다. 선생님께서는 『월덴 투』에서 묘사한 그런 문화를 상상하시면서, 실제로 그런 문화가 존재할 수 있다고 진정으로 믿으셨습니까?

스키너 : 저는 그 책을 꽤 진지하게 썼습니다. 그것은 암흑 세계(dystopia)가 아닙니다. 그 책을 쓸 당시에도 그런 사회가 가능

하다고 생각했고, 지금도 그렇게 생각하고 있습니다. 선의를 가진 일군의 사람들이 함께 모여서 여러 혐오스러운 노동을 없애기 위해 불필요한 일상적 소비를 줄이면서 그들의 생활을 조직하는 것, 만족스러운 상태의 접촉을 보다 많이 가지기 위해 사회적 환경을 조직하는 것, 자녀들이 앞으로 살아가야 할 삶을 효율적으로 이끌도록 교육시키기 위해 학교 체계를 조직하는 것, 일이 적어도 즐거운 상황에서 이루어질 수 있도록 하기 위해 경제 체제를 조직하는 것 등이 틀림없이 가능하다고 생각합니다. 그러나 제가 그런 사회를 묘사했을 때 반응은 정말로 꽤 격렬했습니다. 「라이프」(Life)잡지는 『월덴 투』를 스파르타 시대 이후로 아무도 꿈꾸지 않은, 죽은 자의 압력에 의한 양도 불능의 소유권(mortmain)의 승리라고 불렀습니다. 크러취(Joseph Wood Krutch)는 책의 반을 그것을 공격하는 데 할애했을 뿐만 아니라,[8] 다양한 기회를 통해 그것을 되풀이 공격하곤 했습니다. 저는 가끔 무엇이 이들을 괴롭히고 있는지 자문하곤 합니다. 가장 주요한 어려움은 나의 좋은 생활이 누구엔가에 의해 계획되었다는 사실인 것이 분명합니다. 만약 어느 날 조셉 우드 크러취가 자신이 좋아하는 뉴멕시코의 한 봉우리에 올라가 『월덴 투』에서 묘사하고 있는 대로 살고 있는 작은 문명을 우연히 만난다면, 그는 언덕을 내려와 다음과 같이 말할 겁니다 - "우리는 얼마나 어리석은가! 여기에 완전한 삶이 있다." 그러나 만약 누군가가 그에게 프레이지어(Frazier)라는 나이 많은 인디언이 그 삶을 계획했다고 일러 준다면, 그에게는 모든

---

8) Krutch, J. W. (1954). *The Measure of Man.* New York: Bobbs-Merrill Co.,

것이 졸지에 허사가 될 것입니다.[9] 한 방식의 삶이 문화적 진화 속에서의 일련의 우연의 산물이 아니라 계획된 것이라는 사실은 누군가가 계획자의 입장에 있다는 것과 따라서 위협적인 전제 군주의 위치에 있다는 것을 암시합니다. 그러나 어떤 체제에서도 전제 군주를 방지할 나름대로의 제도적 장치를 가지고 있습니다. 만약 그렇지 않다면, 어떤 방식의 삶에서도 우리는 희망이 없습니다.

대담자 : 논의를 보다 활성화시키기 위해 잠시 동안 선생님 말씀에 반대되는 의견을 제시하겠습니다. 계획된 사회와 관련한 전제 군주에 대한 그런 두려움은 최근의 역사에서 이미 그 타당한 보기를 찾을 수 있지 않습니까? 사회를 계획하려는 시도는 나치 독일에서도, 소련과 중국에서도 발견할 수 있습니다. 그 계획자들에 의하면, 각각의 체제는 창조적인 생산성을 위한 여건을 마련해서 각자가 자신의 가장 편안하고 생산적인 수준에서 기능하도록 만들려는 희망을 가지고 디자인되었습니다. 이 목표들은 "좋은 삶"에 대한 철학적 개념과도 조화를 이루는 것처럼 보입니다. 그렇지만, 이들 나라에서 행해진 그런 계획들의 결과는, 비록 "좋은 삶"을 향해 나아가는 방향으로 진행되었다고 볼 수도 있지만, 실제로는 전제 군주적인 체제로 전락한 것처럼 보입니다. 어떻게 선생님께서 제안하신 유형의 계획이 결과적으로 전제적인 체제로 전락하지 않으리라는 보장을 할 수 있습니까?

---

9) 프레이지어는 『월덴 투』에 나오는 인물로서 이상향의 건설을 이끌었다.

스키너 : 이것은 오래 전부터 내려온 가치 판단의 문제입니다. 어느 사회는 좋고 어느 사회는 나쁘다고 판단할 때 우리는 어떤 가치를 사용합니까? 대담자께서는 먼저 기술(techniques)에 대해 질문하셨습니다. 만약 자는 사람을 한밤중에 깨워 감옥에 집어넣는 등 나치가 그랬던 것처럼 우리가 강제적인 수단을 사용한다면, 잠시 동안은 통제할 수 있습니다. 그러나 그 경우에도 겁에 질린 사람을 통제하는 것입니다. 더군다나 외부로부터의 지지도 얻을 수 없습니다. 결과적으로 그 방법은 실패하게 되어 있습니다. 저는 러시아에서도 그런 종류의 통제를 피하려 한다고 생각합니다. 물론 그들은 오랫동안 그런 방법을 사용했습니다. 하지만 현재는, 비록 수반성을 적절하게 조직하지는 못했지만, 긍정적 강화를 사용하려고 노력하는 것처럼 보입니다. 오늘날 중국에서는 어떻게 되어 가고 있는지 모르겠습니다. 왜냐하면 그들은 많은 것을 외부에 비밀로 하고 있기 때문입니다. 하지만 중국이 러시아보다 훨씬 더 마르크스(Karl Marx)에 가까울 것으로 생각됩니다. 아마 중국은 때때로 강제적인 통제에 의존해야만 할 것입니다. 왜냐하면 그들은 아직까지 긍정적 강화를 효과적으로 해주는 수반성을 발견하지 못했을 것이 뻔하기 때문입니다. 일차적인 결과는 성공적인 통제입니다. 그러나 부수적인 결과는 이렇게 통제된 사람들은 자신들의 능력을 최대한으로 발휘하지 않는다는 것입니다. 만약 미신(迷信)과 무지로 통제한다면, 인도(India)가 바로 그런 경우인데, 그 통제도 뿌리 깊은 영향력을 갖기는 할 것입니다 (한 이슬람교 군주와 그의 자손들은 수세기에 걸쳐 영향력을 행사하기도 했습니다). 그러나 그것은 무지한 사람들에 대한 통제

이고, 그것 역시 강국을 만들지는 못합니다. 길게 보면 우리는 집단의 생존을 고려해야만 합니다. 그리고 집단을 약하게 만드는 기술을 사용하는 전제 군주는 결국 자신을 약하게 만듭니다. 현실의 지도자가, 프레이지어가 그랬던 것처럼, 자신의 권력은 전적으로 백성의 힘에 달려 있다는 것을 깨닫고 있는지는 모르겠습니다. 프레이지어는 사실상 전혀 통치하고 있지 않습니다. 그는 통제하지 않습니다. 사람들은 그가 누구인지 알지도 못합니다. 그리고 그가 젊은 건축가에게 자신의 친구와 이야기하기 위해 와 달라고 부탁했을 때, 그 건축가는 수영하러 가버립니다. 사실상, 그는 모든 것을 움직이지만, 자신을 과장하기 위해 그렇게 하는 것이 아닙니다. 만약 그런 이유로 했다면, 그는 실패했을 것입니다. 그는 지도자로서 자신을 성공적으로 억제했습니다. 이것이 그 책에서 심사숙고한 점이고, 제 생각에는 매우 중요한 점입니다.

제5장
효율적인 노년기를 위한 책략들

노년기에서의 지적 자기 관리

25년 전에, 나는 동부 심리학회(Eastern Psychological Association)의 모임에서 「과학적 연구의 한 사례사」(A Case History of Scientific Method)라는 논문을 발표하였다. 그 논문에서, 행동과학자로서의 내 생애는 통계학자나 과학적 방법론자들이 일반적으로 묘사하는 모습과는 맞지 않는 것 같다는 점을 지적하였다. 이 글도 또한 한 사례사이기는 하지만 매우 다른 영역에 관한 것이다. 심리학의 토대를 닦은 선구자 가운데 한 사람인 홀(G. Stanley Hall)은 자신이 살아온 여러 삶의 단계에 대해 각각의 단계를 거치면서 책을 썼다고 들었다. 나는 어려서부터 그런 것을 시작할 만한 선견지명을 가지고 있지 못했다. 하지만 나는 아직 마지막 단계에 대해서는 말할 수 있다. 그래서 내가 한 때 탁구를 하는 비둘기를 묘사한 것처럼 노년기에 행동하는 내 자신을 말로 제시하기로 한다.

발달주의(developmentalism)는 행동의 형태나 모습(topography)을 시간의 함수 관계로 연구하는 구조주의의 한 분야이다. 여기에서 중요하게 다루어지는 주제는 사람이 나이가 들어가면서 어떻게 행동이 변하는가 하는 점이다. 노화(老化, aging)라는 용어가 이 과정에 적합한 것임에는 틀림없지만, 그렇다고 그것이 발달을 의미하는 것은 아니다. 일반적으로 인정되는 용례(用例)에 의하면, 발달한다는 것은 단지 나이가 드는 것을 의미하는 것이 아니고, 잠재적인 구조가 드러나는 것, 내적 잠재력이 실현되는 것, 그리고 더 효율적이 되는 것을 의미하는 것이다. 반면에, 노화는 보통 점점 더 비효율적으로 되어 가는 것을 의미한다.

셰익스피어(Shakespeare)에 의하면, "사람의 일생"은 가냘프게 울고 먹은 것을 토하는 유아기에서 시작해서 "마지못해서 학교로 뱀처럼 느릿느릿 기어가는" 아동기와 한숨 짓는 연인(lover)과 헛된 명성을 쫓는 군인 시절을 거쳐 현명한 격언과 최신의 경험들로 가득한 재판관의 시기를 거친다. 그리고 나서 "남자다운 거친 소리가 목소리에서 새어나오는" 단계를 거치고, 마침내 두 번째 유년기와 같은(childishness) 시기와 단순한 망각(oblivion)의 시기 – "이도 없고, 눈도 없고, 맛도 모르고" 그리고 마지막으로 물론 "아무것도 없는" 시기에서 끝난다. 노인은 늙은 사람이다. 노화는 단순히 나이를 먹는 것이 아니라 늙는 것이다.

발달주의에는 원예학적(horticultural) 비유가 분명히 드러난다.

즉, 성장에는 여러 단계들이 있고, 성숙이 가장 바람직한 완성의 단계로 환영받는다. 하지만 그 비유는 그 단계에서부터는 점점 덜 매력적이 된다. 왜냐하면, 발달이 멈추는 것을 즐거워해야 하는 시점이 있기 때문이다. 성숙의 단계 이후에는 쇠퇴와 부식(腐蝕)이 있을 뿐이다. 다행스럽게도, 발달적인 설명은 완전치 못하고, 이 설명에서 빠진 내용은, 만약 우리가 노화에 대해서 뭔가 하기를 원한다면, 특별히 중요한 것이다. 노화에는 태아의 성장에서부터 계속되는 움직일 수 없는 생물학적 과정이 있다는 것에 대해서는 의심의 여지가 없다. 이 과정은 지연되거나 조장될 수는 있지만, 멈추어질 수는 없다.

유기체(organism)의 성장에 관해 말한다면, 성장은 비유가 아니다. 하지만 사람(person)은 다양한 방식으로 발달하고 또 다른 이유로 발달하는데, 이 중에 많은 것은 불변의 것이 아니다. 내적 잠재력이 드러나는 것으로 보이는 것 가운데 많은 것은 사실은 환경이 드러나는 것의 산물에 불과하다. 다시 말하면, 사람의 세계가 발달하는 것이다. 사람의 노화는, 유기체의 노화와는 다르게, 물리적 사회적 환경의 변화에 달려 있다. 우리가 보통 어떤 젊은이는 나이에 비해서 늙었다거나 또는, 셰익스피어가 말한 것처럼, 늙은이가 다시 어린이가 된다고 말할 때 그 차이를 깨닫게 된다. 다행스럽게도, 환경이 발달하는 과정은 변할 수 있다. 또 이런 종류의 노화는 지연될 수 있다.

만약 삶의 단계들이 단지 시간의 흐름에만 달려 있다면, 변화의 방향을 되돌리기 위해 우리는 젊음의 샘을 발견해야만 할 것이다. 그러나 만약 노인들이 겪는 대부분의 문제들이 환경적인 결점에 기인하는 것이라면, 그 환경은 개선될 수 있는 것이다.

유기체와 사람은 물론 서로 독립적으로 발달하는 것은 아니다. 다시 말하면, 생물학적 변화는 환경적인 변화와 서로 상호작용한다. 감각 기관이 둔해짐에 따라, 자극적인 환경도 점차로 불분명해진다. 근육이 느려지고 약해짐에 따라, 성공적으로 수행할 수 있는 일이 별로 없게 된다. 감각과 운동 능력의 변화는 게임이나 다른 종류의 경쟁적인 일에서 현저하게 드러난다. 그리고 운동선수들은 이미 늙었다는 이유로 젊었을 때 은퇴한다.

많은 교정(矯正) 방법들이 이미 잘 알려져 있다. 안경은 약한 시력을 보상해 주고, 보청기는 약한 청력을 보상해 준다. 이것들은 눈에 잘 띄는 인공적인 도구들이다. 그러나 이보다 더 필요한 것은 **인공적인 환경**(prosthetic environment)인데, 이 환경 속에서, 생물학적인 능력이 저하되었음에도 불구하고, 행동은 마음이 내키지 않는 결과에서 비교적 자유스러울 뿐만 아니라 오히려 많은 강화를 받을 수 있다. 새로운 자극의 원천뿐만 아니라 새로운 행동의 레퍼토리가 필요할지도 모른다. 만약 우리가 읽을 수 없다면, 책의 내용을 녹음한 것을 들으면 된다. 만약 잘 들리지 않는다면, 전축을 크게 틀면 된다 (이웃 사람들을 방해하지 않기 위해 헤드폰을 사용해도 된다). 노인들의 구미에 맞도록 양념을 할 수도 있다. 신학자인 틸리히(Paul Tillich)는 음란물(pornography)이 노년기에도 성적인 생활을 즐기게 해 준다는 이유 때문에 옹호하기도 했다. 또, 비록 간접적이긴 하지만, 서적이나 운동 경기의 관람 또는 연극, 영화 그리고 텔레비전을 통해서 매우 강화적인 삶을 살고 있는 다른 사람들의 삶을 대리적으로 살 수 있는 가능성은 항상 열려 있다.

이 모든 것들 중에 특별히 새로운 것은 없다. 하지만 내 생각에 지금까지 거의 주의를 기울이지 않은 특별한 문제가 있다. 생물학적 노화의 어쩔 수 없는 한 가지 효과는 지적인 일에, 즉 책을 쓰고, 발명을 하고, 작곡을 하고, 그림을 그리고, 아이디어를 얻는 것, 다시 말하면 사색하는 일에 종사하는 사람들에게는 특히 중요하다. 명확하고 조리 있고 논리적으로, 또 특히 창조적으로 사고하지 않는 것이 노인들의 특징이다. 생리적인 측면에서 말한다면, 감각 기관이나 효과기(effector)에서만 기능 저하가 일어나는 것이 아니라, 중심적인 과정에서도 기능 저하가 일어난다고 말해야만 한다. 만약 우리가 중추 신경계에 관해 말한다면, 그 변화는 분명히 중심적인 것이지만, 행동에서의 변화는 전체적인 신체에서의 변화이다.

망각(forgetting)은 전형적인 문제이다. 이름을 잊어버리는 것이 가장 두드러진 것인데, 왜냐하면 이름은 맥락에서 그것의 회상을 도와 줄 수 있는 것이 거의 없기 때문이다. 내 자신의 경험에 의하면, 이름을 완전히 잊어버리는 경우는 거의 없다. 시간이 있는 경우에는 – 약 30분 정도의 시간이 있다면 – 만약 내가 그 이름을 사용한 경우를 이미 회상해 냈다면, 거의 틀림없이 이름을 기억해 낼 수 있다. 나는 주제적(thematic)이고 형식적(formal)인 생각하기(prompt) 방식을 이용하는데, 후자의 경우에는 알파벳 철자를 처음부터 살펴보면서 이름의 첫자를 검증해 간다. 하지만 이 방식은 아내를 이름을 잊어버린 사람에게 소개하는 데는 효과가 없을 것이다. 이럴 경우 아내와 나는 다음과 같은 책략을 이용한다. 만약 아내가 그 사람을 전에 만났을 확률이 어느 정도 있을 경우에는, 아내에게, "물론, 당신은......기억하지요?"라고 말하고, 아내는 악수하려고 내민 손을 잡으면서 다음과 같이 말한다 - "물론 그렇고 말고요. 안녕하세요?" 그 사람은 내 아내를 만났다는 것을 기억하지 못할 수도 있다. 하지만 그 사람도 역시 자신의 기억이 확실하지는 않은 것이다.

필요한 순간에 이름을 기억해 내지 못하는 것은, 소개를 하는 경우처럼, 특히 고통스러운 경험일 수도 있다. 그리고 그 고통이 바로 문제의 한 부분이기도 하다. 말더듬이는 과거에 말을 유창하게 하지 못했기 때문에, 또 "불안"이라고 불리는 정서적 상태가 조건화되었기 때문에 더욱 더 말을 더듬게 된다. 마찬가지로, 우리가 사람을 소개할 경우 부분적으로는 과거에 기억하지 못했기 때문에 이번에도 이름을 기억하지 못하는 것이다. 말하자면, 우리는 잊어버릴지도 모른다고 두려워한다.

언짢은 상황에서 자유스러울 수 있는 것처럼 그런 상황에서도 가능한 한 자유스러울 수 있는 도움을 받을 수 있다. 정중한 태도로 이름을 잊어버렸다는 것을 말하는 것도 도움이 될 수 있다. 당신의 나이 때문에 그렇다는 것을 말하도록 해라. 중요한 사람일수록 이름을 더 쉽게 잊어버린다고 말하면서 상대방을 기분 좋게 해 주도록 해라. 점원이 당신의 이름을 물었을 때 당신 자신의 이름도 잊어버렸다는 재미있는 이야기를 기억해 두어라. 만약 당신이 그런 일에 능숙하다면, 잊어버리는 것은 오히려 즐거움이 될 수도 있다.

불행하게도, 논문을 쓰면서 언어적 행동에 접근이 감소해 가기 때문에 고통을 받을 때에는 그와 유사한 책략을 쓸 수가 없다. 그럼에도 불구하고, 결함을 침착하게 받아들이고, 효과적인 지적 자기-관리(intellectual self-management)의 책략을 주의 깊게 살펴보면 그와 유사한 효과를 볼 수도 있다.

과거의 경험은 그 효과가 너무나 빨리 사라지는데, 우리가 그것을 이용하는 방식에 의해서도 문제가 생긴다. 이런 문제를 해결하기 위해서는 특별한 기술들이 필요하다. 유사한 효과를 볼 수 있는 지적인 행동으로 들어가기 전에 먼저 도움이 될 실제적인 예를 살펴보자.

집을 떠나기 10분 전에 일기예보를 들었다고 하자. 예보에 의하면 집으로 돌아오기 전에 비가 올 것 같다고 한다. 우산을 가지고 가야겠다는 생각이 떠올랐다 (이 문장은 바로 문자 그대로를 의미하는 것이다: 우산을 가지고 가는 행동이 당신에게 떠올랐다). 그러나 아직 집을 나서기까지는 10분이나 남아 있으므로 그 행동을 실행할 수는 없다. 그리고 10분 후 우산을 안 가지고 집을 나서는 경우가 자주 있다. 이런 종류의 문제는 생각이 떠올랐을 때 가능하면 많이 그 행동을 하면 해결될 수 있다. 문의 손잡이에 우산을 걸어 두거나, 또는 서류가방의 손잡이에 끼워 놓거나, 아니면 뭔가 다른 방식으로 당신이 나갈 때 우산을 가지고 나가는 과정을 시작하도록 한다.

이와 유사한 지적 문제가 있다. 즉 한밤중에 지금 쓰고 있는 논문 구절을 명료하게 해 줄 수 있도록 고쳐야 할 부분이 생각났다. 하지만 다음 날 책상에 앉으면 어떻게 고쳐야 할지 잊어버린다. 똑같은 방식으로, 말하자면, 메모지를 사용하거나 침대 옆에 녹음기를 놓아 두었다가 생각이 떠올랐을 때 즉시 고치면 그 문제를 해결할 수 있다.

노년기의 문제는 어떻게 새로운 생각을 할 것인지의 문제라기보다는 오히려 이용할 수 있을 때 어떻게 그것을 기억할 수 있을지의 문제이다. 써 두거나 녹음된 기록은, 때때로 도움을 받을 수 있다는 점에서, 문손잡이에 걸어 둔 우산과 유사한 효과를 가지고 있다. 주머니용 메모지나 녹음기는 생각이 날 때마다 우리의 행동을 기록해 주기 때문에 우리의 지적인 성과를 극대화시켜 줄 수 있다. 이런 시도는 어느 연령층에서도 도움이 되지만, 특히 나이 든 학자에게는 큰 도움이 된다. 기억 대신에 메모를 이용해라.

똑같은 실패의 또 다른 증상은 말하려고 하는 것을 잊어버리는 것이다. 대화를 할 때, 다른 사람이 말을 마칠 때까지 정중히 기다린다. 하지만 우리가 말할 차례가 되었을 때, 우리 자신의 현명한 논평은 기억 저편으로 사라져 버린다. 한 가지 해결책은 계속해서 우리 자신에게 말하는 것이다. 또 다른 방법은 나이 많은 사람의 특권에 호소해서 말하는 사람을 막는 것이다. 또 다른 방법은 메모를 하는 것이다 (다른 사람이 말하는 것을 적는 체 하면서).

이와 유사한 문제가 **우리가** 이야기하면서 본론에서 벗어날 때 생긴다. 본론에서 벗어나기를 멈추었을 때, 도대체 왜 그렇게 본론에서 벗어났는지 그 이유를 기억할 수가 없거나 또는 어디에서 벗어나기 시작했는지 기억할 수가 없다. 해결책은 단순히 본론에서 벗어나지 않는 것이다. 다시 말하면, 우리 자신을 가로막지 않는 것이다.

긴 문장도 항상 이와 유사한 문제를 야기한다. 마지막 부분은 처음 부분과 서로 맞지 않을 수도 있다. 왜냐하면, 처음 부분은 이미 손이 닿지 않는 곳에 있기 때문이다. 이런 현상은 익숙하지 않은 외국어를 말할 때 특히 그렇다. 익숙하지 않은 말을 할 때 복잡한 문장을 사용하는 것은 항상 실수를 유발한다. 만약 간단한 문장만을 사용한다면 훨씬 잘 할 수 있을 것이다. 이와 같은 해결책은 모국어로 즉흥적인 연설을 하는 나이 든 학자에게도 도움이 될 것이다. 짧은 문장은 자신에게 이야기할 때, 즉 사고(思考)를 할 때도 역시 권할 만하다.

다른 종류의 문제도 능숙한 생각하기(prompting)로 해결할 수 있다. 만약 예전의 친구들에게 소개해야 하는 사람을 동반하고 동창회에 참석하려고 한다고 가정해 보자. 어떻게 그들의 이름들을 기억할 수 있는가? 동창회에 가기 전에, 거기에 참석할 사람들의 명단을 동창회 명부에서 찾아서, 가능하면 그들을 시각화(視覺化)한다. 결자극(textual stimuli)은 그렇지 않았으면 그냥 튀어나왔거나, 아니면 단순히 친구의 모습에 대한 반응뿐이었을 경우에 이름을 생각나게 해 준다.

이름을 잊어버리는 것은 단지 눈에 잘 띄는 주요한 실패의 한 예에 불과하다. 논문을 쓰거나 어떤 문제에 관해 생각할 때, 젊은 사람들에게는 적합한 반응이 금방 생각나거나 또는 상당히 많이 떠오른다. 나이 든 사람에게 이런 반응들이 별로 없다는 것은 이름을 잊어버리는 것처럼 눈에 잘 띄는 것은 아니지만, 그렇다는 것을 인정하고 적절히 대처해야만 한다.

논문을 쓰거나 문제를 풀 때 적합한 반응이 떠오를 확률을 높이는 한 가지 방법은 적합한 자료를 읽고 또 지금까지 쓴 내용을 다시 읽는 것이다. 손쉽게 찾아볼 수 있는 참고 도서도 이름이나 날짜 그리고 다른 필요한 정보를 생각나게 해 줄 것이다. 용어사전(thesaurus)도 새로운 단어를 찾기보다는 예전의 단어를 기억하기 위해 사용할 수 있다. 즉흥적인 연설에서조차도 미리 준비할 수 있다. 단지 연설을 한번 더 예행 연습하는 것만으로도 방출하게 될 언어적 행동을 "더 많이 가지게 된다".

노년은 피로(fatigue)와 같은 것이다. 다른 점은 노년은 편히 쉬거나 휴가를 간다고 해서 회복할 수 없다는 것이다. 노년에 피로가 더해지면 특히 다루기 힘들어진다. 하지만 이것도 절반 가량은 피할 수 있다. 매일매일 기분 좋고 효율적으로 일할 수 있는 시간이 적어진다는 사실에 대해 체념할 필요가 있다. 그리고 나머지 시간을 특히 그리스 사람들이 *eutrapelia*라고 부르는 데 사용하는 것, 즉 여가를 생산적으로 이용하도록 할 필요가 있다.

여가는 편하게 쉬는 것이어야만 한다. 아마도 어떤 노인들은 복잡한 퍼즐을 풀거나, 체스를 두거나 또는 다른 지적인 게임을 좋아할 수도 있을 것이다. 하지만 이것들을 그만 두어야만 한다. 만약 우리가 계속 지적으로 생산적이기를 원한다면, 결과적으로 우리는 젊은 친지들로부터 무시를 당할 수 있다는 부담을 감수해야만 한다. 그리고 탐정소설을 읽거나 또는 텔레비전 코미디 프로를 본다는 사실을 편하게 인정해야만 한다.

문제를 야기시키는 피로는 정신적인 피로이다. 왜냐하면, 이것은 일을 했기 때문에 오는 피로와는 거의 관계가 없기 때문이다. 우리는 신체적인 의미에서는 충분히 쉴 수 있다. 하지만 지적인 일을 하면서도 피로를 느낄 수 있다. 적합한 수를 두는 것은 어느 정도의 피로를 필요로 하기 때문이다. 흥미있게도, 히틀러(Adolf Hitler)가 이에 도움을 줄 수 있다. 니만 재단(Nieman Foundation)에 보낸 보고서에서, 레더러(William Lederer)는 하버드 대학교 도서관에 보관중인 관련 문서에 주의를 기울일 것을 제안하였다. 제2차 세계대전이 끝나 갈 무렵 히틀러는 독일에 남아 있던 몇몇 사회과학자들에게 왜 사람들이 잘못된 결정을 내리는지 그 이유를 발견하라고 요구하였다. 사람들이 정신적으로 지쳐서 기진맥진했을 때 잘못된 결정을 내린다고 그들이 보고했을 때, 히틀러는 정신적 피로를 나타내는 징조의 목록을 제시하도록 요구하였다. 그리고 나서 그는 다음과 같은 명령을 내렸다. 즉, 정신적 피로를 나타내는 징조를 보이는 장교는 모두 즉시 휴가를 보내라는 명령을 내렸다. 전세계를 위해 다행스럽게도, 그는 자신에게는 이 명령을 적용하지 않았다.

히틀러의 목록에 있는 징조들 중에서 내가 보기에 도움이 될 만한 것이 몇 개 있다. 우선 첫번째는 이례적으로 불경스러운 언행이나 불손한 욕설을 많이 하는 것이다. 그 원칙에 의하면, 적어도 최근의 대통령 가운데서 두 사람은 틀림없이 정신적으로 지쳐 있었다. 내 자신이 "빌어먹을(damn)"이라고 말하면, 나는 그 때가 휴식을 취해야만 할 때라는 것을 안다 (거의 무의미한 그런 욕설은 내가 나이를 먹었다는 것과 피로를 느끼고 있다는 것을 나타내는 징조이다. 나는 젊은 사람들이 외설적인 언행을 하는 것을 좋게 보지 않는다).

히틀러의 목록에 있는 다른 징조들은 실수를 했다고 다른 사람을 비난하려는 경향, 결정을 내리지 않고 질질 끄는 것, 평상시보다 더 오랫동안 일을 하려는 경향, 자기 자신에 대해서 연민을 느끼는 경향, 운동과 휴식을 취하기를 싫어하는 것, 그리고 극단적인 식사, 다시 말하면 너무 지나치게 게걸스럽게 식욕을 느끼거나 또는 전혀 음식을 먹지 않는 것 등이다. 내 생각에는 유용하지만 히틀러의 목록에는 포함되어 있지 않은 징조들로는 특히 글씨가 잘 안 써지는 것과 피아노를 치면서 실수를 하는 것이다.

나의 사고에 장애가 오는 것을 알아차리는 것은 훨씬 더 어렵다. 하지만 나는 몇 가지 징조를 관찰할 수 있게 되었다. 첫째는 불필요한 말을 끼워 넣으면서 길게 말하는 것이다. 고대의 서정시인은 다음에 이야기할 내용을 기억할 수 있는 시간을 벌기 위해 표준적인 시구(詩句)를 노래하거나 읊조렸다. "이 시점에서 ....에 주목하면 흥미 있다."라거나 혹은 "문제를 다른 측면에서 살펴보도록 합시다."라는 식으로 말하는 것은 똑같은 기능을 위해 하는 것이다. 그 구절들은 우리가 뭔가 말할 것을 찾을 때까지 청중들을 붙잡고 있는 것이다. 피로할 때 말하는 행동에는 또한 상투어, 부정확한 묘사, 불분명한 문장, 다른 데서 따온 문장, 기억해 둔 인용문, 그리고 셰익스피어가 말한 "금언(wise saws)" 등이 많이 사용된다. 이것들은 말하기 쉬운 것들이고, 따라서 우리가 피로할 때 머리에 떠오르는 것이다. 이런 것들은 오직 피로해지지 않아야만 피할 수 있는 것이다.

만약 이 글의 제목을 "노년기에서의 인지적 자기-관리"라고 붙였다면, 아마 독자가 2배나 더 늘었을 것이다. 인지적(cognitive)이란 용어는 너무나 많은 것을 의미하기 때문에 이 글의 제목으로 삼아도 문제는 없다. 그러나 내가 다루는 부분은 언어적

(verbal) 자기-관리라고 하는 것이 훨씬 더 정확한 표현이다. 왜냐하면, 이 글에서 다루는 문제는 주로 언어적인 것이기 때문이다. 나는 이 문제들 가운데 몇몇에 대해서 이미 『행동 분석』(*Behavior Analyst*)이란 잡지의 최근호에 실린 「이야기해야만 하는 것을 어떻게 발견하는가」(How to Discover What You Have to Say)라는 글에서 다루었다. 어느 순간에서든지 우리는 언어 행동의 잠재적 레퍼토리를 가지고 있는데, 이 레퍼토리의 모든 항목은 각각 "우리 머리 속에 떠오를" 확률을 가지고 있다.

비전문가들의 표현처럼, 수많은 아이디어들이 사용되기를 기다리고 있다. 그들 가운데 더러는 여러 번 떠오르기도 하고, 우리들이 일상 생활의 보편적인 특징에 의해 강화되기도 하고, 그렇기 때문에 우리가 문제에 대해 생각하거나 혹은 글을 쓸 때 가장 쉽게 떠오르는 생각이 된다. 하지만 이것들은 일반적으로 혹사당하기 때문에, 오랫동안 내놓아 찌든 물건이 되어 버리고 만다. 이야기할 만한 가치가 있는 것, 즉 우리들이 한 경험의 독특성 때문에 우리에게도 독특한(unique) 아이디어, 그래서 독창적(original)이라고 불릴 수 있는 아이디어는 거의 떠오르지 않는다. 간단히 말하면, 노년기에는 점차로 접근하기 어려워지는 언어적 행동 때문에 특별한 어려움이 발생한다. 아마도 접근성(accessibility) 그 자체에 대해서 우리가 할 수 있는 것은 아무것도 없을 것이다. 하지만 언어적 행동이 나타나는 조건 자체는 증진시킬 수 있다.

행동을 가능한 한 쉽게 만드는 것이 도움이 된다. 다시 말하면, 언어적으로 장애가 있는 사람들을 위한 목발이나 휠체어는 없다. 하지만 어느 정도 인공적(人工的)인 도움, 즉 편리한 필기 도구와 메모지, 좋은 타자기나 워드프로세서, 구술(口述)을 받아쓰는 기계 그리고 편리한 서류 정리 체제 등의 도움을 받을 수 있다.

나는 한 문단의 한 부분에서 다른 부분으로, 또는 한 절의 한 부분에서 다른 부분으로 쉽게 움직인다는 의미에서, "큰 사고(思考)를 하는 것(think big thoughts)"이 어렵다는 것을 알았다. 언어 행동 내(intraverbal)의 연결이 약하고, 따라서 일관적이지 못한 경우가 가끔 나타난다. 문단, 절 또는 책의 내용을 공간적으로 배치하는 전체 윤곽을 먼저 잡는 등의 인공적인 도움을 받아야 한다. 10진 기수법(decimal notation)도, 연속적인 숫자가 절, 단락, 문단이나 문장을 그 순서대로 표시하는 방법 등을 이용하면, 도움이 된다. 이것은 답답하게 보일지도 모르지만, 노년기에 말이 많아지는 것과 비일관적인 것 그리고 반복하는 것을 억제하게 해 준다. 문단이나 절이 발전해 가면서, 그 윤곽을 자유롭게 바꿀 수 있다. 책을 써 가면서 만든 색인(索引)도, "내가 어디에서 그 생각을 다루었나?" 또는 "이미 그것을 이야기했는가?" 등의 의문에 대답을 하도록 도와 준다.

일반적으로 절정기가 지난 사람에게는 더 이상의 이야깃거리가 결코 없을 것이라고 믿고 있다. 보르게스(Jorge Luis Borges)는, "자신을 표절하는 것, 즉 젊었을 때 한 것을 표절하는 것 외에 71세에 무엇을 할 수 있는가?"라고 외쳤다. 가장 쉽게 말할 수 있는 것은 다른 사람이나 특히 우리 자신이 이미 예전에 이야기했던 것이다. 예전에 우리가 이미 이야기했던 것과 지금 이야기할 내용이 가장 비슷하다. 노년기에서 겪는 더 가슴아픈 경험 가운데 하나는 지금 막 너무나 중요하고 너무나 아름답게 표현한 관점이 오래 전에 우리 자신이 이미 발표한 것이라는 것을 발견하는 것이다.

그러나 노년기에도 뭔가 새로운 것을 말할 수 있다. 창조적인 언어 행동은 꼭 창조성이 있어야만 가능한 것은 아니다. 그것은 숙련된 자기-관리에 의해서 만들어지는 것이다. 행동을 창조하는 것은 종(種)을 창조하는 것과 같은 것이다. 그것은 선별적인 과정이고, 또 뭔가 새로운 것이 나타나는 것이다. 다윈(Charles Darwin)의 책 제목인 **기원**(origin)은 변이(variation)를 통해서 생겨날 수 있다. 만약 우리가 새로운 영역으로 옮기거나 새로운 스타일을 사용한다면, 우리 자신을 덜 표절하게 될 것이다.

동기의 부족이 또 다른 문제라고 보통 말한다. 나이가 든 학자는 흥미를 잃는다. 즉 그들은 일을 하는 것이 어렵다는 것을 안다. 또 일을 느리게 한다. 그리고 이렇게 된 것은 자신들이 변했기 때문이라고 여긴다. 그러나 그들의 세계가 변했다는 것을 간과해서는 안 된다. 왜냐하면, 동기는 곧 **강화**라고 해석할 수 있기 때문이다.

노년기에서는 행동이 그렇게 강하게 강화되지 않는다. 생물학적인 노화가 강화의 결과를 약하게 한다. 행동을 한 후에는 더욱더 많은 고통과 괴로움은 물론 곧 피로가 따르기 쉽다. 마음에 내키지 않는 부정적인 결과를 감당하기에는 희생이 너무 크다는 의미에서, 일은 "할 만한 가치가 없는" 것이 되어 버린다. 긍정적 강화물이 적어지고, 또 덜 강력해 진다. 나쁜 시력이 예술의 세계를 차단해 버리고, 잘 안 들리는 청력이 재생이 충실히 되는 음악을 듣는 즐거움을 앗아간다. 음식도 예전처럼 맛이 없고, 성감을 일으키는 조직도 덜 민감해진다. 사회적인 강화물도 줄어든다. 관심과 취향도 점점 더 소수의 사람들과만 공유하게 된다.

우리들의 행동이 관대하게 강화되지 못하는 세계 속에 살면서, 우리들은 열정, 삶의 기쁨, 흥미, 야망, 포부 그리고 수많은 바람직한 "마음의 상태"와 "감정"이 부족하다고 일컬어진다. 이것들은 실제로는 강화의 수반성(contingency)이 변화되었기 때문에 생기는 것이다. 열심히 행동할 기회가 적어지거나 또는 강화를 주는 여건이 더 이상 수반되지 않을 때, 우리는 권태를 느끼고 낙담하게 되고 우울해진다. 그러나 그런 감정 때문에 고통을 받는다고 말하는 것은 잘못이다. 우리는 그런 감정이 일어나게 되는 강화의 여건이 부족하기 때문에 고통을 받는 것이다. 우리들을 둘러싼 환경이 더 이상 행동을 열심히 하도록 만들지 못하는 것이다.

우리 문화는 노인들의 행동에 대해서 관대하게 강화하지 않는다. 물질적인 풍요함과 복지(福祉) 둘 다가 강화 여건을 파괴하고, 따라서 은퇴를 하게 만든다. 노인들은 젊은 사람들에게 특별히 중요한 것이 아니다. 키케로(Marcus Cicero)는 그의 책 『노년기』(De Senectute)에서 이 점을 다음과 같이 밝히고 있다. "노년은 단지 자신을 스스로 방어하고, 권리를 유지하고, 다른 사람에게 의존하지 않고, 그리고 마지막 숨이 끊어질 때까지 자신의 영역을 지배할 때에만 존경받을 수 있다." 만약에 우리가 일을 다른 세대에게 미루면, 그의 현명한 충고를 무시하는 것이다. 즉, 세상에서 우리의 지위를 잃어버리게 되는 것이고, 중요한 사회적 강화물을 파괴하는 것이다. 자신의 재산을 자식에게 물려 준 후 자식들이 돌보지 않는다고 불평하는 부모들이 전형적인 예이다. 나이 든 학자들은, 좋은 평판을 받으면서 여생을 만족스럽게 보낼 것이라고 기대하면서 학문적인 생애를 끝맺는 경우 종종 뭔가 이와 유사한 상황에 봉착하게 된다. 그들은 세상이 계속 발전해 가면서 자신들은 시대에 뒤떨어진다는 것을 깨닫게 된다.

보편적인 강화물도 노인들에게 다르지만 똑같이 파괴적인 방식으로 영향을 미친다. 나이 든 학자는 독특한 재고품(在庫品), 즉 기억을 가지게 된다. 그들은 개인적인 회고를 통해서 안달하는 청중들을 붙잡을 수 있다는 것을 배우게 된다. "손다이크(Thorndike)? 오, 내가 그 사람을 잘 알지." 내 자신도 다른 강화물이 떨어졌을 때 그런 이름을 들먹인 것에 대해 약간 죄책감을 느낀다. 그리고 최근에 내 자서전을 쓰면서 그런 달콤한 회상에 젖었다. 그러나 문제는 그런 방식은 우리를 과거로 향하게 만든다는 것이다. 즉 잘못된 방향으로 살아가기 시작하는 것이다.

기억을 제외하고도 노인들은 다른 것들을 이용한다. 그러므로 자신의 소유를 잘 평가하면 도움이 될 수 있다. 레만(Harvey Lehman)은 다음과 같은 사실을 알아냈다. 즉, 특정한 영역에서는, 예를 들면, 이론물리학에서는 가장 훌륭한 업적의 거의 대부분은 40세 이전에 이루어진다. 그렇다면, 이론물리학자들은 나머지 여생 동안 무엇을 해야만 하는가? 약 20여 년 전, 나는 레만에게 내 자신에 관해 그 질문을 한 적이 있다 (내가 개인적으로 레만을 언급한 것이 흥미있으리라고 믿는다). 내가 연구하는 분야는 꽤 엄밀하고 엄격하기 때문에, 실험과학자로서 나의 생산적인 생애도 거의 끝나간다고 내 자신이 느꼈다. 앞으로 나는 무엇을 해야만 할까? "행정적인 일"이라고 레만이 대답했다. 하지만 나는 이미 학과장을 지냈고, 그것은 매력적인 대안(代案)이 아니었다. 대신에 나는 문화를 디자인하는 보다 광범위한 주제로 관심을 돌렸고, 그 일은 『자유와 존엄을 넘어서』(*Beyond Freedom and Dignity*)를 출판하면서 정점에 이르렀다.

단지 주제(subject matter) 이상의 그 무엇이 여기에 개입되어 있다. 우리가 지적이라고 부르는 모든 레퍼토리는 젊었을 때 획득한 것이다. 그리고 나이가 들어감에 따라서 그것은 일종의 라이프 스타일로 남아 있게 된다. 만약 지적인 행동이 야구처럼 눈에 잘 띈다면, 우리는 그 문제를 이해할 것이다. 해결책은 단순히 한 레퍼토리를 다른 것으로 대체하는 것일지도 모른다. 한 도시에서 다른 도시로 이사 온 사람은 종종 잠시 동안 우울해지는데, 그것은 단순히 예전의 행동 레퍼토리가 더 이상 유용하지 않게 되었기 때문에 생기는 것이다. 그곳에는 오래 된 이야기들, 낯익은 음식점들, 극장들, 그리고 친구들이 더 이상 없기 때문이다. 새로운 레퍼토리를 획득하게 되면서 우울증은 없어진다. 노년기에는, 새로운 사고 방식을 획득하고, 새로운 지적 스타일을 만들고, 또 오랜 삶을 통해서 획득한 레퍼토리의 크기가 그것을 사용하는 기술이 적어지는 것을 상쇄하도록 하는 것이 필요하다.

우리가 무엇을 위해 논문을 쓰고 책을 쓰는지를 물어야 한다. 학문의 세계에서 돈이 그 대답인 경우는 거의 없다 (만약 생계를 위해 교재를 쓰는 경우를 제외한다면). 그리고 어떤 경우에서도 노년기에서의 경제적인 상황은 쉽게 좋아지지 않는다. 만약 그 대답이 찬사(讚辭)나 명성(名聲)이라면, 찬사가 더 이상 따르지 않아서 없어지거나, 혹은 찬사가 지나쳐서 식상하게 되는 경우 문제가 생긴다. 이럴 경우에는 도움을 줄 수 있는 방도가 별로 없다. 하지만 책상에만 앉아 있는 학자에게는 예전에는 익숙했던 즉각적인 강화가 오지 않는 법이라는 것이 보다 그럴 듯한 설명이고, 이 설명이 도움이 될 만한 행동을 제안해 주게 될 것이다. 문장은 당연히 그것이 표현해야만 하는 것을 말하지 않는다. 문제에 대한 해결책은 손이 닿지 않는 곳에 있다. 상황은 그 특징이 효율적으로 드러나지 않는다. 인과적인 관련(sequence)이 올바른 순서로 되어 있지 않다. 추론은 너무나 자주 불합리하다. 내가 이미 언급한 논문에서 제안한 것처럼, 이것에 대해서도 뭔가를 할 수가 있다.

만약 우리가 다행스럽게도 좋은 계획(schedule)에 의해서 강화를 받는다면, 강화물이 그렇게 자주 나타날 필요는 없다. "확대된 변동-비율 강화 계획(stretched variable-ratio schedule)"은 우리가 훌륭한 문학 작품에 대한 취향을 획득하면서 모든 것을 경험하는 과정을 일컫는 것이다. 이 과정에서 강화적인 순간은 싸구려 문학 작품을 읽을 때보다 훨씬 적게 나타난다. 신문 등의 연재 만화에서 우리는 네 컷마다 한 번씩 웃는다. 그리고 싸구려 문학 작품에는 뭔가 재미있는 것이 거의 매쪽마다 일어난다. 훌륭한 문학 작품을 즐기는 것을 배우는 것이란 본질적으로 감동적인 구절과 우연히 마주칠 때까지 길고 긴 시간 동안 책을 읽는 것을 배우는 것이다. 오랜 기간 동안을 거쳐야만 사실상 훨씬 더 감동적인 구절이 된다.

도박도 변동-비율에 의해 강화를 받는다. 그리고 병적인 도박사는 처음에는 합리적인 성공으로 시작하지만 나중에는 결국 모든 재산을 다 날리게 되는 과정을 통해서 강화의 효과를 보여 주고 있다. 노년기에는 대부분의 강화물이 확대된 변동-비율 강화 계획에 의해 주어지는 경향이 있다. 사드(Marquis de Sade)는 재미있는 예들을 많이 기록하고 있다. 똑같은 과정이 나이 든 학자의 끈기를 설명해 줄 수 있다. 만약 사상가로서의 우리의 성취가 호의적인 강화 계획에 의해 간격이 떨어져 있다면, 현재의 성취가 먼 간격으로 떨어져 있다고 할지라도 우리는 별다른 어려움 없이 계속 활동적일 수 있다. 도박 중독자처럼, 우리는 부정적인 효율성에도 불구하고 삶을 즐길 수 있게 된다.

청중은 종종 무시되는 종속변인(從屬變因)이다. 우리가 이야기하는 것은 누구에게 이야기하는지에 따라 상당히 중요한 방식으로 결정되기 마련이다. 그러나 은퇴한 교사는 더 이상 학생들에게 이야기하지 않는다. 은퇴한 과학자는 더 이상 동료들과 토론하지 않는다. 노인들은 자신의 분야에 관심이 없는 사람들과 시간을 보내고 있다는 것을 깨닫게 된다. 그들은 연설을 해 달라고 초청받는 경우도 거의 없고, 그런 청중들을 받아들이는 것이 어렵다는 것을 깨닫게 된다. 그들이 쓴 논문이나 책을 읽을 독자들은 청중이 되기에는 너무나 시간적으로 멀리 떨어져 있기 마련이다.

지적인 자기-관리에 의한 적절한 방법은, 단지 두 사람으로 이루어진 집단일지라도, 토론을 조직하는 것이다. 비슷한 관심을 가진 사람들을 찾아라. 두 사람이 함께 있는 것이 한 사람씩 떨어져 있는 것보다 낫다. 다른 사람에게 이야기하면서, 책상에 혼자 앉아 있을 때는 생각나지 않던 아이디어들이 떠오르게 된다. 우리가 이야기하는 것의 일부는 다른 사람들이 이야기하는 것에서 빌려 온 것일 수도 있다. 그러나 단지 그것을 이야기할 사람이 있다는 것의 효과는 보통 눈에 띄게 나타나는 것이다.

청중을 찾을 경우, 너무 우리에게 도움을 주려고 하고, 또 너무 쉽게 비위를 맞추는 사람을 조심해야 한다. 노년기에는 또다시 어린이와 같은 면이 많아진다. 따라서 이 시기에는 마치 유치원 보모와 비슷한 사람들이 곁에 있게 되는 경우가 많은데, 이들은 "하지만 그건 아주 잘 하셨습니다!"라고 큰소리로 외친다. 그들은 이제는, "너 정말로 다 컸구나!"라고 말하는 대신에, "당신은 사실은 그렇게 나이 든 것이 아니에요!"라고 말하는 것뿐이다. 내가 다른 곳에서 이미 지적한 대로, 자기 스스로 할 수 있는 사람을 도와 주려는 사람은 실제로는 파괴적인 해를 끼치게 된다. 왜냐하면 그럴 경우 삶에서 경험하는 좋은 것들이 다른 사람의 도움에 의해 얻어진 것으로 여겨지기 때문에 더이상 자기 스스로 한 행동의 결과로 얻은 강화물로서의 기능을 못하게 되기 때문이다. 만약 우리가 매우 성공적이었다면, 금언처럼 보이지만 가장 어리석은 말이 마치 진주처럼 빛나는 지혜의 말씀이라고 받아들이게 된다. 따라서 일의 기준이 금방 떨어지게 된다. 만약 우리가 아직도 성공하려고 노력하고 있는 중이라면, 아첨은 도움이 되기는커녕 소용 없는 행동을 강화시켜 줌으로써 우리가 잘못된 길로 가도록 이끌 뿐이다.

자, 이제 할 말을 다 했다. 나는 그 탁구공을 충분히 오랫동안 주고받았다. 지금까지 내 자신이 사상가로서 나이가 드는 것을 피하려고 해 온 여러 방법들을 제시하였다. 그리고 덧붙여서 내 자신을 그 결과의 보기로서 보여 주었다. 아마 당신은 사람하고는 다른 종(種)과 또 다른 비교를 하고 결론을 내리기를 바랄지도 모르겠다. 존슨(Johnson) 박사를 표절한다면 다음과 같이 말할 수 있다 — "선생님, 나이 든 연사(演士)는 뒷발로 걷는 개와 같습니다. 잘 걷지 못하지요. 하지만 결국 끝까지 걷는다는 것을 발견하곤 깜짝 놀라실 겁니다."

제3부
노년기의 즐거움

- 로저스 -

제6장
로저스와의 대화

동기에 관하여

　대담자 : 로저스 박사님, 심리학에서 언제나 3가지 중요한 차원으로 다루어지고 있는 동기, 지각, 그리고 학습에 관한 선생님의 견해를 들으면서 대담을 시작할까 합니다. 우선 동기를 살펴보면, 심리학에서는 동기를 일반적으로 유기체를 발분(發憤)시키고(arouse), 방향지우고(direct), 유지시키는(sustain) 모든 조건들이라고 정의합니다. 이것은 일반적으로 생물학에서 따온 동질정체적(同質停滯的, homeostatic) 모델이라고 부르고 있습니다. 다시 말하면, 유기체는 긴장을 감소시키고 평형(equilibrium) 상태를 유지

하려고 한다는 것이지요. 선생님께서는 동기에 대해 이것과는 다른 이론을 가지고 계신다고 생각하는데, 그렇습니까?

로저스 : 그렇습니다. 저는 그 견해에 동의하지 않습니다. 왜냐하면, 유기체는 정체(stasis)를 유지하려고 하는 것이 분명히 아니라고 생각하기 때문입니다. 편충(扁蟲)과 같은 하등 동물일지라도 항상 보다 풍요로운 자극과 보다 복잡한 자극을 찾으려고 합니다. 그렇기 때문에, 동질정체적 접근은 제 견해와는 본질적으로 다릅니다.

대담자 : 다른 말로 하면, 이 모델을 수용하시지 않는다는 것은, 선생님께서는 사람도 항상 긴장을 감소시키려고 하기보다는 오히려 긴장을 추구한다고 생각하시는 것입니까?

로저스 : 물론입니다. 모든 생물은 항상 그런 방향으로 행동합니다. 이 견해를 지지하는 증거는 수없이 많다고 생각합니다. 사람의 경우, 우리는 그것을 호기심(curiosity)이라고 부릅니다. 하등 동물의 경우, 그것은 단순한 자극보다는 더 복잡한 자극을 찾는 경향입니다.

대담자 : 이미 고인이 되신 매슬로우(Abraham Maslow) 박사께서는 욕구에는 위계(位階)가 있다고 말씀하셨습니다. 이 위계는 생리적인 욕구와 안전의 욕구를 만족시키려는 것에서부터 시작해서 여러 단계를 거쳐 자기-실현의 욕구와 같은 보다 높은 단계에까지 이르게 됩니다. 이것도 역시 동질정체적 모델을 따르고 있는 것처럼 보입니다. 때때로 선생님의 이론과 비교되기도 하는

이 매슬로우의 동기 이론에 대해서조차도 동의하시지 않습니까?

로저스 : 뭐랄까요, 동의하지는 않습니다. 물론 욕구를 만족시키려는 경향은 있습니다. 그 점에 대해서는 동의합니다. 그러나 그것이 전부는 아닙니다. 동질정체가 사람이 추구하는 궁극적인 목표는 아닙니다. 저는 바로 이 점을 말씀드리는 것입니다.

대담자 : 심리학에서 욕구를 어떻게 연구하고 있는지 살펴보도록 하지요. 지금까지 심리학에는 매우 구체적인 욕구를 살펴보려는 시도와, 또 그 욕구들이 어떻게 나타나고 발달하는지 이해하려는 시도를 해 왔습니다. 예를 들면, 맥클레랜드(David McClelland)는 성취 동기를 다루었습니다.[1] 이것은 물론 머레이(Henry Murray)의 이론에서 빌려 온 것입니다. 머레이에 의하면, 사람은 사회적으로 발달해 가면서 이 욕구, 즉 성취하고, 보다 성공하고, 그리고 자신의 환경을 통제하려는 욕구를 발달시킵니다.[2] 맥클레랜드와 애킨슨(Atkinson)이 연구한 생각은 이 욕구의 강도는 어린 시절의 경험에서 온다는 것이었습니다. 예를 들면, 어린 시절에 독립성 훈련을 시키면, 그 어린이는 후에 성인이 되어 강한 성취 욕구를 가지게 된다는 것입니다. 선생님께서는 이처럼 구체적인 욕구를 택해서, 어린 시절의 행동 유형이 그 욕구의 발달에 미친 영향을 밝혀 내는 것이 심리학적으로 가치가 있다고 생각하시는지요?

---

1) McClelland, D. C. (1953). *The Achievement Motive*. New York: Appleton-Centry-Crofts.
2) Murray, H. A., Barret, W. G., & Homburger, E. (1938). *Explorations in Personality*. New York: Oxford University Press.

로저스 : 그렇지 않습니다. 아마 그렇게 하는 것이 맥클레랜드에게는 가치가 있는 일일 겁니다. 그리고 그런 종류의 연구에도 어느 정도는 일리가 있다고 생각합니다. 하지만 동기를 그런 방식으로 연구하는 것에 대해 논평을 하기보다는 차라리 동기에 대한 제 생각을 밝히도록 하겠습니다. 예를 들면, 제가 정원에서 키우고 있는 베고니아(begonia)를 대담자에게 보여 드린다고 합시다. 자, 무엇이 이 베고니아를 "동기화(動機化)"시켜서 5cm의 작은 구근(球根)에서 이처럼 정말로 아름다운 식물로 커서 꽃을 피우게 하는 것인가요? 그것은 성취 욕구에 의한 것이 틀림없다고 말할 수도 있겠지요. 왜냐하면, 베고니아 꽃 가운데 더러는 제일 만개했을 때는 직경이 23cm에 이르니까요. 성적 욕구가 있다고 말할 수도 있을 것입니다. 왜냐하면, 암꽃과 수꽃이 같은 줄기에서 자라니까요. 하지만 물론, 이것은 모두 터무니없는 소리입니다. 그리고 사람의 경우에는 더더욱 터무니없는 소리라고 생각합니다. 훨씬 더 근본적인 것은 모든 유기체는 자신을 유지하고, 가능한 만큼 자신을 향상시키고, 궁극적으로는 자신을 재생산하려는 경향을 가지고 있다는 것입니다. 제 생각에는, 성장을 향한, 유기체를 유지시키고 향상시키려는 이 근본적인 경향이야말로 모든 동기의 가장 핵심입니다. 물론 이 경향의 어떤 부분을 성취 욕구라고 부를 수도 있고, 또 이 경향이 성(性)적인 방향으로 나타나는 것도 분명합니다. 그리고 다른 것으로 나타날 수도 있습니다. 하지만 저에게는 다른 어떤 한 가지 개념보다 이 경향이 훨씬 더 근본적이라는 점을 강조하고 싶습니다.

대담자 : 물론, 선생님께서 이의(異議)를 제기하고 계시는 동질
정체적 모델은 프로이트의 이론에서도 기본적인 것입니다. 너무
나 많은 사람들이 선생님의 이론을 "프로이트에 대한 대안(代案)"
이라고 말하고 있기 때문에, 프로이트의 견해에 대해 선생님께서
는 어떤 생각을 가지고 계신지 궁금합니다. 우선 그의 무의식의
개념에서부터 시작하도록 하지요. 특히 초기의 저작에서, 프로이
트(1953)는 대부분의 행동은 무의식적으로 결정된다는 의미에서
사람은 합리적이라기보다는 오히려 비합리적이라고 생각하는 듯
합니다.[3] 사실상, 그는 전체 행동에 대한 결정론(over-
determinism)이라는 개념을 도입하기도 했습니다. 이 개념에 의하
면, 사람이 하는 모든 행동은 다 무의식적인 결정인(決定因)을 가
지고 있고, 우연히 일어나는 행동은 하나도 없다는 것입니다. 선
생님께서는 이 무의식의 개념에 대해 어떻게 생각하십니까?

로저스 : 저도 프로이트가 본 현상, 그래서 그 개념을 발달시키
게 된 현상과 유사한 현상을 보고 있다고 생각합니다. 일반적으
로 심리학자들은, 또 특히 심리학을 공부하는 학생들은, 만약 이
런 개념들이 관찰할 수 있는 현상들을 이해하기 위한 누군가의
진실된 노력의 결과라면, 이런 개념들을 사용해서 뭔가를 만들려
고 하는 경향이 있습니다. 저는 현상의 범위에 대해 생각하는 것
을 좋아합니다. 첫째로, 의식 중에는 현재 뚜렷이 초점 맞춘 현
상, 즉 의식의 정점(頂点)이 있습니다. 둘째로, 의식 속으로 불러

---

3) Freud, S. (1953-). *The Standard Edition of the Complete Psychological Works of
Sigmund Freud* (ed. James Stracher). London: The Hogarth Press.

올 수 있는 내용들, 즉 우리가 분명히 알고 의식 속으로 불러 올 수 있지만, 현재 "전경(前景, figure)"에 있지 않는 것들입니다. 다시 말하면, "배경(背景, ground)"에 있는 것들이지요. 그리고 마지막으로, 의식과 매우 희미하게만 연결되어 있는 현상이 있습니다. 즉 의식 속에 떠오르면 우리들의 자신에 대한 개념에 해를 끼치게 되기 때문에 흐릿한 의식 속에조차도 떠오르지 못하게 현실적으로 금지되어 있는 내용들입니다.

대담자 : 그렇다면, 어떤 의미에서 선생님께서는 무의식에 대한 프로이트의 견해를 보다 합리적인 의미로 다시 정의하시는 셈이군요.

로저스 : 그렇습니다. 무의식에 관한 프로이트의 견해에 대해 제가 전적으로 동의하는지 안 하는지의 여부는, 그것 자체로는, 전혀 중요한 것이 아닙니다. 오히려 똑같은 현상을 제가 분류하는 방식은 지금 말씀드린 이런 스펙트럼(spectrum)을 따른다는 점을 지적하고 싶습니다. 즉 현재의 순간에 우리가 뚜렷이 초점을 맞추고 있는 내용에서부터 너무나 위협적이기 때문에 전혀 의식 속에 떠오르지 못하는 내용에 이르기까지 분포되어 있다는 것입니다.

대담자 : 구체적인 욕구들에 대해 논의하는 과정에서 선생님께서는 성적인 동기에 관해 언급하셨습니다. 프로이트는 물론 성적인 동기를 상당히 강조하였습니다. 특히 초기에는 더욱 그렇습니다. 그의 고전적인 심리-성적(psychosexual) 발달 모델은 매우 많

은 영향을 끼치고 있습니다. 선생님께서도 아시다시피, 이 모델은 태어난 후 5년 동안에 개개인의 생물학적-성적(biological-sexual)인 발달과 관련이 있는 경험들이 연속적으로 일어난다고 가정하고 있습니다. 그는 "반복적인 강박적 행동(repetition compulsion)"이라는 개념도 발달시켰습니다. 다시 말하면, 개개인은 이성(異性)의 부모와의 경험과 같은 이런 어린 시절의 성적 경험의 영향을 계속 되풀이해서 받는다는 것입니다. 이것에 대해 선생님께서는 어떻게 생각하십니까?

로저스 : 글쎄요, 그 모든 생각에도 진실의 단초는 있습니다. 프로이트가 발달의 성적인 측면을 크게 강조한 것은 그가 그 시대의 산물이기 때문입니다. 개인적으로, 저는 개개인이 성장하면서 발달시켜 가는 전반적인 자기(自己) 개념에 더 관심이 있습니다. 확실히, 개개인은 어린 시절과 그 후 성장하면서 관계를 맺게 되는 중요한 사람들(significant others)로부터 얻은 태도와 가치 그리고 지각(知覺)들에 영향을 받습니다. 그러나, 어린 시절의 발달 과정을 엄격한 규칙적인 단계로 나누는 것은 다소 인위적이라고 생각합니다. 오히려 점진적으로 발달하는 자기-개념이 단지 발달의 성적인 측면에만 초점을 맞추는 것보다 더 중요합니다.

대담자 : 선생님께서는 이 어린 시절의 경험이 계속 되풀이해서 개개인의 행동을 결정한다고 생각하십니까? 어린 시절의 경험이 그렇게 강한 영향을 미친다고 생각하십니까?

로저스 : 그렇습니다. 어린 시절의 경험은 강력한 힘입니다. 부

모로부터 얻은 태도와 가치는 계속해서 영향을 미치고, 결과적으로 되풀이해서 행동에 영향을 미칩니다. 지금까지 줄곧 저는 이 과정에 대해 엄격한 규칙적인 이름을 붙이는 것에 대해 반대해 왔습니다. 저는 프로이트나 다른 이론들이 선전하고 있는, 이름을 붙여서 정리하는 식의 방식을 싫어합니다. 제 생각에는 너무나 많은 이름을 붙이고 그것을 통해 생각하게 될 때, 우리들의 사고는 지장을 받게 될 것입니다. 오히려 우리들 자신이 직접 현상을 관찰하는 것이 좋을 것이라고 권하고 싶습니다.

지각에 관하여

대담자 : 동기에 관한 논의를 이 정도로 하고, 제가 전에 언급한 심리학의 또 다른 핵심적인 영역인 지각(知覺)에 관해 논의하기로 하겠습니다. 선생님께서는 지난 몇 년 동안 지각의 영역에서 꽤 흥미있는 발달이 이루어졌다는 사실을 분명히 아시고 계실 것입니다. 예전에는 단지 개인의 반응을 매우 구체적인 자극과 관련시키면서 지각 과정에 대한 연구를 강조했습니다. 이처럼 지각에 대해 보다 더 정확하게 연구하는 것에 대한 흥미에서 요즈음에는 보다 순수하고 자연스러운 상태에서의 개인의 전반적인 경험을 조사하는 것으로 변했습니다. 현상학(phenomenology), 즉 제임스(William James)가 "의식의 흐름(stream of consciousness)"이라고 부른 것으로 옮겨 온 것이지요. 물론, 현상학에 대해 논의한 철학자들은 자신들이 이야기하고 있는 것에 대해 우리들이 단지

피상적으로만 접근하고 있다고 말할 것입니다. 오늘날에는 많은 심리학자들이 구체적인 자극에 대한 매우 정확한 반응보다는 개인의 전체적이고 순수하고 즉각적인 경험을 이처럼 현상학적으로 접근하는 데 보다 많은 관심을 가지고 있습니다. 이처럼 현상학에 관심을 가지는 것이 선생님 자신의 관심과 일치하는 것입니까?

　로저스 : 그렇습니다. 그렇다고 아주 확실하게 말할 수 있습니다. 대담자가 언급한 그 경향이 바로 제 이론의 특징입니다. 지각의 좁은 영역은 신경학적인 사건으로서 연구 가치가 충분히 있다는 것을 인정합니다. 하지만 저는 그것에 대해 상대적으로 별로 관심이 없습니다. 저는 사람이 자신의 환경과 자기 자신을 지각하는 것의 게슈탈트(Gestalt)에 더 흥미를 가지고 있습니다. 제게 있어서 가장 진실된 것의 하나는 의미 없는 지각은 없다는 것입니다. 다시 말하면, 인간이란 유기체는 무엇이든지 지각되자마자 즉시 의미를 부여한다는 것입니다. 예를 들면, 눈 한켠으로 멀리서 비행기가 날아가고 있는 것을 볼 수도 있습니다. 그러나 만약 제가 그 방향으로 고개를 돌리고 본다면, 그것은 사실은 옆에서 모기가 날아가고 있는 것일 수도 있습니다. 다른 말로 하면, 비록 처음의 경우에는 잘못된 것이기는 하지만, 각각의 경우에 저는 지각에 대해 의미를 부여한 것입니다. 제게 있어서, 지각이란 그 개인에 관한 한 그것은 현실입니다. 사실상 저는 객관적인 현실이라는 것이 존재하는지조차도 모르겠습니다. 아마도 있겠지요. 하지만 우리들 가운데 어느 누구도 실제로 그것을 알지는 못합니다. 우리

가 아는 모든 것은 우리가 지각한 것이고, 그리고 우리는 여러 다양한 방식으로 그것을 검증하려고 노력하는 것뿐입니다. 만약 그것이 여러 다른 측면에서도 똑같은 방식으로 지각된다면, 우리는 그것이 현실이라고 간주합니다. 개인에게 있어서 현실의 세계는 그 자신의 지각 장(field of perception)에 불과한 것이고, 거기에 여러 측면에서 다양한 의미를 부여하는 것이지요. 아마도 어떤 유기체든지, 더군다나 인간이란 유기체는 말할 것도 없이, 모든 유기체는 항상 자신의 욕구를 그것이 현상학적 장(phenomenological field)에서, 다시 말하면, 자기 자신이 지각하는 그런 모습대로의 세상에서, 자기 자신이 지각하는 그런 모습대로의 현실에서 경험되는 대로 만족시키려고 노력할 것입니다.

대담자 : 현실은 존재하지 않고, 단지 현실에 대한 사람들의 지각만이 존재할 뿐이라고 말한 철학자 칸트(Immanuel Kant)와 선생님께서는 그 점에서 같은 생각을 가지고 계신 것 같군요.

로저스 : 예, 그렇습니다. 저는 그 점에 대해 여러 번 이야기했습니다만, 그럴 때마다 항상 별 소득 없는 논쟁으로 끝나곤 했습니다. 그래서 요즈음에는 그 점에 대해 별로 이야기하지 않습니다. 하지만 대담자께서도 말씀하셨다시피, 이 내용은 대담자의 질문에 제가 지금까지 언급한 것과도 일치하는 것입니다. 우리들 가운데 어느 누구도 무엇이 객관적인 현실인지는 모릅니다. 따라서 우리는 한 평생 동안 우리가 지각한 세상에서 살아가는 것입니다.

학습에 관하여

대담자 : 지금까지 심리학의 핵심적인 개념인 동기와 지각에 대해 간단하게 살펴보았습니다. 또 다른 근본적인 개념은 학습 (learning)입니다. 선생님의 연구를 보면, 선생님께서도 학습을 무시하지 않으시고 상당히 많은 관심을 가지고 계십니다. 지각에서와 마찬가지로, 학습 이론에도 스펙트럼이 있습니다. 한쪽 끝에는, 개개인의 경험과 인지(認知) 그리고 그것들의 발달과 조직을 강조하는 소위 인지 학습(cognitive learning)이 있습니다. 다른 반대쪽에는 경험과 인지보다는 오히려 유기체의 행동을 강조하고 있습니다. 반면에, 자극-유기체-반응(stimulus-organism-response) 모델에서 유기체의 인지적 상태에 관심이 있는 이미 고인이 되신 톨만(E.C. Tolman)과 같은 심리학자도 계십니다.[4] 또 한편으로는, 단지 자극-반응의 단편에만 관심이 있는 역시 고인이 되신 헐(Clark Hull)과 같은 심리학자도 계십니다.[5] 또 스키너(B.F. Skinner)도 어떤 의미에서는 일차적으로 유기체의 반응에 관심을 가지고 있습니다.[6] 선생님께서는 지나치게 행동-중심적인 이론보다는 오히려 인지를 강조하는 톨만 식의 견해에 더 가까운 것이 분명해 보입니다. 선생님께서는 학습에 대해 연구하실 때 개인의 경험에 더 많은 관심을 가지고 계시고, 따라서 행동에 근본적인 초점을 맞추는 것에 대해서는 만족하지 않으시는 것 같습니다. 맞습니까?

4) Tolman, E. C. (1932). *Purposive Behavior in Animals and Men*. New York: Century.

5) Hull, C. L. (1943). *Principles of Behavior*. New York: Appleton.

6) Skinner, B. F. (1971). *Beyond Freedom and Dignity*. New York: Knopf.

로저스 : 그렇습니다. 저는 분명히 톨만의 견해에 더 가깝습니다. 저는 원자론적인(atomistic) 학습 이론에 특별한 관심을 가진 적은 한 번도 없습니다. 저는 헐 식(式)의 분자적인(molecular) 자극-반응 이론이 인기가 있을 때에도 그런 식의 학습 이론은 매우 따분한 주제라고 생각하곤 했습니다. 하지만 그렇다고 해서 제가 가지고 있는 학습 이론이 전적으로 인지적이라는 것은 아닙니다. 제 이론은 통합적인(holistic) 것이라고 생각합니다. 즉 우리는 전체로서(as a whole) 학습한다는 것입니다. 여기에는 본질적으로 자극과 반응뿐만 아니라 개개인의 인지와 정서도 포함되어 있습니다. 전에도 말씀드린 것처럼, 우리가 직면하고 있는 자극을 풍부하게 하려는 이 욕구는 매우 깊은 욕구입니다. 그 욕구로부터 놀이(play)에 대한 우리의 모든 욕구가 생겨나는 것입니다. 저는 이런 놀이의 개념을 가지고 많은 업적을 쌓은 탁월한 과학자들을 알고 있습니다. 그들은 새로운 아이디어, 새로운 이론, 새로운 가능성, 그리고 새로운 예감 등을 현실화하는 놀이를 즐깁니다. 그것은 마치 어린이들이 끊임없이 새로운 것을 찾고 끊임없이 움직이는 것과도 같습니다. 그것이 바로 어린이들을 통제하기 어렵고, 그들과 같이 지내기 어려운 이유 가운데 하나입니다. 그들은 계속 자신의 환경에 대해 모든 방법을 다해 학습하려고 하기 때문입니다. 그리고 그 방법들 중에는 어른들의 생각과는 전혀 맞지 않는 것들이 있기 마련이지요. 학습하려는 이런 욕구, 그리고 그 순간에 자기(自己) 자신에게 의미 있는 뭔가를 이해하려는 이런 욕구는 조장되어야 하는 것이지 결코 만들어져야만 하는 것이 아닙니다. 이것이 제가 스키너의 이론을 사용했을 때 잘못될 수 있는 가

능성에 대해 약간 두려워하는 이유입니다. 왜냐하면, 대담자께서도 언급한 것처럼, 그의 "조작적 조건반응(operant conditioning)" 이론은 근본적으로 유기체의 행동을 수정하는 데 초점을 맞추고 있기 때문입니다. 여러 면에서 스키너의 업적은 괄목할 만한 것입니다. 그러나 동시에 그의 이론은 다소 두려운 점이 있는 것이 사실입니다. 그와는 다르게 저는 개개인에게 학습하려는, 풍부해지려는, 성장하려는, 그리고 창조하려는 자기 자신의 깊은 욕구를 따르도록 조장해 주는 것을 좋아합니다. 제 생각에는 바로 이 점이 학습의 가장 핵심적인 부분입니다. 스키너가 생각한 것처럼 계획된 것이라기보다는 오히려 학습은 아주 자발적인 것이어야만 하고, 또 자기 자신을 향상시키려는 필요와 욕구와 관련이 있는 것이 무엇인지를 개인이 느낄 때 일어나야만 한다고 생각합니다.

대담자 : 그렇다면, 선생님께서는 지각에 관해 말씀하신 것과 똑같은 것을 학습에 관해도 말씀하고 계시지 않습니까? 다시 말하면, 선생님께서는 학습 과정에 대한 정확한 연구와 분석은 실질적으로 그렇게 중요한 요인은 아니라고 말씀하고 계십니다. 왜냐하면, 학습 과정이란 정확한 분석이 알려 줄 수 있는 것보다는 훨씬 더 복잡하기 때문입니다.

로저스 : 글쎄요, 대담자께서는 정확하다는 것을 한 가지로만 정의하고 계시는군요. 저는 복잡한 현상에 대해서도 역시 정확한 연구가 가능하다고 생각하고 있습니다. 저는 사람이 자기 자신에게 의미 있는 내용을 이해하는 데 도달하는 방법에 대해 보다 정확한 연구가 이루어지는 것을 보고 싶습니다.

자기 실현에 관하여

대담자 : 여러 해 동안 선생님께서 저술과 연구에서 다루어 오신 근본적인 사상에 대해 좀더 구체적으로 살펴보면, 심리학자들 중에서 자기(自己, self)를 강조하신 가장 최초의 분들 중의 한 분인 것 같습니다. 이미 여러 질문에 대답하시면서 자기의 개념을 말씀하셨습니다. 물론, 자기는 여러 가지 방식으로 정의(定意)할 수 있겠지요. 선생님께서는 자기를 어떻게 정의하십니까?

로저스 : 제가 왜 그 특별한 개념에 관심을 가지게 됐는지를 말씀드리면서 그 질문에 대답하겠습니다. 저는 처음 심리학적 연구를 시작할 때 자기와 같이 애매한 개념에 대해서는 전혀 관심이 없었습니다. 제게, 그 개념은 이미 구식이 된 내성(內省, introspection)과 같은 것으로 보였지만 정말로 억지로 떠밀려서 자기에 대해 조사해 보고, 또 정의를 내리도록 강요받은 셈입니다. 왜냐하면, 상담을 받고 있는 저의 내담자들이 매우 다양한 방식으로 아주 중요하게 계속 그 용어를 사용하는 거예요. 예를 들면, "이 가식(假飾)적인 겉모습 속에는 꽤 알찬 진짜 제 자신의 모습이 있어요." 또는 "제 자신의 참 모습을 알게 될까봐 정말 두렵습니다." 이런 식으로 이야기하는 거예요. 그들은 모든 다양한 방식으로, 그들에게는 자기 자신이 중요한 개념이라는 것을 보여 주었습니다. 저는 그게 정말로 그들에게 그렇게 중요한지 결정할 수가 없었어요. 그래서 그것을 보다 직접적으로 연구해 보기로 했지요. 저는, 자기란 개개인이 가지고 있는 자신의 유기체

(organism)와 자신의 경험에 대한 지각(知覺), 그리고 이 지각이 자신의 환경 속에 있는 다른 지각과 대상(對象) 및 모든 외부적인 세계와 관계를 맺는 방식, 이 모든 것을 포함하는 것이라고 생각합니다.

대담자 : 심리학의 역사를 보면, 개인화(individuation) 과정을 논한 융(Carl Jung)을 비롯해서[7] 많은 분들이 실현(actualization)을 향해 나아가는 성장의 과정이라는 관점에서 자기(自己)를 바라보았습니다. 골드슈타인(Kurt Goldstein)도 그의 자기-실현이라는 개념 속에서 자기라는 생각을 공식화했습니다.[8] 선생님께서도 역시 자기라는 개념 속에 이처럼 성장이라는 면을 고려하고 계시지요, 그렇지 않습니까?

로저스 : 물론입니다. 관념적으로 보면, 유기체는 항상 그 자신을 실현하려고 하고 있습니다. 물론 이것은 제가 동기를 설명할 때 이미 이야기한 것입니다. 유기체 안에서 무엇이 일어나고 있는지 자기가 안다면, 유기체와 똑같은 방식으로 자기도 계속 변화하고, 성장하고 또 발달해 갈 것입니다. 우리들 대부분의 경우, 자기의 정체(停滯)된 부분 때문에 부적응이 발생하는 것입니다. 만약 제가 제 유기체에서 실제로 일어나고 있는 것과 일치하지 않은 자기 개념을 계속 가지고 있으면, 부적응이 생기게 됩니다. 제가 오래 전에 알았던 한 소년의 경우를 극단적인 예로 들겠습

7) Evans, R. I.(1964). *Conversations with Carl Jung and Reactions from Ernest Jones*. New York: D. Van Nostrand, Inc.
8) Goldstein, K. (1939). *The Organism*. New York: American Book Company.

니다. 그 소년은 종교적으로 매우 엄격한 가정에서 성장하였습니다. 그가 자신에 대해 알고 있는 바로는, 그는 성적(性的)인 느낌이나 욕구가 전혀 없었어요. 하지만 저는 그 소년이 작은 계집애들의 치마를 들추는 것 때문에 체포되어서 만났어요. 다른 말로 하면, 그의 유기체는 다양한 성적 호기심과 욕구를 경험하고 있는데, 그의 자기 개념이 관련이 되는 한, 그는 그 감정을 전혀 자신의 일부분으로 인정할 수가 없었어요. 체포되었을 때, 그 소년은 그런 행동을 한 것은 자신이 아니고, 자신은 그런 행동을 할 리가 없다고 말하더군요. 엄밀하게 기계적으로만 말하면, 그의 자기-개념에 의하면 그는 그런 짓을 할 수도 없고, 또 하지도 않았지요. 그런 의미에서 본다면, 그의 말이 맞지요. 하지만 그의 유기체는 이 모든 충동을 경험하고 있었고, 또 그것에 근거하여 행동을 했던 것입니다. 적응할 수 있도록 변화하기 위해서, 그는 이 사실을 알 필요가 있고, 성적인 충동을 자신의 다른 측면과 함께 인정해야만 합니다. 그렇게 되면, 자기-개념이 유기체 내에서 실제적으로 일어나는 것과 일치하게 되고, 그리고 그렇게 되어야만 심리적으로 훨씬 더 잘 적응할 수 있게 됩니다. 자기-실현이란 우리가 자신 속에서 일어나는 일을 자진해서 수용적으로 깨닫고, 그 결과로 매 순간마다 실질적으로 변화하고 여러 부분들이 서로 깊이 관련되는 방향으로 나아가는 것을 의미합니다.

대담자 : 실제적으로 선생님께서는 한 개인 속에 있을 수도 있는 여러 "자기들(selves)" 사이에 균형이 잡힌다는 것을 의미하십니까?

로저스 : 그렇습니다. 하지만 제 제자들 가운데 일부가 개별적으로 분리된 자기라는 생각을 너무 지나치게 강조하고 있다는 점을, 비록 그 생각에 대해 제가 특별히 논쟁을 한 것은 아니지만, 분명히 강조해서 말씀드려야만 하겠군요. 제가 보기에, 이 생각은 그렇게 중요한 의미가 없습니다. 오히려 서로 깊게 관련되어 있는 여러 부분들이 하나로 통합된 자기-개념, 그리고 이 자기-개념이, 비록 어떤 경험들은 너무나 위협적이기 때문에 차단이 되기도 하지만, 새로운 경험을 통해 계속 확장되어 간다는 생각이 보다 더 중요하다고 생각합니다. 우리들 각자는 자기 자신에 대해 가지고 있는 생각이나 이미지를 유지하려고 하고, 그것이 심하게 변하게 되면 꽤 위협적으로 느끼는 것 같습니다. 어떤 변화라도 우리가 필요하다고 느끼는 심리적 안전감을 어느 정도는 파괴합니다. 조금 전에 말씀드린 어린 소년의 예에서 보면, 자신이 강한 성적 욕망을 가지고 있다는 사실을 직면하는 것은 자기-개념을 상당히 위협하는 것이지요. 그리고 강한 성적 욕망은 또한 사회적으로도 바람직하게 여기는 것도 아니니까요. 그것은 문자 그대로 죽여주는 것이지요. 그럴 때 어떻게 하겠습니까? 그는 자신의 자기-개념을 부분적으로 파괴시키는 어떤 행동이나 느낌 또는 태도라도, 그것을 인식하는 것을 철저히 차단(遮斷)할 도리밖에는 없습니다. 우리 모두도 이렇게 할 수 있습니다. 그것이 바로 상담이 하는 일입니다. 즉 사람들이, "그래, 이것도 내 자신의 일부이고, 또 지금까지 전혀 받아들일 수 없다고 생각해 온 이것도 바로 나의 경험의 일부이다."라고 깨달을 수 있도록 이 차단벽을 없애도록 도와 주는 것이 상담의 역할입니다.

이상적 자기와 현실적 자기에 관하여

대담자 : 이것과 관련해서 선생님의 이상적 자기(ideal self) 대 현실적 자기(real self)라는 용어를 설명해 주시겠습니까?

로저스 : 이 용어들은 자기-지각을 측정하려고 시도하는 과정에서 나온 것입니다. 제가 자기(自己)라는 개념을 쓰기 싫어했던 이유 가운데 하나는, 만약 애매한 용어를 사용한다면, 그것을 결코 측정할 수 없기 때문이었습니다. 우리는 자기에 대해 전혀 연구할 수가 없었습니다. 이것이 제 생각에는 아주 적당한 시기에 스티븐슨(William Stephenson)이 질문분류법(Q-sort)을 개발했다고 보는 이유입니다.[9] 이 측정법은 상당히 주관적인 이 자기라는 현상을 객관적으로 그려 볼 수 있는 방법입니다. 그 후, 우리는 사람들이 자신의 모든 면을 다 긍정적으로 평가하는 것이 아니라는 것을 알았습니다. 그래서 우리 연구의 피험자들에게 자신이 되고 싶은 자기의 모습으로 진술문을 분류하도록 했습니다. 바로 이 모습이 현재 지각하고 있는 자기의 모습과 비교해서 이상적 자기가 되는 것입니다. 이 연구 방법은 끊임없이 변하는 현상을 객관적으로 연구할 수 있는 아주 가치 있는 방법이라는 것이 입증되었습니다. 현재 지각되는 자기와 대비되는 이상(理想)적으로 바라는 자기를 알게 되면, 다양한 종류의 흥미 있는 비교를 할 수 있게 됩니다.

---

9) 이 연구 방법에서, 피험자들은 자기 자신에 대해서 평가하도록 되어 있는 일련의 진술문들을 받게 된다. 그리고 그 진술문에 따라 자신을 평가한 후, 여러 가지 정해진 파일에 그 진술문을 넣도록 되어 있다. 예를 들면, 자기 자신과 아주 유사하면 A타일에 넣고, 자기 자신과 대체로 비슷하면 B파일에 넣고, 이런 식으로 하게 되어 있다.

일치와 불일치에 관하여

대담자 : 선생님께서 자기(自己)를 설명하신 것에 근거해 보면, 인간의 유기체가 당연히 수행해야만 하는 중요한 결단이 있는 것이 확실합니다. 이 점에 대해 조금 더 깊게 탐구해 보기로 하겠습니다. 선생님께서는 자기와 경험을 통합하는 이 과정을 설명하시면서 흥미있는 양극성, 즉 일치(congruence)와 불일치(incongruence)라는 대비를 도입하셨습니다. 일치 대 불일치는 실제로 무엇을 의미하는 것인가요?

로저스 : 불일치는 개인의 경험과 자신을 조직화하는 방식이 서로 많이 다를 경우에 생기는 것입니다. 일반적인 예로는 자신이 지적으로 열등하다고 확신하고 있는 사람의 경우입니다. 그는 실제로는 훌륭한 지적 능력을 가지고 있다는 것을 보여 주는 창조적이고 훌륭한 일들을 할 수도 있습니다. 그러나 그는 그런 것을 믿을 수가 없는 겁니다. 자신이 지각하는 자기의 모습과 실제로 경험하는 것과의 차이를 불일치라고 부르는 것이지요. 상담이나 심리치료에서 우리가 이루려고 하는 것은 자기와 경험을 상당한 정도로 일치시키는 것입니다. 그러면 내담자는 자신이 경험하고 있는 것을 보다 잘 인식할 수 있게 됩니다. 다시 말하면, 그는 너무 지나치게 방어적으로 조직화될 필요가 없어지게 됩니다. 그는 자기-개념을 바꿀 수도 있다는 것까지도 인식할 수 있게 되고, 그것을 자기와 관련해서 경험의 게슈탈트(Gestalt)로 조직할 수 있게 됩니다. 일치라는 용어는 상담자와 그 자신과의 관계에서 사

용해도 좋은데, 이것은 상담 관계에서 매우 중요한 것입니다. 상담자가 치료적 관계에서 진솔한 자기 자신이 된다는 것이 매우 중요합니다. 그도 역시 다른 면에서는 불일치한 사람일 수도 있습니다. 하지만 치료적 관계에서만은 그는 자기 자신이 경험하는 것과 일치해야만 합니다. 그렇지 않으면, 그는 내담자에게 가식(假飾)적이거나 또는 허울뿐인 것으로 비쳐집니다. 그렇게 되면, 상담은 거의 성공하지 못합니다. 한 번 더 설명해 본다면, 어느 한 순간에 일치하고 있다는 것은 그 순간에 경험하고 있는 것을 안다는 것을 의미합니다. 그리고 필요하다면 그것을 말로 표현할 수 있고, 또 그것을 행동으로 표현할 수 있다는 것을 의미합니다.

내담자-중심의 심리치료에 관하여

대담자 : 심리치료에 관한 선생님의 업적은 너무나 분명하기 때문에 대인관계에 관련된 전문직에 한 번이라도 접촉을 해 본 사람이라면 선생님을 모르는 사람은 아마 아무도 없을 것입니다. 『카운슬링의 이론과 실제』(Counseling and Psychotherapy)란 책에서, 선생님께서는 비지시적(非指示的, nondirective) 상담에 관해 말씀하셨습니다.[10] 그리고 시간이 지나면서, 선생님께서는 내담자-중심(client-centered)의 심리치료라는 용어를 사용하시기 시작하셨습니다. 이 중요한 공헌이 어떻게 변화해 왔는지 조금 더 자

---

10) Rogers, C. R. (1942). Counseling and Psychotherapy: Newer Concepts in Practice. Boston: Houghton Mifflin Co.

세히 설명해 주시겠습니까?

로저스 : 대담자께서는 그런 방향에서 질문을 하셨지만, 저는 제가 쓴 책의 관점에서 생각하고 싶습니다. 제가 견지하고 있는 견해는 사실은 대담자가 말씀하신 것보다 훨씬 전으로 거슬러 올라갑니다. 왜냐하면, 실제로는 1936년과 1937년에 걸쳐서 쓰여졌고 1939년에 출판된 『문제 아동의 임상적 치료』(Clinical Treatment of the Problem Child)에서도 제가 그런 입장을 가지고 있다는 점이 드러납니다.[11] 그 때 저는 아동들과 상담을 하고 있었고, 저의 주된 목표는 아동이 생활하는 조건을 조정(調整)해서 그의 적응을 증진시키는 것이었습니다. 우리는 아동이 처한 상황을 진단하고 치료 계획을 짰습니다. 그리고는 학교, 법원 등 계획이 잘 수행된다는 점을 확인하는 데 필요한 모든 독립적인 기관들이 관여하도록 했습니다. 그렇기 때문에, 그 당시 저의 방식이, 적어도 아동에게는 대체적으로 계획적이고, 기본적으로는 조정적인 것으로 보여졌을 것입니다. 하지만 그 책에서 단지 계획적이고 조정적인 것 이상의 새로운 생각, 즉 상담자가 다루고 있는 내담자를 개별적으로 접촉하려는 시도가 시작되고 있다는 흔적을 발견할 수 있을 것입니다. 그리고 1942년에 『카운슬링의 이론과 실제』가 출간되었습니다. 하지만 그 때까지도 다소 부정적인 표현, 즉 "진단하지 말아라, 충고하지 말아라, 해석하지 말아라." 등의 표현으로 다루었습니다. 하지만 그 중심적인 주제는 더 건

---

11) Rogers, C. R. (1939). *Clinical Treatment of the Problem Child*. Boston: Houghton Mifflin Co.

강해질 수 있는 잠재력은 내담자에게 있다는 것이었고, 상담을 하는 기술(技術)에 대해 많은 관심을 가지고 있는 책이었습니다. 즉 상담자의 반응은 내담자의 잠재력을 발달시켜 줄 수 있는 종류의 것이어야 한다는 것이었습니다. 그리고 나서 1949년과 1950년 사이에 『내담자-중심 치료』(Client-Centered Therapy)를 썼고, 1951년에 출판하였습니다.[12] 거기에서 기본적인 가정(假定)이 보다 더 정교화되었습니다. 즉 그 책의 기본적인 가정은, 상담자가 가져야 할 기본적인 전제는 내담자는 의식에 떠오르는 자신의 삶의 모든 측면을 다룰 수 있는 충분한 잠재력이 있다는 것이었습니다. 그래서 상담자는 내용들이 의식에 떠오를 수 있는 대인관계의 분위기를 조성하도록 노력하는 것입니다. 따라서 상담자의 철학적인 특성과 태도 및 집단으로 분류하는 기술에서 철저히 벗어나 친밀한 개인적 관계를 맺는 기술을 상당히 강조했습니다. 그 때 상담의 3가지 조건에 대해 공식화하기 시작했습니다. 이 3가지 조건에 대해서는 조금 후에 자세히 말씀드리겠습니다. 그리고 1961년에 『진실된 인간이 되는 것에 관하여』(On Becoming a Person)가 출간되었는데, 이 책은 1953년에서 1960년 사이에 쓴 논문들을 모은 것입니다.[13] 상담이 성공적으로 이루어지기 위해서는, 상담자는 상담관계에서 자신의 모습을 진실되게 보여 주어야만 한다는 것을 저는 너무나 분명하게 깨달았습니다. 이것은 상담자와 내담자 사이에 강요하지 않는다는 똑같은 철학으로 충

---

12) Rogers C. R. (1951). *Client-Centered Therapy: Its Current Practice, Implication, and Theory*. Boston: Houghton Mifflin Co.
13) Rogers, C. R. (1961). *On Becoming a Person: A Therapist's View of Psychotherapy*. Boston: Houghton Mifflin Co.

만한 "나와 너(I-Thou)"의 관계이지요.

대담자 : 마틴 부버(Martin Buber)가 더 먼저 이 "나와 너"라는 용어를 사용했습니다.[14] 이 용어가 정확히 무엇을 의미하는지 설명해 주시겠습니까?

로저스 : 제 생각에는 부버가 한 말이 그 의미를 제일 잘 설명해 준다고 봅니다. 두 사람 사이에서 겉모습만이 아닌 진정한 밀접성(immediacy)이 있을 때, 나는 오로지 상대방만을 의식하고 있고, 또 상대방도 오로지 나만을 알고 있을 때, 그리고 두 사람 사이에 깊은 의사소통과 합일(合一)을 경험하고 있을 때, 바로 그런 때가 제가 말하는 "나와 너"의 관계가 이루어지고 있는 때이지요.

대담자 : 그것과 대조되는 것은 어떤 것입니까?

로저스: 그것은 "나와 그것(I-It)"의 관계인데, 상담자가 내담자를 복잡한 대상, 즉 내담자를 어떤 특정한 영역에서 기능이 몹시 파손되어 있는 기계(機械)로 생각하는 것이지요. 내담자를 단지 진단적인 차원에서만 보는 것은 "나와 너"의 관계와 뚜렷이 대조되는 것입니다.

대담자 : 이 "나와 너"의 관계에서 발전한 것은, 물론 상담자의 지시성이 아니라 상담자의 공감적인 비지시성이 중요하다는 선생님의 생각입니다. 사실상 선생님께서는 지나치게 비지시적이기 때문에 내담자가 하는 문자 그대로의 도움에 대한 절규(絶叫)에도

---

14) Buber, M. (1965). *The Knowledge of Man* (ed. Maurice Friedman). New York: Harper & Row.

반응하지 않으신다고 비난받고 계십니다. 어떻게 상담자가 진정으로 비지시적이거나 혹은 내담자-중심적이 될 수 있는지에 대해 선생님의 생각에 어떤 변화가 있는지요? 말하자면, 비지시적이어야 한다는 이 생각을 약간 누구러뜨리셨는지요?

로저스 : 아닙니다. 실질적으로 누구러뜨렸다기보다는 오히려 더 강화시켰다고 보아야 할 것입니다. 저는 아직도 내담자의 삶을 이끌어 나가는 사람은 내담자 자신이라고 생각하고 있습니다. 저의 철학과 상담 방법의 가장 근본적인 핵심은 그런 방식으로 살아가도록 내담자를 강화시켜 주는 것, 즉 자신의 삶을 관리하도록 하게 하는 것이지, 내담자로부터 그 능력이나 기회를 빼앗는 것이 절대 아닙니다. 하지만 이런 점에서는 변했습니다. 즉, 내 자신의 감정을 인식하도록 노력하고, 그 감정을 내담자에게 강요하는 것이 아니라 내 자신의 감정으로서 표현하도록 노력해야만 한다는 쪽으로 변했습니다. 저는 내담자에 대한 부정적인 감정까지도 표현합니다. 내담자에게, "나는 당신이 이야기하는 내용이 지겹다."라고 이야기합니다. 그런 말이 내담자를 어떤 특정한 방향으로 이끌어 가는 것은 아닙니다. 오히려 그것은 내담자가 이런저런 방식으로 다루어야만 하는 뭔가 충격을 주는 자료를 마련해 주는 것이지요. 그러나 저는 내담자에게 나를 지겹게 만들지 않기 위해서 무엇을 해야만 하는지는 말하지 않습니다. 아마 그는 또다시 곧 나를 지겹게 만들지도 모릅니다. 하지만 그것은 그에게 달린 것이지요.

대담자 : 물론, 꼭 문자 그대로 의미하는 것은 아니라고 생각합

니다만, 1942년『카운슬링의 이론과 실제』를 출판하실 당시, 실제로 내담자에게 그런 종류의 말씀을 하셨을 것이라고 생각하십니까?

로저스 : 아닙니다. 그 당시에는 그런 말을 하지 않았을 겁니다. 그 당시에는 사람들은 정말로 제가 인정했던 것보다 훨씬 더 많이 자기 자신을 이끌어 갈 수 있는 능력을 가지고 있다는 사실을 발견했다는 데 매료되어 있었습니다. 그런 면에서는 저는 일종의 여행자였습니다. 그 당시에는 단지 "상담 상황에서 내담자의 감정을 이해하는 것 이외에는 어떤 방식으로든지 절대로 개입하지 말도록 하자."라고 생각했습니다. 시간이 흐르면서 저는 점차로 그런 여행자 같은 접근이 오히려 보다 더 보상적인 매우 친밀한 대인 관계가 이루어질 수 있는 상황을 흔들어 놓는다는 것을 깨닫게 되었습니다. 따라서 제가 지시적인 방식에서 내담자를 신뢰하는 방식으로 변하게 된 것은 수많은 경험 때문이었다고 말할 수 있습니다. 이제부터 제가 소개하려고 하는 예가 가장 생생한 경험이었습니다. 그 때 저는 한 어머니와 상담을 하고 있었고, 다른 많은 동료들이 그녀의 아들과 상담을 하고 있었습니다. 이 어머니와의 상담에는 전혀 진척이 없었습니다. 저는 그녀가 거부적인 어머니라고 생각했고, 부드럽게 그 점을 지적하려고 하였습니다. 그러나 아무런 발전이 없었습니다. 면담을 몇 번 한 후, 저는 그녀에게, "우리 둘 다 노력을 해 보았지만, 별 성과가 없군요. 그래서 이제는 그만 두었으면 하는데요."라고 말했습니다. 그녀도 역시 별로 성과가 없었다고 생각했습니다. 그녀는 일어서서

상담실을 나가려고 문 있는 데까지 갔습니다. 그리고는 갑자기, "이 곳에서는 어른들하고도 상담을 하나요?" 하고 물었습니다. 그 래서 제가, "물론입니다."라고 대답을 했더니, 그녀는 되돌아와서 다시 앉자마자 자기 자신의 문제를 그녀의 관점에서 쏟아 내기 시작하였습니다. 이 내용은 지금까지 제가 그녀를 통해 얻은 훌 륭한 사례사의 내용과는 완전히 다른 것이었습니다. 저는 그녀에 게 관심이 있는 것에 대해 실제로 상담하기 시작했습니다. 그녀 를 근본적으로 괴롭히는 것은 아들의 문제가 아니라 뜻밖에도 그 녀 자신의 결혼 생활이었습니다. 바로 그 때부터 진정으로 효과 적인 치료적 관계가 시작되었습니다. 그 경험을 통해서 저는, 만 약 근사한 상담자로 보이고 싶다면, 상담을 해 가면서 진단하고 충고하고 그리고 해석만 하면 된다는 것을 알았습니다. 그러나 만약 내담자와 효과적으로 상담할 수 있는 상담자가 되기 원한다 면, 상담자는 내담자가 자신의 문제를 다룰 수 있는 분위기를 만 들어 주기만 하고, 내담자에게는 자신의 문제를 스스로 해결할 수 있는 능력이 있다는 사실을 인정하는 것이 필요하다는 것을 깨닫게 되었습니다. 그 이후로, 제가 하는 모든 노력은 내담자 스 스로가 자신의 문제를 해결하고 발달하고 그리고 성장할 수 있는 심리적인 분위기를 만드는 데 초점이 맞추어져 있다고 말해도 좋 을 것입니다.

대담자 : 내담자가 현재 느끼는 경험의 장(場)을 함께 하는 것 에 초점을 맞추는 경향은 환자의 과거를 거슬러 올라가는 프로이 트(Sigmund Freud)식의 생각과는 뚜렷이 대조를 이루는 것입니

다. 이 점에서, 선생님의 이론은 레빈(Kurt Lewin)의 장 이론(場理論)과 일치하는데, 그 이론에 의하면 행동은 사람과 그의 현재의 환경과의 상호작용의 함수입니다. 선생님께서는 레빈의 영향을 받으셨습니까? 선생님께서는 레빈의 장 이론을 아셨습니까?

로저스 : 정확하게는 알지 못했습니다. 제가 그것을 알게 됐을 때, 현재의 상황에서 내담자에게 미치는 모든 영향을 분석한다는 의미에서 장 이론과 같은 원리로 움직이고 있고, 또 내담자의 과거를 분석하지 않는다는 의미에서는 발생학적(genetic) 이론과는 다른 원리에서 움직이고 있다는 것을 깨달았습니다.

대담자 : 그러면, 아마도 랑크(Otto Rank)에게서 또 다른 영향을 받았을지도 모르겠습니다. 랑크는, 물론, 치료 과정에서 시간을 정해 놓는 것을 강조했습니다. 예를 들면 그는, "이 문제를 7~8회의 면담을 통해서 해결하도록 합시다."라고 하면서 치료를 시작했습니다. 하지만 사실상 치료는 단지 몇 주나 몇 달 안에 끝나곤 했습니다. 이것은 3년에서 5년씩이나 걸리는 치료, 즉 기간이 확실치 않은 전통적인 정신분석과는 분명히 대조를 이루는 것입니다. 선생님께서는 랑크의 영향을 받으셨습니까?

로저스 : 물론, 그의 영향을 받았습니다. 시간을 정하는 것에 대해서는 그다지 영향을 받지 않았습니다. 하지만 상담 관계에 대한 그의 다른 많은 생각들과 바로 현재에 많은 초점을 맞추는 것 등은 영향을 받았습니다. 기본적으로는 사실 간접적인 방식으로 영향을 받았습니다. 주로 랑크의 치료 방법을 따르고 있었던

필라델피아 대학교의 사회사업 대학(Philadelphia School of Social Work)에서 일한 여러 사람들에게서 저는 많은 영향을 받았습니다. 그리고 그들은 랑크를 로체스터(Rochester)에 모시고 와서 3일 동안 유익한 세미나를 열기도 했습니다. 저는 가끔 농담으로 그 3일 동안은 그의 이론을 대단치 않게 생각했다고 말했습니다. 그러나 사실은 그의 이론이 정말로 훌륭하다고 생각했습니다. 제 "치료"가 그의 생각에 영향을 받았다는 데는 의심의 여지가 없습니다.

상담과 심리치료의 기술에 관하여

대담자 : 조금 전에, 선생님께서는 상담과 심리치료에 관한 오늘날의 선생님의 생각을 이끌어 온 몇 가지 원칙에 대해 말씀하셨습니다. 그리고 상담 기술(技術)에 대해 많은 관심이 있다고도 말씀하셨습니다. 선생님께서 강조하신 한 가지 기술이 내담자-중심적인 생각과 맞아떨어지는데, 그것은 상담자에게 감정을 진실되게 반영(反映)하라고 격려하는 것이 포함되어 있었습니다. 선생님께서는 아직도 진실된 반영이 중요하다고 생각하십니까?

로저스 : 상담에 필요한 조건에 관해 말씀드리겠습니다. 그 과정에서 아마 선생님의 질문에 대한 대답도 나오겠지요. 우리는 점진적으로 꽤 철저한 이론을 만들었습니다. 그리고 이 조건들이, 비록 개인의 성장을 촉진시키는 완전하고 가장 훌륭한 것은

아니라고 할지라도, 적어도 그것에 근접한 것이라는 만족스러운 결과를 보여 주는 여러 연구들이 있습니다. 이 세 가지 조건의 존재 여부는 상담 관계에 매우 중요합니다. 가장 중요한 첫번째 조건은 상담자의 일치성(congruence) 혹은 진실성(genuineness), 다시 말하면, 내담자와 함께 있을 때 진실된 사람이 되는 능력입니다. 두 번째 조건은 내담자를 판단하거나 평가하지 않으면서 그를 한 사람의 독립적 인간으로 수용하는 상담자의 능력입니다. 그것은 무조건적 수용(unconditional acceptance), 다시 말하면, 상담자가 내담자를 내담자의 바로 그 모습대로 수용하는 능력을 말하는 것입니다. 세 번째 조건은 진지한 감정이입(感情移入)적 이해(empathic understanding)입니다. 반영이라는 용어는 바로 이 세 번째 조건에서 사용되는 것입니다. 하지만 만약 그것이 단순히 반영하는 데 그친다면, 그것은 효과가 없습니다. 그렇게 되면, 그것은 단지 하나의 기술에 불과하기 때문입니다. 진정한 반영은 내담자를 감정이입적으로 이해하려고 하고, 실제적으로 그의 입장에 서려고 하고, 그리고 그의 위치에서 세상을 바라보려고 하는 욕구여야만 합니다. 만약 이런 점들이 어느 정도 내담자에게 전해질 수만 있다면, 즉 상담자가 진정으로 내담자가 어떻게 느끼는지를 보고, 내담자가 느끼는 방식을 이해하고 있다는 것을 내담자가 느끼면, 그것은 감정을 가장 잘 해소시켜 주는 경험이 될 수 있습니다. 진정으로 수용적이고 민감하게 이해하고 내가 세상을 바라보는 방식을 바로 그대로 정확하게 지각하는 사람이 실제로 여기에 있다는 사실을 발견하는 것이 바로 사람들을 앞으로 나아가게 하는 것 같이 보입니다. 이 사실을 깨닫는 것은 정말

로 매혹적인 효과를 가지고 있습니다. 상담이나 심리치료의 과정
이 지속될 수 있도록 해 주는 것도 바로 이 측면입니다.

프로이트의 치료 기술에 관하여

대담자 : 상담자와 내담자 사이의 이 특별한 관계를 설명하시
면서, 선생님께서는 프로이트가 발달시킨 가장 강력한 개념 가운
데 하나인 전이(轉移, transference)를 인정해야만 하는 입장에 서
시게 되었습니다. 그의 생각에 의하면, 환자는 치료자를 "부모"로
지각하는데, 이것은 환자의 실제의 부모와 맺었던 예전의 관계를
반영하는 것입니다. 따라서 치료자와 환자 사이의 긍정적인 전이
는 부모에 대한 사랑이 투사(投射, projection)된 것이고, 부정적인
전이는 부모에 대한 증오심이 투사된 것이라는 것입니다. 그는
또한 치료자가 환자에 대해 가지는 태도를 역전이(逆轉移,
counter-transference)라는 개념으로 설명했습니다. 이것도 역시 긍
정적일 수도 있고 또 부정적일 수도 있습니다. 프로이트는 분명
히 치료자는 일종의 감정적인 중립을 견지해야만 한다고 말하고
있습니다. 치료자가 환자에 대해 가져야만 하는 무조건적인 긍정
적 존중(unconditional positive regard)의 중요성에 대해 선생님께
서 강조하실 경우, 그것은 역전이라는 의미에서 이 관계의 무의
식적이고 비합리적인 본질을 너무 간과(看過)하시는 것이 분명하
지 않은가요, 어떻습니까?

로저스 : 프로이트의 생각에서 흥미있는 것은, 그의 다른 많은 생각에서도 마찬가지이지만, 치료자와 환자 사이에서는 정상적인 감정적 반응이 끼어들 여지가 없다는 것입니다. 그것은 전이이거나 아니면 역전이일 뿐입니다. 그러나 "다른 사람을 좋아하는 정상적인 감정"을 느낄 수 있는 가능성은 그 이론에는 전혀 없습니다. 하지만 오늘날에는, 지나치게 전통적인 프로이트 추종자들을 제외하고는, 전이와 역전이라는 개념이 심리치료에서 사라지고 있는 모습은 매우 흥미있습니다. 제 생각에는, 정신분석에서 나타나는 전이 현상은 학습된 것이고 분석자의 태도에 의해 조장(助長)된 것입니다. 물론, 치료를 하다 보면 치료자가 아버지의 상(father figure)으로 간주되거나, 혹은 뭔가 다른 방식으로 환자의 과거와 밀접하게 연관되어 있는 것이 분명한 전이의 증거를 많이 접할 수 있습니다. 그러나 우리는 내담자가 표현하는 다른 모든 감정을 취급하는 것과 같은 방식으로 그 감정도 취급합니다. 즉 내담자가 느끼는 방식을 이해하면, 비합리적인 측면은 사라집니다. 예를 들면, 한 사람이 고용주에게 비합리적인 분노를 느끼고 있습니다. 그가 그 감정을 속시원히 이야기하는 과정에서, 그것이 수용되고 이해된다면, 그는 점차로 합리적이지 않은 부분을 보게 되고, 또 합리적인 부분도 보게 됩니다. 그렇게 되면, 비합리적인 부분은 사라지게 되는 것이지요. 마찬가지 방식으로, 만약 그가 치료자를, "선생님은 제 아버지와 똑같습니다. 그래서 나는 아버지를 미워하는 것과 똑같이 선생님을 미워합니다."라는 식으로 생각할 수도 있습니다. 하지만 그가 그 감정을 공개적으로 드러내고, 또 그것이 수용되고 이해된다면, 비합리적

인 부분이 그 감정에서 없어지는 것이지요. 그리고 남는 것은 그의 진실된 반응이 무엇이든지 간에 그와 함께 앉아 있는 현실의 상담자에 대한 감정뿐입니다.

집단상담에 관하여

대담자 : 상담과 심리치료에 관한 우리들의 생각에는 엄청난 혁명이 있었습니다. 그리고 선생님께서는 분명히 이 혁명에 큰 공헌을 하셨습니다. 선생님께서 초기에 책에서 표현하신 것처럼, 얼굴과 얼굴을 맞대고 하는 개인상담에서 점차적으로 집단상담, 즉 개인들이 집단으로 모여서 치료 과정에 참여하는 방식으로 옮겨가고 있습니다. 집단상담은 계속 순조롭게 성장하고 있습니다. 이런 종류의 집단상담 외에도, 집단 역학적인 배경에서 출발한 감수성 훈련(sensitivity training)과 같은 집단적인 참만남 운동의 변형된 기술들이 새롭게 중요성을 더해 가고 있습니다. 보다 넓은 의미에서 본다면, 개인적인 성장 운동이 모두 우리가 참만남 집단(encounter group)이라고 부르는 것으로 변하고 있습니다. 집단적인 참만남 운동은 많은 혁신적인 변화를 겪고 있습니다. 극적인 변화들, 예를 들면 나체로 집단 활동에 참여하는 것, 신체적인 접촉을 하고 마사지를 하는 것, 영적(靈的)이거나 또는 다양한 다른 명상적인 차원의 활동을 하는 것 등이 집단적인 참만남 운동의 일부분이 되어 가고 있습니다. 다시 말해서 선생님께서 말씀해 오신 대인(對人)간에 참만남을 발달시켜려고 한다는 측면에

서 본다면, 갑자기 모든 메시지가 다음과 같이 되버린 것 같습니다 - "좋다. 촉각에 의한 것이든, 시각에 의한 것이든, 네가 가지고 있는 모든 의사소통의 기술들을 다 사용하여라." 오늘날의 이 전반적인 경향에 대해 선생님께서는 어떻게 생각하십니까?

로저스 : 우선 제가 주창한 참만남 집단에 초점을 맞추도록 하겠습니다. 왜냐하면, 대담자도 아시다시피, 얼마 전에 그것에 관해 제가 책을 썼기 때문입니다.[15] 그리고 또한 그 분야는 제가 매우 밀접하게 관여하고 있는 분야이기도 합니다. 여러 가지 다양한 방식으로 집단상담을 할 수 있다고 생각합니다. 하지만 어떤 측면에서 보면, 오늘날의 집단상담은 완전히 종잡을 수 없게 되었고, 그 점에 대해 유감스럽게 생각합니다. 보다 바람직한 측면에서 본다면, 그것은 20세기에 이루어진 사회적인 발명 가운데 가장 의미 있는 것입니다. 왜냐하면, 그것은 소외와 외로움을 없애 주는 것이고, 사람들끼리 서로서로 의사소통을 더 잘 할 수 있게 해 주는 것이며, 자신에 대해 새로운 통찰을 할 수 있게 해 주는 것이고, 또 다른 사람들로부터 피드백(feedback)을 받아서 다른 사람들이 자신을 어떻게 지각하는지를 알게 해 주는 방법이기 때문입니다. 그것은 매우 다양한 방식으로 많은 유용한 목적을 위해 사용할 수 있는 것입니다. 제 스스로가 관여하는 참만남 집단 활동은 제가 지금 이야기하고 있는 것과 똑같은 철학과 이론에 의해서 이루어지고 있습니다. 저는 집단상담을 이끄는 경우, 제가 개인상담에서 효과적인 방식이라고 설명한 것과 똑같은 태

---

15) Rogers, C. R. (1970). *Carl Rogers on Encounter Group.* New York: Harper & Row.

도를 견지하려고 노력하고 있습니다. 참만남 집단에 제가 대단히 흥미를 느끼는 이유 가운데 하나는 상대적으로 짧은 기간 동안에 매우 긍정적인 결과를 얻을 수 있다는 점입니다.

대담자 : 이 운동에 대해 선생님께서는 어떤 점을 염려하고 계십니까? 집단상담에서 파생된 극단적인 방법이 실제적으로 집단상담 전체를 퇴보시킬 우려가 있다고 생각하십니까?

로저스 : 그렇습니다. 그럴 가능성이 충분히 있다고 생각합니다. 기본적으로는, 저는 다양한 방법들을 시도해 보는 것 자체에 대해서는, 그것이 선(禪)이든, 신비주의든, 또 그들이 원한다면 설사 나체 집단이라고 할지라도, 실제로 반대하지는 않습니다. 그러나 그런 방식들은 사회적으로 매우 나쁜 영향을 미칠 것이라고 생각합니다. 왜냐하면, 일반 사람들이 그런 것들에 대해 식상할 것이고, 모든 집단 활동을 다 나쁜 것이라고 생각하게 될 것입니다. 몇 년 전에, 이와 같은 일이 실제로 일어난 적이 있습니다. 일반 사람들이 진보적인 교육(progressive education)에 대해 식상하게 됐고, 결국 그 단어는 나쁜 말이 되어 버리고 말았습니다. 이와 같은 비유가 아마 틀림없이 맞을 것이라고 생각합니다. 왜냐하면, 일반 사람들이 곧 집단 활동에 대해 등을 돌릴 것이기 때문입니다. 그렇지만, 참만남 집단 경험이 사람들에게 주는 긍정적인 면은 계속 될 것이라고 확신합니다. 그것은 마치 진보적인 교육이 한 용어로서는 더 이상 사용되지 않지만, 그러나 그 속에 포함된 건전한 사상은 그 이후로도 계속 그 분야에서 영향을 끼치고 있는 것과 같은 것입니다.

대담자 : 그렇다면, 선생님께서는 이런 실험적인 방식 가운데 더러는 어느 정도 가치가 있지만, 지나치게 극단적인 견해는 실제로 참만남 집단 운동에 심각한 해를 끼칠 수도 있다고 생각하고 계시는군요?

로저스 : 그렇습니다. 이는 일반 사람들이 참만남 집단의 진정한 모습에 대해 오해를 하게 만들 수도 있습니다.

제7장

노년기의 즐거움

나이와 더불어 계속 성장하는 노년기[1]

75세가 된다는 것은 어떤 것일까? 그것은 55세나 35세가 되는 것과는 똑같지 않다. 그러나 나에게는 그 차이가 여러분이 생각하는 것처럼 그렇게 크지는 않다. 하지만 나는 유달리 너무나 운 좋은 삶을 살아 왔기 때문에, 나의 이야기가 다른 사람들에게 얼마나 소용이 될지 또는 의미가 있을지는 잘 모르겠다. 그렇기 때문에 앞으로 적어 두려는 약간의 생각과 반응은 대부분 내 자신을 위한 것이다. 나는 65세에서 75세까지의 10년 동안에 한정하

---

1) 1977년에 이 글을 썼지만, 내 아내가 너무 사적인 것이 출판되는 것을 유보하기 원했기 때문에 출판을 보류하고 있었다. 하지만 아내가 죽은 후로 나는 새롭게 생각을 고쳐 먹고 출판을 허락하였다.

려고 한다. 왜냐하면, 대부분의 사람들에게, 65세는 생산적인 삶을 끝내고, 그 의미가 무엇이든지 간에 소위 "은퇴"를 하는 나이이기 때문이다.

신체적인 면

나는 신체적으로 쇠퇴해 간다는 것을 느끼고 있다. 그렇다는 것을 여러 가지 방식으로 알고 있다. 10년 전, 나는 플라스틱 원반(frisbee)을 던지며 노는 것을 아주 즐겼다. 하지만 지금은 관절염으로 오른쪽 어깨가 너무나 아프기 때문에, 그것을 할 수 없다. 정원 일만 해도, 5년 전까지만 해도 쉬었던 일들이 작년에는 어려웠고, 지금은 너무나 힘들기 때문에, 일 주일에 한 번씩 오는 정원사에게 맡기는 편이 더 좋게 되었다. 시력(視力)이나 심장 박동(搏動)이나 그 외의 분야에서 다양하게 일어나는 사소한 장애들을 동반하면서, 이 같은 완만한 쇠퇴는 신체적인 면에서의 "나(me)"는 영원히 지속되지는 않는다는 점을 나에게 알려 준다.

그렇지만 아직도 해변가에서 6km 정도 걷기를 즐긴다. 무거운 것들을 들을 수도 있고, 아내가 아플 때는 쇼핑도 하고, 음식도 만들고, 설거지도 한다. 또 숨차지 않게 내 짐을 나를 수도 있다. 여성의 모습은 아직도 나에게 이 우주에서 가장 사랑스러운 창조물인 것처럼 보인다. 여성에 대해 관심을 가지고 있다는 점에서 나는 35세 때와 마찬가지로 섹시(sexy)하다고 느낀다. 비록 성적인 능력 면에서는 그렇다고 말할 수 없지만 말이다. 하지만 아직도 성적(性的)으로 살아 있다는 것이 즐겁다. 비록 대법관인 올리버 웬델 홈즈(Oliver Wendell Holmes)가 80의 나이에 집을 떠나면서 희화(戱畵)적으로, "오, 다시 70세가 될 수만 있다면!"이라고 한 말에 공감을 하지만 말이다.

따라서, 나이가 들었다는 사실을 나는 분명히 알고 있다. 그렇지만 내적인 면에서 나는 많은 점에서 늙지도 않고 젊지도 않은 똑같은 사람으로 느낀다. 이제부터 바로 그 사람에 대해 이야기하려고 한다.

나의 활동

새로운 사업

나는 지난 10년 동안 심리적인 또는 신체적인 위험조차도 감수해야만 하는 새로운 모험적인 사업을 많이 시작했다. 대부분의 경우 이런 사업에 내가 참여하게 된 것은 다른 사람의 제안이나 말에 의한 것이라는 사실은 납득이 잘 안 되는 점이기도 하다. 이 사실을 통해, 내 마음 속에는 종종 나도 모르는 준비가 되어 있는 것이 틀림없다는 점을 깨닫게 된다. 그렇기 때문에, 누군가 적절한 단추를 누르기만 하면, 행동으로 나타나는 것이다. 예를 들어서 설명해 보기로 하자.

1968년에 빌 컬슨(Bill Coulson)과 다른 몇 사람이, "뭔가 새롭고 독립적인 조직을 만들어야겠다."고 처음 말했다. 그 이야기를 기화로 하여, 가장 얼빠진 것 같고, 가장 제대로 될 것 같지 않았으나, 나중에는 가장 영향력 있는, 상상할 수 없을 만큼 비조직적인 인간연구센터(Center for Studies of the Person)가 조직되었다. 일단 그것이 제안되자, 그것을 설립하는 그룹 중에서 나는 매우 활동적이었고, 초기의 어려운 시기 동안에 나는 - 그리고 우리들은 - 그것을 키우는 데 도움을 주었다.

내 친구 중의 하나인, 초등학교 교사 루스 코넬(Ruth Cornell)이 나에게, "당신은 왜 교육에 관한 책을 쓰지 않았습니까?"라고 물었다. 이 말이 자극이 되어 교육에 대해 생각하기 시작하였고, 결국 『자유로운 학습』(Freedom to learn)이라는 책을 쓰게 되었다.

나는, 만약 집중적인 집단 경험을 통하여 의사들을 인간화시키려는 오리엔느 스트로드(Orienne Strode)의 꿈이 아니었다면, 지위(地位)를 많이 의식하는 의학 분야에 영향을 미치려는 생각은 결코 하지 않았을 것이다. 회의적이었지만 희망을 가지고, 나는 그 프로그램이 시작되도록 돕기 위해 많은 노력을 하였다. 우리는 실패할 위험성을 상당히 많이 감내(堪耐)해야만 했다. 하지만, 그것은 여러 면에서 상당한 영향력을 끼치는 프로그램이 되었다. 900여 명의 의학 교육자들이 배우자들과 함께 참만남 집단(encounter group) 프로그램에 참가하였고, 의학 교육에 대해 "불만스러운 견해"를 가지고 있던 여러 수련의들도 그 프로그램에 참여하였다.

그것은 매우 흥분되고 가치 있는 발전이었고, 지금은 아주 사소한 도움만을 받으면서 나와는 완전히 독립적으로 진행되고 있다.

이번 여름에 우리는 다섯 번째로 인간-중심(person-centered)적인 상담 방법에 대해 16일 동안 집중적인 연수회를 가졌다. 이 연수회는 지난 10년 동안의 어느 다른 사업에서보다도 더 많은 것을 나에게 가르쳐 주었다. 나는 내 자신에 대해 배웠고, 내 자신이 되는 새로운 방법을 실행에 옮겼다. 나는 집단의 과정에 대해 그리고 집단이 주도해서 공동체를 형성하는 새로운 방식에 대해 인지적으로 또 직관적으로 배웠다. 이것은 엄청나게 멋있는 경험이었고, 이 경험은 전문가들로 구성된 친밀한 "가족"을 형성하게 된 강력한 지주(支柱)가 되었다.

우리는 더욱 더 실패의 위험을 감수하면서 집단과 함께 하는 새로운 방식을 시도해 보았다. 그리고 내가 어떻게 이 방대하고 시간이 오래 걸리는 사업에 개입하게 되었는가? 4년 전, 내 딸 나탈리(Natalie)가 나에게 말했다. "우리 내담자-중심(client-centered)적인 상담 방법에 대해 함께 연수회를 여는 것이 어때요?" 우리 둘 중의 어느 누구도 그 대화로부터 그렇게 많은 것이 이루어질 수 있으리라고는 상상도 할 수 없었다.

개개인의 힘에 관한 나의 새로운 책도 마찬가지로 한 대화에서부터 맨 처음 점화(點火)되었다. 그 당시 대학원 학생이었던 앨런 넬슨(Alan Nelson)이, 내담자 중심의 치료에는 "정치(politics)"가 없다는 내 말에 도전해 왔다. 이것 때문에 나는 깊이 생각해 보게 되었는데, 이 생각에 대해서는 이미 몰두할 준비가 되어 있었음이 틀림없었다. 왜냐하면, 그 책의 많은 부분은 그 생각들을 그냥 단순히 쓰기만 하면 됐기 때문이다.

무모한 것인가 아니면 현명한 것인가?

가장 최근의, 그리고 아마도 가장 위험스러운 일은 나와 4명의 인간연구센터 직원들이 함께 브라질로 여행한 것이다. 내가 이 여행에 동행하게 된 것은 에두아르도 반데이라(Eduardo Bandeira)의 설득력과 통찰력, 그리고 여행을 조직하는 노력 때문이었다. 내 나이를 생각해 보면, 이 여행이 나에게는 너무나 길고 어려울 것이라고 생각하는 사람들이 더러 있었고, 내 자신도 15시간 동안이나 비행기를 타는 것이 마음에 꺼림칙하였다.

그 때, 우리들의 노력이 어떤 방식으로든지 이 광활한 나라에 영향을 미칠 수 있을 것이라는 다소 오만한 생각이 들었다. 하지만 브라질 출신의 집단상담 리더를 훈련시켜서, 그들 자신이 자신의 나라에서 집중적인 연수회를 가질 수 있도록 만드는 것은 아주 매력적인 일이었다. 왜냐하면, 브라질 출신의 집단상담 리더들의 거의 대부분은 미국에서 열린 연수회에 참석해서 훈련을 받았기 때문이었다.

그리고 또 다른 기회가 있었다. 우리는 브라질의 대도시 세 곳에서 600명에서 800명에 이르는 많은 청중들을 만나게 되어 있었다. 이것들은 이틀 동안에 걸친 학회였는데, 이곳에서 우리는 이틀에 걸쳐서 약 12시간 동안 함께 할 수가 있었던 것이다. 미국을 떠나기 전에, 우리는 이 짧은 기간에 이렇게 많은 사람들을 만나기 때문에, 주로 강의에 의존할 필요가 있을 것이라는 데 의견의 일치를 보았다.

그렇지만, 시간이 점점 다가오면서, 상담 시간의 통제와 방향에 대해 함께 경험하지 않고, 또 참석자들에게 자신을 표현하고 자신의 힘을 경험할 수 있는 기회를 주지 않고, 우리는 단지 인간-중심적인 상담 방법에 **관해서** 이야기만 할 수는 없다고 점점 더 강하게 느끼게 되었다. 그래서 우리는 너무나 기발한 도박을 하기로 하였다. 매우 짧은 강의에 덧붙여서, 우리는 인도자가 없는 소집단들, 특별한 관심이 있는 사람들끼리의 집단들, 시범을 보이기 위한 참만남 집단, 그리고 청중과 센터 직원과의 대화 등을 시도하였다.

그러나 가장 대담 무쌍한 일은 800여 명의 청중을 10에서 12열로 크게 둘러앉게 만들어서, 감정이나 태도를 표현할 수 있도록 하는 것이었다. 말하고 싶은 사람에게는 마이크가 주어졌다. 참석자들과 직원은 동등한 자격으로 참가하였다. 지도력을 발휘하는 사람이나 집단은 전혀 없었다. 그것은 초대형 참만남 집단이 되었다. 처음에는 상당히 혼잡스러웠다. 하지만 사람들은 곧 서로서로 다른 사람의 이야기를 듣기 시작하였다. 직원과 과정에 대해 때로는 아주 격렬한 비판도 있었다. 그렇게 짧은 시간 동안에는 결코 많은 것을 배울 수 없다고 느끼는 사람들도 있었다.

사람들 사이의 차이도 뚜렷하게 나타났다. 질문에 대해 대답을 하지 않는다고, 통제를 하지 않고, 또 지도를 하지 않는다고 한 사람이 직원을 심하게 비난하자, 옆에 앉아 있던 사람이 말했다, "하지만 언제 우리 모두가 자유롭게 비난하고, 우리 자신을 표현하고, 또 뭔가를 말할 수 있었습니까?" 마침내, 그들은 자신들이 집으로 돌아갔을 때 새로 배운 지식을 가지고 무엇을 할 것인지에 대해 건설적으로 토론하였다.

상담 기간 동안 너무나 혼란스러웠던 상 파울루(Sao Paulo)에서의 첫째 날 저녁 후에, 그 집단과 우리가 함께 할 시간이 오직 6시간밖에는 없다는 사실을 나는 절실하게 깨달았다. 하지만 나는 어느 누구하고도 모임에 대해 이야기하는 것을 거절하였다. 내 자신도 너무나 심하게 혼란스러웠다. 나는 실패할 수밖에 없는 터무니없이 어리석은 실험을 했든지, 아니면 800여 명의 사람들이 자신의 잠재력을 느끼고 자신의 학습 경험을 형성하는 데 스스로 참여하도록 하는 전혀 새로운 혁신적인 방법을 창안했든지 둘 중의 하나였다. 결국 어느 쪽으로 판명(判明)이 날지 알 수 있는 방법이 전혀 없었다.

아마도 실패할 가능성이 크면 클수록, 성공했을 때 얻는 만족도 더 클 것이다. 상 파울루에서의 두 번째 저녁, 모임에는 진정한 의미에서의 공동체적인 느낌이 있었고, 사람들이 자신들이 변화하는 중대한 경험을 하였다. 그 후 여러 주(週)와 여러 달 후에 진행된 비공식적인 추수(follow-up) 연구에 의하면, 세 도시 각각에서 수백 명의 사람들에게 이런 경험을 하도록 하는 것은 충분한 가치가 있었다는 것을 보여 주고 있다.

나는 여행을 연장하는 것이 그렇게 바람직하다고 전혀 생각하지 않았다. 이미 많은 것을 배웠고, 또 우리는 이미 모든 종류의 창조적인 것들이 - 개인적인 수준에서, 대인(對人)간의 수준에서, 그리고 집단적인 수준에서 - 일어나는 촉진적인 분위기를 창조해

냈다는 데 대해 전혀 의심의 여지가 없었다. 우리는 브라질에 중요한 이정표(里程標)를 세웠다고 믿는다. 그리고 또한 브라질에서의 경험이 우리 모두를 분명히 변화시켰다. 확실히 우리들이 가지고 있는 이상(理想)을 매우 큰 집단에도 적용할 수 있도록 확장시켰다.

이상의 것들이 내가 지난 10년 동안 해 오고 있는 활동들이고, 이 모든 활동은 나에게 너무나 많은 도움을 주었다.

실패할 위험을 감수하는 것

이 활동에는 모두 실패할 위험 요소들이 내재해 있다. 최근에 나에게 가장 가치 있는 경험들은 모두 상당한 정도의 실패할 위험이 있는 것들이다. 그러므로 잠깐 동안 멈추어서, 내가 이런 위험을 감수하는 이유에 대해 생각해 보기로 하자.

과거의 경험에 의해서 매우 만족스럽게 처리할 수 있는 일들을 골라서 쉽게 해결해 가는 방식을 택하지 않고, 미지(未知)의 것을 시도해 보는 것, 새로운 것에 대해 모험을 해 보는 것이 나에게 매력적인 이유는 무엇일까? 내가 충분히 이해하고 있는지 확신은 없지만, 그러나 중요한 몇 가지 요인을 알 수는 있다.

첫번째 요인은 나를 지지(支持)해 주는 사람들, 즉 일군의 친구들과 친한 동료들인데, 이들 대부분은 지금까지 내가 해 온 일들을 도와 주었다. 우리는 서로 상호 교류를 통해, 새롭거나 모험적인 일을 하면서 서로서로 상대방을 격려해 주고 실제적이고 절대적인 도움을 주었다. 예를 들면, 만약 혼자서 행동했다면, 우리의 브라질에서의 멤버 중 어느 누구도 우리 다섯 명이 함께 일한 것처럼 그렇게 대담하게 새로운 실험을 할 수는 없었을 것이라고 나는 확신하고 있다. 만약 우리가 실패한다고 해도, 우리를 믿고 또 다시 일할 수 있도록 도와 줄 수 있는 동료들이 있었기 때문에, 우리들은 도박을 할 수 있었다. 우리는 서로에게 용기를 북돋아 주었다.

두 번째 요인은 내게 젊음에 대한 친근감(親近感)이 있고 또 젊은이들의 도움을 통해 새롭게 출현하는 생활 방식에 대해서도 친근감을 가지고 있다는 점이다. 내가 왜 이런 친근감을 가지게 되었는지는 모르겠다. 단지 내가 친근감을 가지고 있다는 것을 알 뿐이다. 나는 미래에 "새롭게 출현하는 인간(emerging person)"에 대해 쓴 적이 있고, 나 자신이 이 새로운 존재 방식과 생활 방식에 마음이 끌리고 있다. 그러나 이 새로운 사람에 대해 단지 내가 소망적인 사고를 하는 것이 아닌지 궁금하게 여겨 왔다. 하지만 스탠포드 연구소(Stanford Research Institute)에서의 연구 결과를 발견하고 지금은 확신을 하고 있다.

이 연구소의 한 연구에 의하면, 4,500만 명 정도로 추정되는 미국인들이 "이 내적 신념을 반영하는 생활 방식을 택하고 있다. 이 신념은 첫째, 인간적인 측면에서 사물을 바라보는 것이 더 좋다. 둘째, 소비하는 것보다 검소하게 생활하고, 아끼고, 재생하는 것이 더 좋다. 그리고 셋째로 외적인 생활이 아니라 **내적인 생활**이 더 근본적인 것이다."[2] 나는 이 집단에 속해 있다. 하지만 이 새

---

2) Mitchell, A. (1977). Los Angeles Times, February 28.

로운 방식으로 생활하려고 하는 것은 또한 어쩔 수 없이 위험스럽고 불확실한 것이다.

또 다른 요인은 나는 안전한 것과 확실한 것에 대해 싫증을 느낀다는 점이다. 때때로 강연을 하거나 논문을 발표했을 때, 청중들로부터 매우 좋은 반응을 얻는 경우가 있다. 이것은 서로 다른 청중들에게 그 강연을 20번 할 경우, 20번 좋은 반응을 얻을 것이 확실하다는 것을 의미한다. 하지만 나는 왠지 이렇게 할 수가 없다. 만약 똑같은 이야기를 서너 번하게 되면, 스스로 싫증이 나버린다. 그래서 그것을 똑같이 또 하는 것이 견딜 수 없다. 그렇게 하면, 돈도 벌 수 있고, 청중들로부터 좋은 반응도 얻을 수도 있다. 그러나 나는 그렇게 할 수가 없다. 결과를 뻔히 알 수 있는 것을 하기란 싫증이 나기 때문이다. 내 자신이 똑같은 것을 되풀이 이야기하는 것을 싫증이 나서 들을 수가 없다. 나는 뭔가 새로운 것을 시도해 보면서 살아가도록 되어 있는 모양이다.

그러나 내가 자진해서 위험을 무릅쓰는 주요한 이유는 아마도, 성공 여부에 관계 없이, 그렇게 하는 과정에서 뭔가 배우기 때문일 것이다. 배우는 것, 특히 경험을 통해 배우는 것은 내 삶을 가치 있게 만드는 가장 근본적인 요인이다. 이런 배움의 도움을 통해 나는 확장된다. 그래서 나는 계속 위험을 무릅쓰는 생활을 한다.

생산성

저술활동

이 주제에 관해 생각하면서, 나는 다음과 같이 자문하였다, "과거 10년 동안 나는 과연 무엇을 **생산했는가?**" 그리고 내가 발견한 것에 대해 깜짝 놀랐다. 비서가 정리한 것에 의하면, 나는 65세 이후로 4권의 책을 출판하였고, 40여 개의 논문을 썼으며, 여남은 개의 영상물을 제작하였다. 이것은 예전의 어느 10년 동안보다도 더 많은 책과 글을 발표한 것이었다.

더군다나 각각의 책은, 비록 서로 공통된 철학적 배경을 가지고 있기는 하지만, 서로 다른 주제를 다루고 있다. 1969년에 출판된 『자유스러운 학습』(*Freedom to learn*)은 교육에 관한 인습에 얽매이지 않은 내 나름대로의 방식을 한 권의 책으로 묶은 것이다. 그 다음 해에는 새롭게 발달해 가는 흥미있는 참만남 집단에 관해 축적된 내용을 발표하는 책이 출간되었다. 1972년에 출간된 『파트너가 되는 것』(*Becoming Partners*)은 남녀간의 관계에서 새롭게 떠오르는 패턴에 대해 많은 것을 설명한 책이다. 그리고 『칼 로저스: 사적 권력에 관하여』(*Carl Rogers on Personal Power*)는 새롭게 떠오르는 인간-중심적인(person-centered) 방법의 정치학을 여러 분야에서 탐색해 보는 책이다.

40여 개의 논문 중에서, 4개가 특별히 눈에 띈다. 이 중 2개는 미래를 전망한 것이고, 2개는 과거를 회상한 것이다. 감정이입(感情移入,empathy)에 관한 논문은 이 너무나도 중요한 존재의 방식에 관해서 그 동안 내가 알게 된 것을 통합한 것인데, 내가 생각해도 잘 쓴 논문이다. 나는 또한 브라질에서만 출간된 「우리는 어떤 '한' 현실을 필요로 하는가?」(Do We Need 'A' Reality?)라는 논문에 나타난 신선한 생각 또한 좋아한다! 그리고 2개의 논문은 심리학자로서의 나의 경력과 또한 대인관계(對人關係)에 관한 나의 철학이 발달해 온 과정을 회고하는 것이다. 나는 그 두 논문을 다 좋아한다.

왜?

나는 파도처럼 밀려오는 이 모든 저술들을 감탄스럽게 바라보고 있다. 왜 이렇게 많은 글을 썼을까? 사람들은 말년에 아마 각각 매우 다른 개인적인 이유로 글을 썼을 것이다. 나이 80에, 아놀드 토인비(Arnold Toynbee)는, "무엇 때문에 나는 일을 해 왔는가?"라고 자문하고 다음과 같이 대답한다.[3]

양심 일에 대한 나의 태도는 오스트레일리아식이 아니라 오히려 미국식이다. 항상 일하고 그리고 항상 긴장하며 사는 것은 내 양심이 나에게 부과한 의무이다. 일 그 자체를 위해서 일해야만 하는 이 노예 상태는, 내가 보기에도, 비합리적이다. 그러나 그런 생각이 나를 해방시켜 주지는 않는다. 만약 내가 굼뜨고 게

---

3) Toynbee, A. (1969). Why and how I work? *Saturday Review*, April 5, p.22.

으르다면, 또는 단지 태만하기만 해도, 나는 틀림없이 양심의 가책을 받을 것이고, 따라서 불편하고 불행하게 느끼게 될 것이다. 그러므로 내 속에 일할 수 있는 힘이 조금이라도 남아 있는 한 양심이 나에게 일을 하도록 계속 박차(拍車)를 가할 것이다.

그렇게 쫓기면서 생활하는 것이 나에게는 매우 슬프게 보인다. 그런 생활은 내가 일하는 동기와는 전혀 비슷한 점이 없다고 나는 확신한다.

내가 알기로는, 에이브라함 매슬로우(Abraham Maslow)는 사망하기 전에 다른 욕망을 가지고 있었다. 그는 매우 강한 내적인 압력을 느꼈다. 왜냐하면, 이야기를 해야만 할 것이 너무나 많은데 아직까지 다 이야기하지 못했기 때문이다. 그 모든 것을 다 발표하려는 이 욕망 때문에, 그는 마지막 순간까지 계속 글을 썼다.

내 생각은 아주 다르다. 내 친구인 정신분석학자 포올 버그만(Paul Bergman)은 다음과 같이 쓴 적이 있다. 즉, 어느 누구도 생애 동안 한 가지 이상의 근본적인(seminal) 사상(思想)을 가질 수 없고, 따라서 그의 모든 저술은 단지 그 한 가지 주제를 계속해서 해석하는 데 불과하다는 것이다. 나도 그의 생각에 동의한다. 나는 바로 이 점이 내가 왜 계속 책을 쓰는지 그 이유를 설명해 주는 것 같다.

글을 쓰는 이유 가운데 하나는 확실히 내가 호기심이 많다는 것이다. 나는 내 자신과 다른 사람들의 사상의 의미를 이해하고 탐색하기를 좋아한다. 나는 논리적인 것을 좋아하고, 한 사상의 결과를 끝까지 추구해 가는 것을 좋아한다. 나는 언어적인 의사소통뿐만 아니라 비언어적인 의사소통, 느낌 그리고 직관의 세계에 깊게 사로잡혀 있다. 그러나 나는 또한 그 세계에 대해 생각하고 쓰는 것을 즐긴다. 그렇게 하면 그 세계의 의미가 나에게 더 명료해진다.

그렇지만, 내가 믿기에는, 내가 글을 쓰는 데는 훨씬 더 중요한 이유가 있다. 내가 보기에 나는 아직도 속마음으로는 대인 관계 상황에서 의사소통을 하는 데 매우 어려움을 느끼는 수줍은 소년이다. 이 소년은 사랑을 직접적으로 표현하는 것보다 더 유려(流麗)하게 연애 편지를 썼었고, 또 이 소년은 고등학교 시절에 관심이 있는 주제에 대해 자유스럽게 표현을 했지만, 동일한 주제를 교실에서 발표하기에는 자신이 너무나 "엉뚱하다"고 생각했었다.

이 소년은 아직도 나의 많은 부분을 차지하고 있다. 글을 쓰는 것은, 아주 실질적인 의미에서, 내가 진정으로 속해 있지 않다고 느끼는 세상과 의사소통을 하는 내 나름대로의 방식이다. 나는 다른 사람들이 나를 이해해 주기를 진정으로 원하지만, 그렇게 되리라고 기대하지는 않는다. 글을 쓰는 것은 병 안에 집어넣고 밀봉을 해서 바다에 띄워 보내는 메시지이다. 내가 놀라는 점은 너무나 많은 해변가의 사람들이 - 심리적으로 또 지리적으로 - 그 병을 발견하고, 그 메시지가 자신들에게 이야기하고 있다는 것을 발견한다는 것이다. 그래서 나는 글쓰기를 계속 하고 있다.

배 움

내 자신을 돌보는 것

나는 지금까지 항상 내 자신을 돌보는 것보다는 다른 사람을 돌보고 보살펴 주는 것을 더 잘 해 왔다. 그러나 요즈음에는 내 자신도 많이 돌보게 되었다.

나는 지금까지 언제나 매우 **책임감이** 있는 사람이었다. 만약 누군가 다른 사람이 우리가 하는 일의 세세한 사항을 챙기지 않는다면, 또는 연수회에 참가하고 있는 사람들을 돌보지 않는다면, 내가 해야만 했다. 그러나 나는 변했다. 몸 상태가 별로 좋지 않았던 1976년에 열린 연수회에서, 그리고 브라질의 아르코젤로 (Arcozelo) 연수회에서, 이 복잡한 행사를 주관하는 모든 책임을 훌훌 벗어 던져버리고 그 책임을 완전히 다른 사람들에게 맡겼다. 내 자신을 돌볼 필요가 있었기 때문이다. 그래서 예전의 버릇으로 돌아간 몇몇 경우 외에는, 내 자신이 되는 책임을 (그리고 만족을) 제외하고는 모든 책임으로부터 벗어났다. 나에게는 죄책감을 느끼지 않고 편안하게 무책임할 수 있다는 것은 아주 색다른 느낌이었다. 그리고 놀랍게도 나는 그런 식으로 생활하는 것이 나에게는 더 효율적이라는 것을 알았다.

나는 여러 가지 다양한 방식으로 내 자신을 신체적으로 더 잘 돌보아 왔다. 나는 또한 내 심리적인 욕구를 존중하는 것을 배웠다. 3년 전에, 연수회에 참가한 한 그룹이 내가 외적인 "요구"에 의해 얼마나 괴로움을 당하고 쫓기고 있는지를 깨닫게 해 주었다 - 한 사람은 내가 처한 상황을 "오리들에게 조금씩 물어 뜯겨서 죽게 생겼다"고 표현하였다. 그리고 그 표현이 내가 느끼고 있는 것을 정확하게 알아챈 것이었다. 그래서 나는 전에는 결코 해 본 적이 없는 일을 하였다. 나에게 제공된 해변가의 오두막집에서 완전히 혼자서 10일 동안 보내면서 내 자신을 거의 완전히 재충전하였다. 나는 내 자신과 함께 있는 것을 매우 즐긴다는 것을 알았다 - 나는 나를 좋아한다.

나는 더 자유스럽게 도움을 청할 수 있게 되었다. 이제는 내 스스로 할 수 있다는 것을 "증명"하는 대신에, 다른 사람에게 물건을 들어 달라거나, 또는 내 대신 일을 해 달라고 부탁을 한다. 내 아내인 헬렌(Helen)이 몹시 아프고 나는 24시간 동안 유사시(有事時)를 대기하는 간병인으로, 가정부로, 작가로 그리고 많은 곳에서 찾는 전문가로서 거의 지쳐서 나가떨어질 지경에 이르렀을 때, 나는 도움을 청했고 - 그리고 심리치료자인 한 친구한테서 도움을 받았다.

나는 내 자신의 욕구가 무엇인지를 알아보았고, 그것을 충족시키려고 하였다. 나는 이 기간이 우리들의 결혼 생활에 주는 심리적인 부담에 대해서도 알아보았다. 내가 살아남기 위해서는 내 자신의 삶을 살 필요가 있다는 것을 깨달았고, 비록 아내가 많이 아프지만, 내 삶을 사는 것이 우선해야만 한다는 것을 깨달았다. 나는 아직도 재빠르게 다른 사람에게 의지하지는 못한다. 그러나 나 혼자서 모든 것을 다 처리할 수는 없다는 사실을 예전보다는 훨씬 더 잘 알고 있다. 이런 다양한 방식으로 바로 나라는 사람을 소중히 여기도록 돌보아 주는 일을 더 잘 할 수 있게 되었다.

새로운 사상에 대한 열린 자세

최근의 10년 동안, 나는 새로운 사상에 대해 더 열린 자세를 가지게 되었다. 내가 가장 중요하게 생각하는 것은 내적 공간, 즉 인간의 심리적인 힘과 정신적인 능력의 영역이다. 내가 추정한 바에 의하면, 이 영역이 지식의 새로운 지평을 열어 갈 것이고, 새로운 발견의 최첨단을 형성할 것이다. 10년 전만 해도 나는 이런 말을 하지 않았을 것이다. 그러나 독서와 경험과 그리고 이 분야에 종사하는 사람들과의 대화를 통해 나의 견해는 바뀌었다.

인간은 잠재적으로 상상할 수 없을 정도의 직관적인 능력을 소유하고 있다. 우리는 사실상 우리의 지적 능력보다 더 현명하다는 증거가 많이 있다. 지금까지 우리는 합리적인 것과는 무관한 창조적인 "은유적 마음(metaphoric mind)", 즉 뇌의 우반구를 애석하게도 얼마나 무시해 왔는지를 깨닫고 있다. 바이오피드백 (biofeedback)은, 만약 우리가 덜 의식적이고 더 이완(弛緩)된 방식으로 기능하면, 체온, 심장 박동 수, 그리고 모든 종류의 조직의 기능들을 어느 정도 통제하는 것을 배울 수 있다는 것을 보여 준다. 말기 암 환자들이, 악성을 극복하는 데 초점을 맞춘 집중적인 명상 프로그램(meditation program)과 공상 훈련(fantasy training)을 통해, 놀랄 만큼 많은 차도(差度)를 보인다는 것을 알고 있다.

그래서 나는 보다 더 신비스러운 현상들, 즉 예지(豫知, precognition), 사고 전이(思考轉移, throught transference), 투시(透視, clairvoyance), 인간의 기(氣, aura), 컬리식 사진(Kirlian photography), 그리고 유체이탈(有體離脫)의 경험에 대해서까지도 개방적인 자세를 가지고 있다. 이 현상들은 지금까지 알려진 과학적 원리에는 어긋나지만, 우리는 아마 새로운 형태의 적법(適法)한 질서를 발견하기 직전에 와 있을지도 모른다. 나는 새로운 영역에서 상당히 많은 것을 배우고 있다는 것을 느끼고 있으며, 그리고 그것이 즐겁고 매우 재미있다는 것을 깨닫고 있다.

친밀감

과거 몇 년 동안 나는 대인 관계에서 내 자신이 훨씬 더 친밀감을 느끼고 있다는 것을 알게 되었다. 내가 이렇게 된 것은 전적으로 연수회의 경험에 의한 것이다. 나는 신체적으로 다른 사람을 만질 준비가 잘 되어 있고, 또 다른 사람이 나를 만지는 것을 허용할 준비가 잘 되어 있다. 남자들뿐만 아니라 여자들과도 포옹과 키스를 더 자주 하고 있다. 나는 내 자신의 육감(肉感)적인 측면에 대해 더 잘 이해하고 있다. 얼마나 내가 다른 사람과 심리적으로 친밀한 관계를 맺고 싶어하는지를 보다 뚜렷이 깨닫고 있다. 나는 얼마나 깊이 내가 다른 사람을 돌보고 싶어하는지를, 또 그 대가로 다른 사람도 나를 깊이 돌보아 주기를 바라고 있다는 것을 인정한다.

과거에는 항상 희미하게만 알고 있었던 것, 즉 내가 심리치료에 그렇게 깊게 관여하고 있는 것은 내 자신을 지나치게 위험에 노출시키지 않으면서 친밀감에 대한 욕구를 만족시키는 조심스러운 한 방편이라는 사실을 지금은 공개적으로 드러내 놓고 인정할 수 있다. 나는 지금은 다른 관계들에서도 기꺼이 더 친밀해지려고 하고, 내 자신을 내주는 위험을 감수하려고 한다. 나는 마치 내 속에서 친밀감에 대한 전반적인 깊은 능력을 새롭게 발견한 것처럼 느끼고 있다.

나의 행동과 관련해서 이것은 무슨 의미가 있는가? 그것은, 주저하지 않고 함께 하고 우정이 지속될 것이라는 것을 믿으면서, 다른 남자들과 보다 깊고 보다 친밀한 관계를 맺는 것을 의미한다. 오직 대학교에 다닐 동안만 - 그 이전에도 없었고 또 그 이후에도 없었다 - 나는 진정으로 신뢰하는 친한 친구들을 가질 수 있었다. 그래서 이것은 매우 보상적인 새롭고, 흥미진진하고, 그리고 잠정적인 발달인 것이다. 그리고 또한 이것은 몇몇의 여자들과 훨씬 더 친밀하게 의사소통하는 것을 의미한다. 지금 나는 여러 여자들과 플라토닉(platonic)하지만 심리적으로는 매우 친밀한 관계를 맺고 있다.

이 친밀한 남자 여자 친구들과 함께 내 자신의 어느 측면도 함께 나눌 수 있다. 즉, 고통스럽고, 즐겁고, 깜짝 놀라고, 미칠 것 같고, 불안정하고, 이지적이고, 또 자기-비하적인 감정들을 함께 나눌 수 있다. 또 환상과 꿈을 함께 나눌 수 있다. 그리고 그들도 또한 자신들의 것을 똑같이 나와 함께 깊이 나누고 있다. 나는 이 경험을 통해 매우 풍요로워지는 것을 느끼고 있다.

오랫동안의 결혼 생활과 이 우정 속에서 나는 친밀감의 영역에 대해 계속 더 많은 것을 배워 가고 있다고 생각한다. 나는 고통과 좌절과 분노와 거부를 경험하는 때를 더 뚜렷이 알아 가고 있다. 그리고 이와 동시에, 의미를 함께 나누는 친밀성과 이해받고 수용되는 즐거움에 대해서도 더 뚜렷이 알아 가고 있다. 나는 내가 깊게 돌보고 있는 사람에게 가지고 있는 부정적인 감정을 솔직하게 드러낸다는 것이 얼마나 어려운지를 배웠다. 나는 또한 관계에 대해 가지는 기대가 얼마나 쉽게 그 관계에 대한 요구로 변하는지 배웠다.

경험을 통해, 나에게 가장 어려운 일은 관계를 맺고 있는 바로 그 순간의 상대방을 있는 **그대로의** 모습으로 돌보는 것이라는 것을 알았다. 내가 생각하는 상대방의 모습으로 그들을 돌보는 것이란 너무나 쉬운 일이다. 혹은 내가 원하는 상대방의 모습으로 그들을 돌보거나, 또는 상대방이 그렇게 **되어야만** 한다고 느끼는 모습으로 그들을 돌보는 것이란 너무나 쉬운 일이다. 상대방이 내가 원하는 모습으로 되기를 바라는 마음을 버리고, 또 상대방을 내 필요에 맞게 고치려는 욕망을 버리고, 상대방을 있는 바로 **그대로의** 모습으로 돌보아 주는 것은 가장 어려운 일이지만 그러나 동시에 친밀한 관계를 만족스럽고 풍요롭게 만드는 길이기도 하다.

이 모든 것들이 지난 10년 동안 내 삶에서 변한 부분들이다. 나는 내 자신이 친밀함과 사랑에 보다 개방적이 되었다는 것을 알고 있다.

개인적인 즐거움과 어려움

지난 10년 동안에, 나는 약간의 어려움과 많은 즐거운 경험을 하였다. 가장 큰 스트레스는 아내인 헬렌(Helen)이 아픈 것에 대처해 나가는 것과 관련이 있다. 헬렌은 지난 5년 동안 매우 심하게 아팠다. 그녀는 자신의 고통과 제한된 생활을 더 할 수 없이 용기 있게 참아내고 있다. 병으로 인해 그녀가 무력해진 것이 우리들 각자에게 신체적으로 그리고 심리적으로 새로운 문제들을 야기했지만, 우리는 이 문제들에 대해 계속 잘 대처해 가고 있다. 이 기간은 절망과 희망이 교차하는 매우 어려운 시간이었지만, 최근에 와서는 절망적이기보다는 훨씬 더 희망적이다.

하지만 대체적으로 보면, 이 기간은 긍정적인 경험으로 충만한 시기였다. 3년 전에는 금혼식을 맞아 두 자녀와 며느리와 그리고 6명의 손자들과 함께 모두 휴양지에서 며칠을 재미있게 보냈다. 그것은 우리 모두에게 너무나 즐거운 경험이었기 때문에, 지금은 아들과 딸은 자식일 뿐만 아니라 우리들의 내적인 삶을 함께 나눌 수 있는 두 사람의 가장 좋은 그리고 가장 친한 친구가 되었다. 그들과 개인적으로 친밀하게 자주 방문하고 있다. 그리고 여러 지역에 살고 있는 친한 친구들이 자주 방문하고 있다. 마찬가지로 이 곳에서도 젊은 친구들과 계속 친밀한 관계를 맺어가고 있다.

나에게는 정원을 가꾸는 것과 오랫동안 산책하는 즐거움이 있다. 그리고 내 생각에는 과분한 많은 상과 영예들이 있다. 가장 감동스러웠던 것은 개교 400주년을 기념하여 전통 있는 학문의 전당인 네덜란드의 라이덴 대학교(Leiden University)에서 특사(特使)를 통해 나에게 명예박사 학위를 준 것이었다.

이것들 외에도, 나의 저술을 통해 감동받고 삶이 변화된 것을 고맙게 여기면서 보내 온 매우 사적인 수많은 편지들이 있다. 이것은 끊임없이 나를 놀라게 한다. 남아프리카(South Africa)에 살고 있는 한 남자의 삶과 오스트레일리아(Australia)의 "오지(奧地)"에 살고 있는 한 여자의 삶을 변화시키는 데 내가 그렇게 큰 영향을 미칠 수 있었다는 것이 아직도 다소 믿어지지 않는다. 마치 뭔가 마술에 걸린 것 같다.

죽음에 대한 생각

그리고 마침내 삶에는 끝이 있다. 이 나이에 내가 죽음에 대해서는 거의 생각하지 않는다는 것을 알면, 아마 여러분은 놀랄 것이다. 하지만 최근에 죽음에 대한 관심이 커진 것이 오히려 나를 놀라게 한다.

10년이나 15년 전에 나는 죽음은 한 인간의 종말이고 나에게도 완전한 종말일 것이라고 확신했다. 지금도 그렇게 될 가망성이 가장 높을 것이라고 생각하고 있다. 하지만 그것이 나에게는 비극적이거나 두려운 예상으로 보이지 않는다. 나는, 비록 완벽한 삶이 아닌 것은 확실하지만, 만족할 만큼 충만한 내 삶을 살 수 있었다. 그리고 삶이 결국 끝나게 된다는 것은 당연한 것처럼 보인다.

나는 이미 인간적으로는 상당한 정도의 영원한 생명을 얻었다. 때때로 나는 심리적으로는 전 세계에 걸쳐서 강건한 아들 딸들을 두루 가지고 있다고 말한다. 또한 나와 다른 사람들이 발달시킨 사상과 삶의 방식이, 적어도 당분간은, 계속 살아서 영향을 끼치리라고 믿는다. 그래서 내가 한 개인으로서는 완벽하고 최종적인 종말을 맞을지라도, 나의 여러 모습들은 다양한 방식으로 성장하면서 계속 살아 있을 것이다. 이렇게 생각하면, 즐거워진다.

나는 어느 누구도 자신이 직접 죽음에 직면하기 전까지는 죽음을 두려워하는지의 여부에 대해 알 수 없다고 생각한다. 확실히 그것은 무모한 행동, 즉 궁극적인 폭거(暴擧)이다. 죽음에 직면하게 되면, 나에게는 마치 마취를 당할 때 느끼는 불안이 똑같이 되풀이되거나 혹은 더 강하게 느껴질 것 같다. 그렇지만 나는 이 과정에 대해 정말로 깊은 두려움을 느끼지 않는다. 내가 아는 한, 죽음에 관련해서 내가 느끼는 두려움은 죽음을 맞는 상황에 관계가 있다.

오랫동안 병으로 고통받다가 죽게 될까봐 매우 걱정스럽다. 나는 노망(老妄)이 들거나, 또는 뇌일혈로 부분적인 뇌 손상이 오지나 않을까 생각하면 매우 염려가 된다. 내가 바라는 것은 갑자기 죽는 것이고, 너무 늦지 않게 품위를 지키면서 죽는 것이다. 윈스턴 처칠(Winston Churchill)이 생각난다. 그가 죽었을 때 나는 슬퍼하지 않았다. 오히려, 만약 죽음이 조금만 더 일찍 찾아왔었다면, 그가 자신의 명예에 걸맞게 품위 있게 죽을 수도 있었다는 사실에 대해 슬퍼했다.

죽음을 종말로 보는 이 모든 생각은 지난 10년 동안 배운 것에 의해서 수정되었다. 죽었다고 공표될 정도로 죽음을 가까이 접했다가 다시 살아난 사람들의 경험에 대해 무디(Moody)가 한 설교를 통해 나는 감명을 받았다. 또 재생(再生, reincarnation)에 관한 몇몇 보고에 의해서도 감명을 받았다. 비록 재생이 정말로 축복인지에 대해서는 의문이 있지만 말이다.

나는 퀴블러-로스(Kuebler-Ross)의 연구와, 그녀가 죽음 이후의 삶에 대해 내린 결론에 관심이 있다. 나는 또한 아서 쾨스틀러(Arthur Koestler)의 견해에도 매력을 느낀다. 그에 의하면, 개개인의 의식(意識)은 단지 우주적 의식의 한 단편, 즉 개개인의 죽음을 통해 다시 전체적인 우주적 의식으로 흡수되는 한 단편에 불과할 따름이다. 수많은 개개의 강물은, 드넓은 바다로 들어갈 때 진흙투성이의 침니(沈泥)를 떨구고, 결국 대양의 조수(潮水)로 흘러 들어간다는 그의 비유를 나는 좋아한다.

그래서 나는 경험에 대해 개방적인 자세를 가지고 죽음을 생각하고 있다. 그것은 결국 죽음일 것이고, 나는 내 자신이 그것을 삶의 끝 아니면 삶의 연장(延長) 둘 중의 하나로 받아들일 수 있다고 믿고 있다.

결 론

건강, 결혼 생활, 가족, 자극적인 젊은 친구들 그리고 책에서 나오는 예상치 못한 많은 인세 등 여러 면에서 나는 이례적으로 운이 좋았다는 것을 인정한다. 따라서 나는 전혀 전형적인 사람이 아니다.

하지만 어쨌든 나에게 지난 10년 동안은 모험적인 시도로 충만한 매혹적인 기간이었다. 새로운 사상, 새로운 느낌, 새로운 경험 그리고 새로운 위험을 열린 마음으로 받아들일 수 있었다. 점차적으로 나는 살아 있다는 것은 위험을 감수하고, 덜 확실한 채로 행동하고, 삶에 적극적으로 관여하는 것이라는 것을 깨달았다.

이 모든 것은 변화를 가져왔고, 그리고 나에게 있어서 변화의 과정은 곧 삶이다. 만약 내가 안정적이고 불변하고 정지해 있다면, 나는 살아 있는 죽음일 것이라는 것을 깨달았다. 그래서 나는 혼란과 불확실성과 두려움과 감정의 부침(浮沈)을 받아들인다. 왜냐하면, 이것들은 물 흐르듯 흘러가고, 이해하기 어렵지만 그러나 흥미진진한 삶을 살아가기 위해 내가 기꺼이 지불하는 값에 불과하기 때문이다.

내가 지금까지 살아 온 삶을 10년 단위로 나누어서 생각해 보면, 지난 10년에 비견할 수 있는 기간은 오직 하나, 즉 시카고 대학교의 상담소(Counseling Center at the University of Chicago)에서의 기간이다. 이 기간도 역시 위험이 있었고, 많은 것을 배웠고, 개인적인 성장을 하였고 또 풍요로웠다. 하지만 이 기간도 역시 개인적으로 몹시 불안정했고, 끊임없이 학문적인 투쟁을 하였고, 또 지난 10년보다 훨씬 더 힘든 시기였다. 그래서 모든 것을 고려해 보면, 결국 지난 10년이 아마도 내 생애에서 제일 만족스러운 기간이었다고 말한다고 해도 전혀 거짓이 아닐 것이라고 믿는다.

나는 점차적으로 더 내 자신이 될 수 있었고, 또 바로 그렇게 되는 것을 즐겼다.

소년이었을 때, 나는 다소 병약(病弱)한 편이었다. 그래서 젊어서 죽을 것이라고 다른 사람들이 예상했다고 부모님께서 말씀하셨다. 어떤 의미에서 이 예상은 완전히 빗나간 것이지만, 그러나 또 다른 의미에서는 근본적으로는 맞았다고 할 수도 있다. 왜냐하면, 내가 늙을 때까지는 결코 살지 않을 것이라는 점은 맞았기 때문이다. 그래서 지금 나는 그 예언에 동의하고 있다. 나는 젊은 채로 죽을 것이라고 믿는다.

한성열(韓聖悅)

고려대학교 문과대학 심리학과 졸업
고려대학교 대학원 심리학과 졸업(임상심리학 전공)
미국 시카고 대학교 대학원 심리학과 졸업(발달·사회심리학 전공)
현재 고려대학교 심리학과 교수
〈역서〉성공적인 삶의 심리학(서울: 나남출판사, 1993)
　　　흔들리는 중년기(서울: 학지사, 1996)
　　　칼 로저스의 카운슬링의 이론과 실제(서울: 학지사, 1998)
〈논문〉한국 가족의 형태와 발달 과제
　　　한국 문화와 그릇된 교육의식 및 관행 외 다수

저자와의 협의하에
인지는 생략합니다

노년기의 의미와 즐거움

2000년 1월 10일 1판 1쇄 발행
2008년 5월 25일 1판 2쇄 발행

지은이 • 한 성 열
펴낸이 • 김 진 환
펴낸곳 • **학지사**

121-837 서울시 마포구 서교동 352-29 마인드월드빌딩 5층
전　화 • 326-1500(대) / 팩스 324-2345
등　록 • 1992년 2월 19일 제2-1329호
http://www.hakjisa.co.kr

ISBN 978-89-7548-377-6 03180

정가 8,000원

상담 및 심리치료 관련 도서

상담심리학(개정증보판)
서울대학교 김계현 저/1997년 · 4×6배판 · 536면 · 16,000원

카운슬링의 실제(개정판)
서울대학교 김계현 저/1995년 · 신국판 · 424면 · 13,000원

칼 로저스의 카운슬링의 이론과 실제
고려대학교 한승호 한성열 공역/1998년 · 신국판 · 528면 · 14,000원

정신역동적 상담
정방자 저/1998년 · 신국판 · 452면 · 14,000원

가족치료
서울여자대학교 김유숙 저/1998년 · 신국판 · 376면 · 13,000원

게슈탈트 심리치료
성신여자대학교 김정규 저/1995년 · 신국판 · 456면 · 14,000원

우울증의 인지치료
서울대학교 원호택 외 공역/1996년 · 신국판 · 488면 · 14,000원

펄스의 게슈탈트적 자기치료 - 쓰레기통의 안과 밖 -
전남대학교 노안영 역/1996년 · 신국판 · 396면 · 10,000원

인지 · 정서 · 행동치료
청소년상담원 박경애 저/1997년 · 4×6배판 · 552면 · 17,000원

인지행동치료의 실제
청소년상담원 박경애 저/1999년 · 4×6배판 · 734면 · 25,000원

상담실 밖 상담 이야기
청주교육대학교 박성희 저/1999년 · 신국판 · 318면 · 8,000원

심리척도 핸드북
고려대학교 부설 행동과학연구소 편저/1999년 · 4×2 배판 · 반양장 · 678면 25,000원

성인화의 분석
서울여자대학교 장연집 서울대학교 김중술 공역/1995년 · 4×6배판 · 252면 · 14,000원

사회극을 통한 우리들의 만남 - Sociodrama -
P.스턴버그, A.가르시아 공저 · 조성희 김광운 공역 · 최헌진 감수 /1998년 · 신국판 · 340면 · 8,000원

수줍음도 지나치면 병
고려대학교 권정혜 외 공저/1998년 · 신국판 · 288면 · 7,000원

기분 다스리기
데니스 그린버거 · 크리스틴 페데스키공저 · 고려대학교 권정혜 역 /1998년 · 신국판 · 340면 · 8,000원

유능한 상담자
제라드 이건 저 · 제석봉 외 공역/1999년 · 크라운판 · 504면 · 16,000원

자신감에 이르는 10단계
데이비드 번즈 외 공저 · 제석봉 외 공역/크라운판 · 출판예정

털어놓기와 건강
페니 베이커 저 · 김종환 외 공역/1999년 · 신국판 · 328면 · 8,000원

로르샤하 워크북
존 E. 엑스너, Jr. 저 · 경북대학교 김영환 외 공역/1999년 · 4×6 배판 · 352면 · 15,000원

이상심리학 시리즈

거식증이니 폭식증이니 하는 용어는 이제 단순한 학문 차원에서 논의되는 이야기가 아니다. 공황장애, 광장공포증, 자폐증 등 주위에서 한 번쯤은 들어보는 이상장애. 어디까지가 정상이고 어디까지가 이상인가? 이상심리학 시리즈는 다양한 정신장애를 일반인들이 이해하기 쉽고 재미있게 구성한 것으로, 현대인의 심리에 관심이 있는 독자들의 욕구를 충족시켜 줄 것이다.

〈집필진〉

원호택 이장호 권석만 이훈진 조성호 조용래 박현순 김은정 신현균 정남운 민병배 송종용 이용승 도상금
김은정 신희천 김정욱 신은향 김진숙 이정희 이정원 이한주 김 환 한수정 김지훈 박현주 이명원

① 이상심리학: 정신장애의 이해
② 우울증
③ 조울증-양극성장애
④ 범불안장애
⑤ 공황장애
⑥ 강박증
⑦ 공포증-대인공포증과 특수 공포증
⑧ 외상후 스트레스 장애
⑨ 정신분열증 1: 증상과 원인
⑩ 정신분열증 2: 치료와 재활
⑪ 반사회성 성격장애
⑫ 연극성 성격장애
⑬ 경계선 성격장애
⑭ 자기애성 성격장애
⑮ 편집성 성격장애
⑯ 분열성 및 분열형 성격장애
⑰ 강박성 성격장애
⑱ 의존성 성격장애 및 회피성 성격장애
⑲ 신체형 장애
⑳ 해리장애
㉑ 섭식장애
㉒ 수면장애-불면증
㉓ 성기능 장애
㉔ 성도착증 및 성정체감 장애
㉕ 알코올 중독
㉖ 마약중독
㉗ 자폐증
㉘ 주의력결핍-과잉행동장애
㉙ 학습장애
㉚ 노인성 정신장애

학지사 팝사이컬러지 북스

이야기를 타고 가는 심리여행
김병선 저

일상 속에서 접하는 심리학의 원리를 네 편의 콩트에 담았다. 고전적 조건화를 이용하여 경쟁 상대를 제거하는 "완전범죄는 가능하다", 조작적 조건화를 이용한 신혼부부의 주도권 다툼 "남자는 여자하기 나름", 정서 이론을 이용하여 구애 작전을 펼치는 "노총각의 늦깎이 사랑 만들기", 세일즈맨의 미끼 전략을 이용한 판매기법을 해부하는 "우형이의 꿈" 등. 심리학적 원리나 이론을 전달하기 위해 전개되는 소설 같은 이야기를 읽다보면 실생활에서 심리학적 원리가 어떻게 작용하고 어떤 영향을 미치는지 그리고 그것을 자신의 삶과 생활에 어떻게 응용할 수 있는지를 스스로 터득하게 될 것이다.

1999년 발행 · 신국판 · 반양장 · 280면 · 8,000원 · ISBN 89-7548-334-7 03180

감수성 훈련
-진정한 나를 찾아서
유동수 저

1970년대 초부터 보급되기 시작한 감수성 훈련은 개인이 자기의 내면세계에 깊은 관심을 가지고 개인적인 성장을 도모하는 것과, 다른 사람과의 만남을 통해 남과 더불어 살아가는 능력을 키우는 두 가지 흐름을 가지고 있다. 이 책은 국내 유수 기업에서 감수성 훈련을 실시해온 필자의 경험을 바탕으로 하여, 훈련에 참가한 사람들이 만남의 체험을 효과적으로 활용하도록 돕는다.

1999년 · 신국판 · 256면 · 7,000원 · ISBN 89-7548-356-8 03180

가치중심의 리더십
수잔 쿠즈마스키, 토마스 쿠즈마스키 공저/홍기원 역

오늘날 경영자들의 아노미 문제를 해결하는 방안으로 가치에 중심을 둔 리더십을 제안한다. 조직의 당면 문제 인식과 이해를 돕고 조직의 리더들이 개인적 규범과 가치를 재확인하여 '가치 충만한' 직장 환경을 만드는 리더십 스타일을 개발하는 한편, 근로자들이 자기만족을 얻고 이를 통해 조직의 경쟁력과 효율성을 증대시키는 것이 이 책의 목적이다.

1999년 발행 · 신국판 · 반양장 · 356면 · 8,000원 · ISBN 89-7548-349-5 93180

학지사 팝사이컬러지 북스

자신감에 이르는 10단계
데이비드 번즈 저 · 김기정 역

고독감과 우울증, 열등감 그리고 죄책감과 같은 부정적인 기분을 극
복하는 데 도움을 받을 수 있는 구체적인 개념과 기법을 각각 10단계
로 나누어 다루고 있다. 집단지도 프로그램으로 사용할 수도 있고, 자
신을 위해 혼자 학습할 수도 있다.

1999년 발행 · 4×6배판 · 반양장 · 356면 · 13,000원 · ISBN
89-7548-355-X 03180

생각있는 디자인
-인간 심리에 맞는 디자인-
도날드 노먼 저 · 인지공학심리회 역

〈디자인과 인간심리〉의 저자 도날드 노먼이 문명에 보내는 또다른 메시
지. 미래에는 인간의 생각을 기계에 맞춘 디자인은 살아남을 수 없다.
인간의 마음에 맞춘 디자인만이 살아남는다. 인간의 사고와 이것이 만들
어낸 기술과의 복잡한 상호작용을 탐색해 보며, 디자인에 인간의 행동과
사고에 대한 원리가 충분히 반영되어야 한다고 주장한다.

1998년 · 신국판 · 반양장 · 360면 · 8,000원 · ISBN 89-7548-252-4
03180

디자인과 인간심리
-인간 중심의 디자인을 위한 생활용품의 심리학-
도날드 노먼 저 · 이창우 김영진 박창호 공역

컴퓨터 키를 두드리다가 자료가 다 망가지고, 힘껏 밀어도 열리지 않던
문이 알고보니 당기는 문이고…. 잘 디자인된 물건은 미적으로도 우수
해야 되겠지만, 무엇보다 사용자의 관점에서 편리하고 안전해야 한다.
그러기 위해서는 사람이 어떻게 물건을 다루고 어떤 오류를 잘 저지르
는지, 그리고 무엇을 원하는가와 같이 사용자의 행동과 심리에 대한 이
해가 필요하다. 이 책에서는 생활 주변에서 겪게 되는 여러 가지 실수
나 사고의 배후에 있는 심리학적 원리들을 다양한 사례를 통해 쉽고 재
미있게 소개한다.

1996년 · 신국판 · 반양장 · 302면 · 7,000원 · ISBN 89-7548-064-X
03180

학지사 팝사이컬러지 북스

아름다운 사랑과 성
성기능장애 크리닉센터 소장 홍성묵 지음

성은 삶을 행복하고 풍요롭게 해 주는 한 아름답다. 사랑의 가장 은밀하고 친밀한 표현이면서 때로는 아름다움을 잃고 격하되거나 왜곡되기도 하는 성에 대한 클리닉 보고서. 사랑과 성에 대한 긍정적인 가치관을 세우고, 남녀의 성기능장애에 대한 치료 방향을 제시한다.

1999년 발행 · 신국판 · 반양장 · 404면 · 9,500원 · ISBN 89-7548-337-1 03180

동성애의 심리학
전남대학교 윤가현 저

동성애를 정면으로 다룬 영화들의 국내수입이 불허될 정도로 동성애는 금기사항에 속했다. 하지만 저자는 동성애가 우리 문화권에도 옛날부터 있었다고 주장한다. 이들 동성애자에 대한 편견은 여자에 대한 남자의 편견, 유색인종에 대한 백인의 편견과 맥을 같이 하는 또 하나의 비인간적인 행위라는 것이다. 성 심리를 연구해온 저자는 이 책에서 각 문화권과 학문영역에서 동성애를 어떻게 평가하는지, 동성애의 원인이 무엇인지에 대해 심리학과 문화연구인 방법으로 접근한다. 또한 동성애자들의 인권회복운동과 남녀 동성애자들의 생활양식을 구체적으로 다루어 이해를 돕는다.

1997년 · 신국판 · 반양장 · 368면 · 8,000원 · ISBN 89-7548-141-7 03370

성문화와 심리
전남대학교 윤가현 저

서구사회와 교류가 활발해지면서 산업화 사회로 변해감에 따라 성행동 양상도 더불어 급변했다. 급속한 변화에 휩쓸려 성행동으로 인한 제반 문제에 대해 합리적인 기준조차 마련되지 못한 현실에서, 단순히 전통윤리 기준에만 초점을 맞추다 보면 현실과의 괴리가 너무 커질 것이다. 이 책은 우리 주위에 산재해 있는 고대인들의 성 신앙의 이해로부터 임신과 출산, 성기능장애, 노화과정, 성욕의 표출과 행동, 성전환, 성욕의 매매, 동성애, 성범죄, 변태성욕 등 성과 관련된 현상을 폭넓게 다루었다. 성의 개념을 정확히 이해할수록 성에 관련된 현상을 바라보는 태도가 더욱 겸허해질 것이다.

1998년 · 크라운판 · 양장 · 520면 · 15,000원 · ISBN 89-7548-269-3 93180